千桥飞梦

胡文祥学习研究成果实录

《千桥飞梦》编写组 编著

本书主要收集了我军知名航天军事医学与有机药物化学专家胡文祥博士在哲学、人文社会科学包括军事科学等领域的部分新思考、新视点、新见解和部分科研成果，涉及领域十分广泛。胡文祥博士特别重视比较学和组合学及统一论方法的灵活运用，重视自然科学与社会科学甚至哲学的交叉与融合，从自然科学和社会科学的结合上寻找和阐明复杂社会现象的原因，他的许多新思想，在岁月的打磨中，历久弥新，日渐臻醇。

本书可供哲学、社会科学及自然科学相关领域和边缘交叉学科领域的科研和教育工作者及高等院校广大师生和感兴趣的读者阅读、参考。

知识产权出版社

全国百佳图书出版单位

图书在版编目（CIP）数据

千桥飞梦：胡文祥学习研究成果实录/《千桥飞梦》编写组编著. —北京：知识产权出版社，2014.6

ISBN 978 - 7 - 5130 - 2786 - 1

Ⅰ.①千… Ⅱ.①千… Ⅲ.①哲学社会科学—文集 Ⅳ.①C53

中国版本图书馆 CIP 数据核字（2014）第 129101 号

内容提要

本书主要收集了我军知名航天军事医学与有机药物化学专家胡文祥博士在哲学、人文社会科学包括军事科学等领域的部分新思考、新视点、新见解和部分科研成果，涉及领域十分广泛。胡文祥博士特别重视比较学和组合学及统一论方法的灵活运用，重视自然科学与社会科学甚至哲学的交叉与融合，从自然科学和社会科学的结合上寻找和阐明复杂社会现象的原因，他的许多新思想，在岁月的打磨中，历久弥新，日渐臻醇。

本书可供哲学、社会科学及自然科学相关领域和边缘交叉学科领域的科研和教育工作者及高等院校广大师生和感兴趣的读者阅读、参考。

责任编辑：荆成恭　　　　　　　　　　**责任出版：**刘译文

千桥飞梦：胡文祥学习研究成果实录

QIANQIAOFEIMENC：HUWENXIANG XUEXI YANJIU CHENGCUO SHILU

《千桥飞梦》编写组　编著

出版发行：知识产权出版社有限责任公司	网　　址：http：//www.ipph.cn
社　　址：北京市海淀区马甸南村 1 号	邮　　编：100088
责编电话：010 - 82000860 转 8341	责编邮箱：jcggxj219@163.com
发行电话：010 - 82000860 转 8101/8102	发行传真：010 - 82000893/82005070/82000270
印　　刷：北京市凯鑫彩色印刷有限公司	经　　销：各大网上书店、新华书店及相关专业书店
开　　本：720mm×1000mm　1/16	印　　张：19.5
版　　次：2014 年 8 月第 1 版	印　　次：2014 年 8 月第 1 次印刷
字　　数：339 千字	定　　价：88.00 元

ISBN 978 - 7 - 5130 - 2786 - 1

在科学上没有平坦的大道，只有不畏劳苦沿着陡峭山路攀登的人，才有希望达到光辉的顶点。

——科学社会主义创始人　卡尔·亨利希·马克思

真正的伟大，即在于以脆弱的凡人之躯而具有神性的不可战胜的力量。

——古罗马著名学者　塞涅卡

喜欢读书，就等于把生活中寂寞的辰光换成巨大享受的时刻。

——法国启蒙思想家　查理·路易·孟德斯鸠

读史使人明智，读诗使人巧慧，数学使人精明，博物使人深沉，伦理之学使人庄重，逻辑与修辞使人善辩。

读书就是将别人的思想变成一块块石头，然后建筑起自己的思想殿堂。

——英国哲学家　弗兰西斯·培根

创造历史最好的办法就是把它书写出来。

——英国前首相　温斯顿·丘吉尔

我已经发现了一个秘密，那就是，在登上一座大山之后，会发现还有更多的山要去攀登。

——南非反种族隔离斗士　纳尔逊·曼德拉

胡文祥博士简介

胡文祥，男，汉族，中共党员，博士，教授，研究员，博士生导师；正师职，大校军衔。

1961年11月7日生于湖北咸宁市咸安区官埠镇，1974年毕业于赵坡小学，1976年毕业于孙家庄中学，1978年毕业于张公高中，1982年毕业于武汉工程大学，1982年考入中国人民解放军总参谋部防化研究院攻读硕士学位同时入伍（研究生基础课程在北京大学医学部原北京医科大学攻读），1985年考入中国科学院上海有机化学研究所攻读博士学位，1989年5月博士毕业。先后赴香港科技大学、美国麻省理工学院进修、讲学和欧洲访问。

1989～1995年在中国人民解放军军事医学科学院、1996～1998年在中国人民解放军国防科工委从事军事医学和载人航天工程等相关领域的研究工作。1999年起任中国人民解放军总装备部军事医学研究所所长、党委书记，相继成为中国工程院院士正式候选人，首都师范大学物理有机与药物化学研究所所长，北京市特聘教授，总装备部疾病预防控制中心研究员，北京神剑天军医学科学院院长。

兼任国际纯粹与应用化学联合会会员、中国军事未来研究会副理事长、中国能源学会常务理事、中国医药保健研究会副理事长、中国分析仪器学会副理事长、中国药文化研究会副会长、中国化学会二十五届常务理事、中国化学会公共安全化学专业委员会副主任、中国电子学会微波化学专业委员会副主任、全军药学专业委员会军事药学组成员、全军三防医学专家委员会委员、陆军装备成果评审专家委员会委员,《科学》(*Scientific American* 中文版)《现代仪器》《中国药物化学杂志》《中国医药导刊》等学术期刊编委,期刊《科学中国人》专家委员会常委。

担任清华大学、华中科技大学、第三军医大学、武汉工程大学、昆明理工大学、北京工商大学、西南民族大学、青海民族大学和首都师范大学9所高校客座教授。

在有关学会和领导的大力支持下,发起召开了"全国火箭推进剂学术大会""全国隐身功能材料学术大会""全国分析样品制备学术研讨会",发起并参与推动召开了"后基因组时代国际新药学术研讨会""全国公共安全领域中的化学问题学术研讨会""全国微波化学学术研讨会"等一系列国际或全国性学术交流活动,促进了相关领域的发展。

胡文祥博士始终瞄准相关科技前沿,刻苦钻研、奋力攻关、开拓进取、忘我工作,在载人航天、军事医学、分子科学与生物医药工程技术领域取得了一连串的骄人成就。撰写和主编《协同组合化学》《比较化学》《载人航天工程火箭推进剂安全科学概论》《反恐技术方略》《火箭推进剂损伤应急救援工程》《航天与健康》《阿片受体分子药学》《分析样品制备》《微波卫生防护概论》《心理战与反心理战》等专著和培训教材 20 余部,提出了"比较化学""协同组合化学""药物分子设计四原子规则""广义电子等排原理""胆碱能药物的量子药理学规律""催化作用的能量改变论""元素周期表的极限""糖酶与广义酶""有机离子反应催化剂选择规则""不对称合成的热力学""非经典跨环轨道超共轭协同效应""物理化学公式的统一基础"等一系列新概念,创立了微波、超声波、红外、紫外光与传统的化学和生物催化方法相组合的方法技术并开发了配套仪器,建立了取代基极性与空间效应分离的方法及其萃取金属离子反应线性自由能方程,尤其是所创立的有机磷化合物核磁共振化学位移计算方程,已编入清华大学研究生教材《元素有机化学》中。

先后荣获国家科技进步二等奖 2 项,军队科技进步一、二、三等奖 30 余项。发表中英文学术论文 380 多篇,获国家或国防发明专利 24 项,主持研发成功了 30 余个高科技产品并配发总装直属航天部队和联合国维和部队。荣获中国化学会优秀青年化学奖,中国物理学会王天眷波谱学奖,中国科协"求是"杰出青年实用工程奖,政府特殊津贴,总装备部载人航天工程创新二等奖,科学中国人年度人物,杰出青年科学家奖,总装备部优秀共产党员,荣立了个人三等功、二等功和两次集体二等功。

中国人民解放军总装备部政治部宣传部副部长、国防工业出版社党委

千桥飞梦

书记张月谭大校为胡文祥博士专门撰写了两整版的纪实文学作品《创新之歌》，在报刊发表后，获得广大官兵的好评；原《中国军工报》副总编、国防科工委政治部宣传部副部长刘江海大校曾赠墨宝："好人好官好学者——文星耀中华 祥和军旅程"；第三军医大学校长、中国工程院院士程天民将军也赠墨宝："居高声自远，非是藉秋风"。胡文祥博士还被誉为"科技英雄"和"托起宇宙飞船的人"，受到中央军委首长的高度赞扬和两位总书记的亲切接见。

中央电视台、北京电视台，《人民日报》《解放军报》《光明日报》《科技日报》《科学时报》《大众科技报》《工人日报》《北京日报》《法制日报》《中国质量报》《中国军工报》《中国卫生人才杂志》，总装《神剑》杂志、总后《后勤》杂志和《新华通讯社》等多家首都重要新闻媒体报道了胡文祥博士及其领导的国防科研团队的先进事迹。

前　言

　　我军知名航天军事医学与有机药物化学专家胡文祥博士的家乡位于长江中游美丽的南岸——湖北省咸宁市，她像镶嵌在万里长江上的一颗璀璨的明珠，地处华中腹地，东临赣北、南接潇湘、西望荆楚、北靠武汉，处于临江通海四方交汇的中心位置，居武汉、岳阳、九江等大中城市汇集的金三角之中，是有名的"鱼米之乡"。咸宁还是全国著名的"桂花之乡、楠竹之乡、茶叶之乡、温泉之乡和苎麻之乡"，人杰地灵，风光秀丽，山青、水秀、桂香、竹翠、洞奇、泉温，堪称武汉的"后花园"。

　　当地编有一首歌谣《江南桂花香》，唱出了桂花之乡的美景，优雅飘逸：

　　玫瑰香，茉莉香，比不上江南的桂花香，月里嫦娥播的种，山中仙女育的秧，长成四季常青树，开出那个小花，金黄黄，有风香十里，无风十里香，香了月亮香太阳，天上人间都飘香。

　　玫瑰香，茉莉香，比不上江南的桂花香，勤劳的小伙播的种，勤劳的村姑育的秧，长成生活的常青树，就像一杯美酒，醉心房。

　　玫瑰香，茉莉香，比不上江南的桂花香，有风香十里，无风十里香，香了小河香山岗，生活处处都飘香。

　　美丽的咸宁向阳湖农场是 20 世纪六七十年代知名的文化部"五七"干校所在地，冰心、冯雪峰、沈从文、臧克家、郭小川等一大批文化名流都在那里劳动改造过，时过境迁，历史的页码又翻过了半个多世纪，这些知名作家也陆续离开了我们，但饱经风霜的向阳湖宝塔仍然耸立在那里……

　　咸宁历史悠久，早在新石器时代，人类的祖先就在这块土地上繁衍生息（曾发现新石器时代古遗址），汉、唐时期已有较发达的经济文化。咸宁还是历代兵家必争之地，三国时代的赤壁战火炼就了一代代自强不息的咸宁人。岁月峥嵘、往事悠悠，如今，不见硝烟见炊烟的赤壁古战场已经成为当地历史文化底蕴的一个经典。咸宁不仅是桂花之乡，而且是千桥之乡，有官埠桥、贺胜桥、横沟桥、马桥、高桥、刘家桥、汀泗桥等。北伐战争中著名的汀泗桥战役，打开了北上大门，是杰出将领叶挺领导的独立团打败北洋军阀吴佩孚的经典军事历史范例，拉开了北伐战争迈向胜利的序幕。

柳叶，飘在湖上；屋舍，映在水上；路人，站在桥上；桥梁，印在心上。风，推动了水；水，带动了叶；叶，点缀了桥；桥，诠释了美。桥与水相遇，静与动的相容，用恬静诉说流动的美丽，用荡漾倒映伫立的光影，用小桥放飞流水的梦想。离别桥下，轻烟渺渺，细雨幽幽，溪水哗哗，流逝了多少年华，却把思念深深留下。人虽相隔在天涯，心有一桥若比邻。

无论是古老的小木桥，还是现代化的跨海大桥；无论是我国红军长征时强渡的大渡河上铁索桥，还是美国旧金山海湾金门大桥或是澳大利亚悉尼海港大桥；无论是经典的桥梁，还是爱因斯坦60多年前提出的爱因斯坦－罗森桥（即虫洞理论，是指宇宙中可能存在的、连接两个不同时空的狭窄隧道），构筑物理的或思维的桥梁，将是人类永不衰竭的追求，并不断迸发出绚丽多彩的光辉……

本书之所以取名为"千桥飞梦"，是因为家乡的"千桥"在青少年时代的胡文祥心中留下了深刻的印记。他从这里起步，跨过一座座桥梁，一步步走向成功的彼岸。他在国防及科研领域构筑一座座桥梁，向知识的海洋进发，2013年由化学工业出版社出版的《比较化学——构筑量子化学通向分子药学的桥梁》和2003年科学出版社出版的《协同组合化学》等胡文祥博士的专著就是其中的典型代表。他思维的桥梁一步步延伸，直至他梦想的"后共产主义时代"的到来……

习近平总书记提出"实现中华民族伟大复兴的中国梦"，道出了亿万中华儿女的共同心声。我们共同梦想：不久的将来，一个富强、文明、先进的中华民族将屹立在世界的东方！

人因梦想而伟大，也因学习而改变，更因行动而成功！

永远不要放弃自己的梦想，有梦想就有力量，有梦想就有方向，有梦想就有希望，有梦想就有未来，有梦想就会有奇迹！

志向编织梦想，心血浇灌梦想，智慧丰实梦想，劳动成就梦想。

插上梦想的翅膀才能飞得更高、更远、更久！

朋友，是时候了，是为了实现我们的梦想付出勇气、艰辛和汗水的时候了！

我们知道，你们已经厌倦了那种充满压力的生活，已经厌倦了那种财务拮据的日子，已经厌倦了看不到未来的人生。

但是，我们还知道，你们无时不在梦想着成功，无时不在梦想着财富、自由或权利，无时不在梦想着实现人生目标的辉煌！

是的，人活在这个世界上，是不能缺少梦想、勇气和信念的。但是，面对现实的人生，又有多少人能够坚持自己的梦想和信念呢？

朋友，让我们从现在开始，扛起你丢失的梦想！因为，在这个世界上，只要你自己不被自己打倒，就没有任何人能够将你击倒。人不是为了失败而生的，一个人可以被毁灭，但是不能被打倒。

人与人之间，没有太大的差别，最大的差别就在于他们思考问题的方式不同。因此，从现在开始，不要告诉我，你的出身是多么的穷困、处境是多么的糟糕、命运是多么的曲折；不要告诉我，你没有显赫的学历、没有出众的外表、没有成功的基础。因为，这一切都不能成为无法取得成功的理由。

我们要告诉你的是：不要继续生活在无知与恐惧之中，不要继续做一个懒惰的人，不要再让坏习惯一步一步毁灭你的人生。

现在，是该你做一个决定的时候了！过去的生活是你过去选择的结果，但是为了明天美好的生活，你今天必须选择成功！成功远远没有你想象的那么难，成功只是你的一种选择。你选择的是继续现有的生活还是选择改变？你选择的是积极还是消极？你选择的是借口还是方法？

成功是一种选择，成功是有方法的，任何时候，不要让灰心浇灭你的梦想之灯。你是一个多么优秀的人啊！你有着巨大的潜能和天赋，真的，你一定能够成功的，没有人能够想到你将来的人生会有多么的辉煌！

尽管在实现成功的路上，会有风雨，会有阻碍，但是，在未来的日子里，有我们与你相伴，有经过无数人总结出来的成功经验与你相伴！你一定会成功的！

为了梦想，为了成功，为了未来，请你不要再等待了，不要再犹豫了，不要再徘徊了！胜利在向你招手，曙光在前头！让我们下定决心、排除万难、携梦前行，不获全胜，决不收兵！

本书主要收集了胡文祥博士在哲学、人文社会科学包括军事科学等领域的部分新思考、新视点、新见解和部分科研成果，涉及领域十分广泛。胡文祥特别重视比较学和组合学及统一论，重视自然科学与社会科学甚至哲学的交叉与融合，从自然科学和社会科学的结合上寻找和阐明复杂社会现象的原因，他的许多新思想，在岁月的打磨中，历久弥新，日渐臻醇。本书主要内容包含六章和一个附录。第一章 志在航天与科研创新，第二章哲学新视点，第三章 社会科学新视点，第四章 军事科学新视点，第五章 沉淀心绪 蒸发激情，第六章 专业促进卓越，附录 现代健康生活六大基石。第一章收集了部分新闻媒体有关胡文祥及其领导的科研团队先进事迹的报道，第二章、第三章、第四章收集的是胡文祥在哲学、人文社会科学包括军事科学等相关领域的新思考、新视点、新思想，第五章统计了胡文祥及其科研团队的部分专业学术技术成果，包括英文学术论文、学术专著、国家发明专利、获奖科技成果和自然科学领域部分新视点等，第六章收集了胡文祥早期的部分诗歌、演讲句录及胡文祥参与主创的两首歌曲即"就这样跟你走——献给十八大的歌"和"反恐战士之歌"，附录论述了现代健康生活的六大基石。

本书可供哲学、社会科学及自然科学相关领域的科研工作者、高等院校师生及广大军民阅读、参考。

本书的编著得到了中央军委和总部首长的热忱关怀；政治部宣传部领导和有关新闻记者为宣传胡文祥博士领导的国防科研团队的先进事迹，做出了突出贡献；知识产权出版社的荆成恭等编辑老师们也付出了辛勤的劳动；郭成海教授审阅了初稿并提出了宝贵意见；本书还引用了一些前人的公开材料，在此一并表示衷心感谢！

本书编写组成员包括胡文祥博士的学术秘书和部分博士后、博士生、硕士生及进修生。本书编写组把握胡文祥博士非本专业的学术思想体系还不够全面和深入，加之由于时间仓促，编者水平有限，缺点和错误在所难免，敬请广大读者批评指正。

《千桥飞梦》编写组
2014 年 6 月

目　录

Dream Flying from Thousands of Bridges

——Hu Wenxiang's Related Thought Record
About Philosophy and Humanities & Social Sciences

Contents

第一章

志在航天与科研创新

一、创新之歌

　　创新是科学百花园中最鲜艳的花朵，是科教兴国、科技强军大合唱中最响亮的歌。

——题记

　　主人公小传：胡文祥，理学博士，研究员，1961 年生，现任中国人民解放军总装备部军事医学研究所所长，长期从事航天军事医学与分子科学理论及其应用工程技术领域的研究工作，曾获得国家和军队科技进步奖 30 余项，国家发明、国防发明专利 20 余项，出版专著 20 余部，发表学术论文 300 余篇，获中国化学会优秀青年化学奖、中国物理学会王天眷波谱学奖、中国科协"求是"杰出青年实用工程奖，享受政府特殊津贴，荣获个人二等功、三等功，荣获集体二等功，先后被评为总装备部"优秀共产党员"、"优秀科技干部"和"尊干爱兵模范"。

　　2003 年 2 月 10 日，农历癸巳年大年初一，总装备部军事医学研究所接待室。胡文祥利用春节值班的时间接受我的采访。中等个儿的胡文祥穿着一身军装、佩戴大校军衔，和我隔桌相对而坐，浓眉毛、厚嘴唇、高鼻梁，一张国字形的脸庞洋溢着憨厚和淳朴，只有那副白色的树脂眼镜和饱含聪慧的双眼，才让你有可能把他和卓有成就的科技俊杰联系在一起。

　　偶然是必然的表现形式，机遇只偏爱那种有准备的头脑。胡文祥说：只要满怀创新的欲望去工作和学习，就一定会有新发现。

　　2002 年 9 月 6 日，成都市四川体育馆，2002 年中国科协学术年会开幕式暨"求是"杰出青年实用工程奖颁奖仪式在这里隆重举行。欢快的乐曲声中，胡文祥走上大会主席台，从中共中央委员、全国人大常委会副委员长、中国科协主席周光召院士手中接过"求是"杰出青年实用工程奖奖牌和1万美元奖金。台下，300多名院士和数千名科技工作者报以热烈的掌声。面对如此殊荣，胡文祥的心情却显得异常平静，脚步是那样充满自信而坚实。

1961年11月7日，胡文祥出生在湖北省咸宁县张公乡一个农民家庭。到了胡文祥上学的年龄，父母已经有了胡文祥姐弟7个孩子，家庭生活十分拮据，而此时正值"文革"时期，文化人遭罪，读书无用论盛行。就是在这样的环境中，胡文祥挎上被姐姐们用了几茬的书包，开始了他的启蒙教育。

1976年，胡文祥读高中了，可教育战线仍很混乱，他对物理最感兴趣，但他就读的学校没有物理老师。胡文祥心里着急，只好利用课余时间自己学。在自家破旧的茅草屋里，他用床板当桌子，就着昏暗的煤油灯，把物理教材翻了一遍又一遍，把眼睛熬得红红的。眼睛发炎红肿流泪的时候，就用空手捂住一只眼，用另一只眼睛看书，待会儿再换过来，让两只眼睛轮休。两年下来，一本又一本的教科书被胡文祥翻得破烂不堪。母亲说，你哪是看书，简直是在"吃"书呢。

母亲说得不错，胡文祥是在"吃"书，并且"吃"得有些囫囵吞枣，消化不良，对一些问题直到进高考考场时仍然一知半解。高考物理试题中有一幅电路图，图中有一个开关，文字说明中把开关标注为电键。胡文祥说什么也找不到"电键"在哪儿，急得满头大汗。考试成绩出来了，胡文祥考取了武汉化工学院（武汉工程大学），他是所在的学校当年唯一考上大学的一个。胡文祥说，当公社的人敲锣打鼓把大学录取通知书送到家里的时候，他就准备把这一生献给祖国的科学事业了。

这是一颗有准备的头脑。胡文祥考上大学的喜悦心情还没来得及从心中散去，一丝忧郁便爬上了他的额头。原来，他发现自己的高考成绩比城里的孩子差了100多分，而且，大家扎堆谈论中外古今、天文地理的时候，自己似乎什么都不知道，连说话都插不上嘴。他感到了莫大的压力。胡文祥心里明白，自己属于那种不是很有天分的"笨鸟"，"笨鸟"要赶上和超过别人，只有"先飞"。于是人们发现，在教室、图书馆、学生宿舍，不论是上课还是课余，胡文祥像疯了一样地学习。有一次，他从教室里出来，边走边思考一个化学公式，不知咋的碰到了路边的一棵树上，他下意识地回头看了看，发现几个同学正在捧腹大笑。此事很快在学生中传播开去，同学们送他一个绰号——"胡牛顿"。为什么叫他"胡牛顿"呢，他不好意思向同学问，只是觉得这大概是把他走路时碰到树上与伟大科学巨匠牛顿煮鸡蛋时把怀表煮坏了一事联系在一起了。

"笨鸟"果真"飞"到了前面。经过一年的近乎疯狂的学习，胡文祥成了班里的尖子，担任了学习委员兼化学反应工程学的课代表。有一次，老师布置了一道开卷考试的化学工程试题，胡文祥整整熬了一个通宵，终于把题解了出来。此事令老师和同学们对胡文祥这只来自农村的"丑小鸭"刮目相看。

在老师和同学的赞许声中，胡文祥没等着享受荣誉，而是闷着头去做他该做的事情。在大学期间，他不仅以优异成绩学完了规定的课程，而且还自学了 20 世纪产生的两个最伟大的物理学理论——相对论和量子力学，而这些通常是研究生的学习课程。本该大三时才开课的物理化学，他在大二时就已自学完了。与此同时，他还学习了宇宙起源和生命进化方面的知识，探索了元素周期表中的新规律，探讨了太阳活动与世界动荡之间的关系。1982 年秋，当同学们正在等待毕业分配的时候，胡文祥考取北京解放军药物化学研究所研究生的录取通知书发到了化工学院。如同当年作为所在学校唯一考取大学的一个一样，胡文祥又作为化工学院应届毕业生中唯一的一个，跨入了当时为数不多的研究生行列。3 年后，在药物化学研究所号称"黄埔一期"的 10 名研究生中，他又是唯一的一个考取博士研究生，走进了有机化学的科学殿堂——地处黄浦江畔的中国科学院上海有机化学研究所的大门。

就这样，自称为"笨鸟"的胡文祥，以"三个唯一"的方式，从农家小院的谷堆旁边飞进了知识的林海，攀登上一层又一层的高枝，完成了为展翅高飞储蓄动力的原始积累。

相对论的时空观和量子力学的不确定性观念，让胡文祥领略了科学的奥妙，激发了他探索未知世界的创新欲望。1987 年 11 月，中国科学院上海分院组织上海市生命科学青年学术报告会，出席报告会人员可以提交论文。胡文祥不甘寂寞，不愿意只带耳朵去听，他觉得应该写点什么，于是想到了自己酝酿已久的一个崭新的概念——比较化学。

比较是认识事物的科学方法。用对比、类比、相关、归纳、联想等比较方法，研究事物间的异同、相互联系及相互影响，这是产生新思想、建立新学科、发现新规律的重要科学方法。胡文祥了解到，早在 19 世纪初期创立原子分子论时，对比方法就获得了广泛应用；自然辩证法建立时已将对比方法作为科学方法之一了。到了 20 世纪初，比较文学、比较法学、比较语言学、比较解剖学等学科都已经蓬勃发展起来，非洲的沃尔·索因卡还因为在比较文学领域的卓越成就，获得了 1986 年的诺贝尔文学奖。20世纪 80 年代，《比较思想论》、《比较政治学》、《比较政治分析》等科学丛书陆续出版。但胡文祥发现，尽管人们在化学研究中运用了比较学方法，但还是不自觉的，比较化学从概念建立到学科建设，几乎是一片空白。初生牛犊不怕虎。1987 年正在攻读博士学位的胡文祥拿定主意，不仅要把"比较化学"这一崭新概念建立起来，把比较学方法自觉运用到化学研究中去，而且要把作为研究工具使用的比较方法作为科学研究的对象加以探讨。

在寂静的图书资料室里，胡文祥一边翻阅资料，一边做着笔记。他把100 多种期刊、专业书翻了个遍，比较化学这个思考已久、似乎比较清晰成熟的概念，到这时竟成了一团乱麻，理不出头绪。急性子的胡文祥烦躁不安，他把书打开又合上，刚刚记了一笔又划掉。有多少个夜晚，他独自走到外滩，沿着黄浦江岸漫步，把车水马龙人流如潮的喧嚣和货轮客船倒映在江水中的灯火及一对对情侣的窃语拥抱置于脑后，任凭江风把散乱的思绪一遍又一遍地梳理，让思考的痛苦随着黄浦江水任意流淌。

比较学的研究对象必须是不同质的事物。世界各国化学的研究对象、方法没有本质区别，有什么可以比较的呢？胡文祥一遍又一遍地提出问题，一次又一次地否定自己。渐渐地，一个思想终于清晰起来：各国化学研究的对象、方法是一样的，但化学分支各学科、化学与其他学科的研究对象和方法是不同的，找出它们之间的异同，发现它们之间相互联系、相互影响的规律，不正是比较化学研究的用武之地吗？于是，比较化学概念在他的脑子里建立起来，论文腹稿也随之大致完成。

1987 年 11 月 7 日，上海市生命科学青年学术报告会如期召开，胡文祥宣读了提交的论文《比较学与比较化学》，在众多专家学者中引起了热烈反响，称赞他在世界上第一个提出"比较化学"这个新概念，为化学研究带来了新思路和新方法，带来了一缕新风。

胡文祥提交的论文，获得了报告会一等奖。他用理论创新的第一个成果，为自己的 26 岁生日献上了一份礼物。《上海科技报》当天报道了这一消息，这是报纸上第一次登载"胡文祥"这三个字。从此之后，尤其是最近几年，在总部党委和首长们的热忱关怀和机关领导的悉心指导下，在师长和同志们的帮助下，胡文祥的名字和事迹常见于《人民日报》、《解放军报》、《中国军工报》等十几种重要媒体上，甚至还成为杂志封面人物。

会当凌绝顶，一览众山小。胡文祥通过比较学的研究，开启了科学思维的闸门，把自己的认识水平提升到唯物辩证法的境界，眼前呈现出一片海阔天空。

与此同时，胡文祥还勇敢地探讨了将力学原理和分析方法引入到社会科学研究中去的一些方法，提出了社会力学、经济力学、政治力学和心理力学等许多新概念。

传统理论认为，多糖是一种如同砖瓦一样的结构物质，最近几十年的研究认为，多糖也是具有遗传信息功能的信息物质。胡文祥对多糖化学与生物学进行比较研究，发现一定结构的多糖具有酶一样的催化功能，在世界上第一个提出"糖酶"及"广义酶"概念，深化了对多糖的生物大分子的认识，丰富了物质合成的催化手段，为他发明组合催化方法、提高物质合成速度和效益，提供了又一基础。

让人很难想到，胡文祥那双厚厚的手掌和并不纤细的手指竟能设计微小的分子。1981 年，构建了物理化学重要公式的统一基础，1987 年，建立了 F 轨道配位场理论，1988 年，胡文祥用比较化学方法建立了有机磷化合物取代基效应的参数及萃取金属线性自由能关系方程式和不对称合成的热力学公式，1991 年建立了抗胆碱能药物分子药理学模型。物质是由分子构成的，分子是由原子构成的，原子是由原子核和电子构成的……但是，物质只有在分子这一结构层次上才能显示出其固有的特性。因此，对分子进行设计从而改变分子结构，是人工合成新物质的唯一途径。抗胆碱能药物是神经性化学毒物和有机磷农药中毒的一类解毒药物，分子药理学模型极其复杂。发挥药物的解毒作用，必须找到受体的活性部位，即人体中具有特定功能的活性大分子。如果说受体的活性部分是锁，解毒药物就是一把钥匙。怎样把钥匙插进锁孔，让人体的活性大分子产生期望的生理作用呢？胡文祥一次又一次地设计与实验，终于成功地合成了高效解毒化合物及许多复杂的高生物活性分子，在分子世界里搭建了一座座现代化的"摩天大楼"。

游人可以按图索骥直达目的地，而探险者却只能一边开辟新路，一边寻找心中的目标。胡文祥的感受是：只有经过未知物的折磨，才能享受发现的快乐。

科学研究的使命在于发现，发现是快乐的，而发现的过程却是痛苦的。在胡文祥创新的道路上，到处都有经受未知物折磨的痛苦，也充满着发现的欢乐。

1983 年，胡文祥在北京药物化学研究所读研究生，在一所知名高校上基础课，一次考试，老师布置了一道维恩定理的证明试题。该定理是量子力学的一个重要定理，老师粗略地勾勒了一个证明的思路，要求同学们按着这个思路去做。胡文祥觉得，老师已经讲明白了，自己也已经掌握了，吃别人嚼过的馍没有味道，于是想出了一个更简便、更巧妙、更合逻辑的证明思路，但老师不予认可，把他的分数扣掉了。

胡文祥："老师，您怎么把我的分数扣掉了？"

老师："你没有按我的思路去做。"

胡文祥："您应该允许我们有新的思路。"

老师："你学会了走路再跑也不迟。"

胡文祥："不用自己的脑袋思考，不敢创新，学生什么时候才能超过先生？"

老师认识到自己的做法欠妥，表示愿意把分数给他加上。胡文祥说，加不加分都无所谓，我自己开辟出一条新路，这比分数更重要。

一次，胡文祥接受一项任务，独力完成一项反应动力学实验，需要连续72小时跟踪观察记录反应过程。他知道，这是一项重要实验，直接关系着我军战斗力的提高，来不得半点马虎。凭着年轻力壮的本钱，他咬牙坚持着。头一天还可以，第二天就不由自主地打起了盹。实在没办法，他把脑袋伸到水龙头下面用凉水冲了一遍又一遍，冷得浑身直颤抖。实验做完了，其成果填补了我军一项空白。胡文祥回忆说，那是他从事科研以来，第一次真正意义上的技术创新，也是第一次享受发现的快乐。

1985年，胡文祥为准备博士论文做化学实验，用核磁共振检测有机磷化合物的结构。本来，核磁共振只是作为一种检测手段被运用的，并不是胡文祥研究的对象。但检测中观察到的反常现象，却节外生枝地把他引入了核磁共振的迷宫。

核磁共振是一种奇妙的自然现象。原子是由原子核和电子组成的，由于原子核被磁性电子云所包围，当外加磁场频率等于原子核的旋进频率时，就会发生共振吸收，这就是核磁共振现象。随着原子核所处化学环境不同，共振吸收峰的频率发生变化，这就是化学位移。核磁共振原理、方法和技术在化学各分支学科和地球科学、物理学、生物学、医学等领域有着非常广泛的应用，成为所有化学学科解决物质结构和化学动力学最有力的工具。

传统理论认为，核磁共振产生的化学位移是由包围原子核的电子云密度决定的。当电子云密度大时，核磁共振波谱的吸收峰移向高场，反之则移向低场。这一理论能够全部地说明氢核磁共振和部分地说明碳-13核磁共振化学位移现象，所以几十年来没有多少人怀疑这一"金科玉律"。胡文祥在检测有机磷酸酯结构的研究中发现，在许多情形下，核外电子云密度降低时，化学位移却移向高场，反之亦然，而这与传统理论是相悖的。

这是为什么呢？胡文祥暂且放下预定的实验计划，从半路上斜刺里杀出去，他要拉直突然冒出来的这个问号。

打破砂锅问到底，自讨未知物的折磨之苦，这就是胡文祥。

科学探索的艰难，似炼狱般痛苦。胡文祥搜集了自己实验得出的 200 余个数据和文献报道的 8 000 余个数据，把它们归结为 5 大类，分别列成表格，对比分析有机磷酸酯结构与其核磁共振化学位移的关系，从中发现了 5 条经验规则。但是现有的理论中没有任何一种能够使 5 条规则得到统一的解释和阐明。紧接着，胡文祥采用经验归纳——假设阐明的研究方法，对两类化合物取代基对有机磷酸酯核磁共振化学位移的影响进行比较研究，发现当有机磷酸酯磷核外电子云密度降低，同时核外电子云球对称性变差，电子云最小球半径变小时，化学位移移向低场；而同样有机磷酸酯磷核外电子云密度降低，核外电子云球对称性变好、电子云最小球半径变大时，化学位移却移向高场，即核外电子云球对称性的好与差或电子云最小球半径大与小与磷－31 核磁共振化学位移的高场和低场存在对应关系，从而发现了核外电子云形状愈接近球对称，其屏蔽能力愈大，化学位移移向高场，反之则移向低场的规律，并据此提出了核外电子云形状是决定核磁共振屏蔽的重要结构因素的新见解。

事情并没有到此完结。虽然找到了影响有机磷核磁共振化学位移的新因素，但核外电子云最小球半径是一个不易求得的物理量。能否用一个便于找到的经验参数来代替呢？胡文祥对此进一步研究，终于给出了有机磷核磁共振化学位移的统一计算公式。

胡文祥深入研究有机磷化合物核磁共振获得的成果，包括影响屏蔽效应的复杂因素、核外电子云球对称原理和 5 条经验规则以及有机磷核磁共振化学位移的计算公式，把人们历经 50 年获得的核磁共振现象和本质的认识，提高到一个新水平，对推动核磁共振学科的发展和有机磷化合物结构鉴定及分析，有着极为重要的价值。胡文祥的研究成果得到了有关研究领域专家的广泛认可，并被清华大学赵玉芬院士等编入研究生教材《元素有机化学》一书中。

而后，胡文祥又在核磁共振研究领域发表学术论文 20 多篇。由于他对核磁共振研究的突出贡献，于 1996 年荣获中国物理学会波谱专业委员会颁发的王天眷波谱学奖。此项学术成就奖每两年评比一次，每次奖励两人。在历次获奖的专家学者中，胡文祥是唯一的一个非波谱专业研究人员。一些老资格的波谱研究专家和胡文祥开玩笑说，我们鼓捣了半辈子还没得个波谱奖，让你这个半路上杀出的程咬金歪打正着了。

20 世纪 90 年代初，胡文祥又把研究方向转向了广义组合化学方面。这对胡文祥来说是一种合乎逻辑的发展。因为在胡文祥看来，如果说 80 年代对比较化学进行研究，是为了获得新思想，发现新规律，那么，90 年代对广义组合化学的研究，则是为了找到新方法，创造新物质。

一次，胡文祥和他的同事们做一个化合物合成实验，结果 6 天 6 夜不见动静，原料还是原料，目标物一点也没有生成。

还有一次，胡文祥进行某个化合物的合成实验，使用传统的单一催化办法，足足用了 10 小时，反应速度极慢，合成效率极低。

不同的颜色，能组合成璀璨的彩虹；不同的砖瓦，能组合成宏伟的建筑；不同的词句，能组合成不朽的诗篇；不同的音符，能组合成美妙的乐章。胡文祥观察到，前苏联制造的战斗机，如果分开来说，发动机不如美国，仪器仪表敌不过瑞士，机械系统比不上日本，但组合起来却堪称一流。"搞发明有两条成功之路，第一条是全新的偶然发现，第二条是把已知原理的事实进行组合"。这是日本索尼电子实验所菊池博士的经验之谈。如何提高物质合成的速度和效率呢，胡文祥想到了组合。

20 世纪 90 年代初期，世界上出现了组合合成方法，即把若干种物质混合在一起，合成由成百上千种物质组成的既什么都是、又什么都不是的混合物。然后用高通量筛选方法，把如同东北大锅菜一般的化合物分离成不同的组，最终筛选出活性最好的化合物作为先导，设计合成出比较理想的药物。因为此种组合仅指用于合成的原材料和合成目标物的多样性，可称为狭义组合化学。

科学是关于规律性的认识，化学是研究分子运动规律的科学。通过一定的手段和途径，使分子产生化合或者分解反应从而生成新物质的变化叫化学变化。"既然用于合成物质的原材料可以组合，用于化学反应过程的催化方法是不是也可以组合呢？"科学不能仅凭想象。胡文祥一边苦苦思索，一边设计与组织实验。

化学合成实验是个又脏又累的苦差事，又是一件细活儿。他们先是一次次地加大传统的催化剂剂量，记录下最佳值，再把超声波探头伸到反应瓶里，一遍又一遍地加大功率，然后再加上微波、红外和脂肪酶，最终掌握了合成不同物质的组合催化规律，取得良好的效果。一项用常规催化方法 10 小时才能完成的化学反应，使用组合催化方法只需 3 分钟即可达到同样的效率。

经过一系列实验和理论探索，胡文祥建立了超声波催化与化学催化合成、超声波催化与酶促合成、红外或微波催化与化学催化相组合的催化合成组合方法。1990 年胡文祥第一次提出了广义组合化学概念，并在多方面进行了深入理论研究和广泛应用的基础上，初步建立了微波组合化学、超声组合化学、催化方法组合学新概念以及包括组合催化合成、组合分析检测、组合分子设计、组合理论方法、组合理论计算等新概念和新方法在内的广义组合化学理论。这些理论和方法，是胡文祥获得军队科技进步一等奖的一项重要成果的关键技术之一。使用这些方法，他们已成功合成了100 多种新物质，研制出航天牌钙维康、眠尔康、强军康、消乏康、抗辐康、抗晕康、不夜神、塞得力、单兵气雾剂、骨关节材料、透波吸波材料和发光功能材料等一批军用材料和高生物活性分子及有关装备和产品，获得多项科技进步奖。

与此同时，胡文祥又开始向协同组合理论、组合装备技术、组合防护技术、分子心理学及分子复杂性等交叉的、全新的学科领域进军，力争再创造几个世界第一……

于无路处开辟新路的艰难和由于前进目标的若隐若现、飘忽不定给心灵造成的痛苦，使得探险者绝不会像旅游者游山玩水那样轻松愉快。对此感受颇深的胡文祥坦率地说："虽然探索是痛苦的，但发现是快乐的。"

经典力学认为，时间是匀速流逝的。相对论证明，时间会因为物体运动速度加快而变慢。胡文祥发现：每天都是生命唯一的一天，要延长自己的生命，只有加速自身运动。

胡文祥认为：一个人从 24 岁至 60 岁是工作的黄金时间，共有 36 年。人生得花 1/3 时间睡觉，1/3 时间干家务、交朋友、抚养孩子、照顾老人，剩下 1/3 时间是可以连续工作的时间，也不过 10 余年。如果计算得精确一点的话，每周 168 小时，工作 40 小时，占 23.81%。那么工作 36 年，真正用于连续工作的时间 $36 \times 23.81 = 8.57$ 年，共 3 128 天。故只有"只争朝夕"，一辈子才会有所作为。

胡文祥自称是"三个一点"干部，即工作偏忙一点，兼职偏多一点，休息偏少一点。熟悉他的人都说，岂止是一点，他是工作太忙了，休息时间太少了。

《科学美国人中文版》编委，《科学中国人》专家委员会常务委员，《中国药物化学杂志》编委，《中国医药导刊》编委，《中华医学理论与实践杂志》编委，《中华新世纪医药杂志》编委，《中国现代医药科技》编委，《现代仪器》编委，《总装备部医学学报》编委，《军事医学与军事化学》主编。在我的追问下，胡文祥扳着指头数了数，说兼职大概就这么多了。

其实大头还在后面呢。胡文祥还是国际纯粹与应用化学联合会、美国科学促进协会会员，中国军事未来研究会副理事长，中国医药保健研究会副理事长，中国分析仪器学会副理事长，中国化学会常务理事，中国能源学会常务理事，中国药文化研究会副会长，中国电子学会微波化学专业委员会副主任，中国化学会公共安全化学专业会副主任，全军后勤国家军标修订专家组成员，全军"三防"医学救援专家咨询委员会委员，全军药学专业委员会军事药学组成员等。另外，还任职清华大学、华中科技大学、第三军医大学、北京工商大学、武汉工程大学、首都师范大学和青海民族大学等高校的客座、讲座或兼职教授。

集众多职务于一身，工作任务之繁重可想而知。时间是物质运动的存在形式，哪项工作不需要时间？可再怎么着，一天也只有 24 小时，谁能还有办法使它长出一截？胡文祥有办法，这就是把法定的工作、休息时间进行重新分割，减少休息时间，延长工作时间。这使我想起《资本论》中讲到的绝对剩余劳动时间和绝对剩余价值理论。不同的是胡文祥延长工作时间的做法完全出于一个对科学事业绝对忠诚的科技工作者的高度自觉，而没有任何强加和勉强的成分。

胡文祥是驾驭时间的高手。他在读博士期间，担任研究生联合会主席。面对双重任务，胡文祥把本不宽裕的时间做了科学安排。白天做实验、搞研究，中午和晚上休息时间处理学生会的工作。虽然自己的休息时间少了，但学习和研究生联合会的工作两不误，导师和研究所领导都满意。

或许是胡文祥从此悟出了巧妙分割和合理利用时间的真谛。当所长以来，他把时间利用到了极致。这从他 2003 年春节 7 天长假的安排可见一斑：

初一，值班并接受采访；

初二，修改专著《协同组合化学》，打电话给军队老干部拜年；

初三，制订博士、硕士研究生和大学生的实习和论文指导计划；

初四，修改工作月报和简报，制订二月份保障和服务航天部队工作计划；

初五，接受第二次采访，校对《分析样品制备》；

初六，校对专著《火箭推进剂损伤应急救援工程》；

初七，陪妻子和儿子到京郊玩半天，另半天做实验。

2003 年春节的 7 天假日，胡文祥就是这样安排和度过的。

对时间的利用，胡文祥称得上是一位出色的钢琴师，双手的每一根指头均能弹奏出美妙的音乐，并形成和谐的乐章。对时间的珍爱，他简直就像巴尔扎克笔下的"欧也妮·葛朗台"，抱着时间这一珍宝盒，生怕被人抢去。对时间的收获，他更像一个不辞辛劳的农夫，既捡西瓜，也不漏芝麻。1999 年以前，胡文祥家住北京五棵松地区，离地处北四环外的研究所相距甚远。部领导为了照顾他，在研究所大院内给他一间小房子让他中午休息。可在 4 年时间里，胡文祥竟没用过一次。他说，连晚上加在一起都不够用，中午哪敢休息。胡文祥眼睛高度近视，一到晚上，眼睛就更不好使。他妻子杨萱平说，有天晚上，他骑自行车去她娘家，雪亮的路灯，宽阔的马路，胡文祥骑着自行车硬是往水泥墩上撞。自此以后，妻子不让胡文祥在晚上骑自行车。胡文祥调到总装备部军事医学研究所后，离家远了，靠两条腿走肯定不行。无奈，他搞了一辆旧自行车，每天小心翼翼地从北四环外的研究所骑到最近的地铁站换乘地铁。但是，胡文祥经常不能按时下班，常常深夜一两点才离开实验室。有一次，胡文祥骑着自行车到了地铁站，把自行车锁在路边的栏杆上，走到地铁口才发现最后一班地铁早开走了，只得搭一辆出租车回家。仅 1999 年一年，胡文祥光"打的"费就花掉了自己 3 000 多元。他开玩笑说："现在我家搬过来了，可惜的是的哥赚不到我的钱了。"

工作成了胡文祥生命中的最爱。自从把家搬到研究所院子后，胡文祥的感觉是加班方便了，可他妻子的感觉是家里更见不到人了。几年来，所有的双休日，胡文祥只在星期六早上比平时多睡一个小时，其余时间就泡在实验室和办公室。有人说，胡文祥不在家里，就在所里，不是在所里，就是出差了。

他妻子说，胡文祥除了吃饭睡觉，在家是待不住的，待在家里，就像一头被关在笼子里的狮子，烦躁不安，东一头，西一头，几个房间来回串，"莫须有"地发脾气，就想找个理由去所里。去了办公室，进了实验室，不叫不回来，叫也不回来，经常把三口之家的晚饭分成几次吃。有一天傍晚，妻子把电话打到办公室，叫胡文祥吃饭，他说你们先吃吧，我回不去。晚上 11 点了，妻子又打电话催他回家睡觉，胡文祥说，你们先睡吧，我回不去。妻子不信，哪能天天这么忙呢。她跑到办公室一看，胡文祥桌子上摆着一堆材料，他一边翻着材料，一边头也不抬地回答同事们提出的问题，急得净说些半截子话。结果，这一夜胡文祥为参加科技成果鉴定会准备材料，忙了一个通宵，他往家走的时候，东方已现鱼肚白，好多人都已早起晨练了。

対于胡文祥不按时吃饭、不按时睡觉的"恶习",一开始妻子不容忍,埋怨他说:"孩子你不管,家务你不做也就罢了,连吃饭睡觉还得别人请。"后来慢慢就习惯了,因为不习惯也不行。不管唠叨多少次,他总是虚心接受,坚决不改,妻子拿他没有办法,只好由他,"啥时候回来啥时候吃,啥时候回来啥时候睡,反正管也没有用,随他的便。"妻子说,"想想也是,那么多工作,又那么重的科研任务,单靠一天8个小时哪能够用呢?"

妻子对他的宽容也有例外的时候。2003年,胡文祥的岳母被接来帮着料理家务,在他家过春节。1月31日,农历壬午年除夕下午,妻子一个电话打到办公室,一改平时的不管主义政策,不容商量地下了最后通牒:"今天晚上你必须按时回来,不能让老人家等着你吃年饭。"胡文祥对我说:"这一次基本按时回家了,一年了嘛,总得表现一下。"

胡文祥有欣赏音乐的爱好,但由于工作忙,连这点爱好也放弃了,以至于不知道在什么时候听了一首《难忘今宵》,优美的旋律就像印在脑子里,冷不丁就莫名其妙地冒出来。他当所长以来,几乎没有星期天、节假日,没逛过京城公园,唯一的例外是邀请在美国留学的同学来所里讲课,出于礼仪陪人家爬了一次长城。儿子都上六年级了,胡文祥只参加过一次家长会,其他都是由岳母、妻子或妹妹代替的,家务事更无暇顾及了。无奈,妻子只好舍远求近,把一份好好的工作辞掉了。

一个星期天,儿子要爸爸妈妈带他去香山,可胡文祥要去实验室。妻子把他拦在门口,第一次跟他发怒:"你这个人真是,不就是这一次吗,对这个家,对儿子,你根本就不在乎。"

胡文祥连连解释说:"不是不在乎,这一去就是一天,耽误了工作太可惜。"

妻子又是气恼又是心疼地说:"第一是工作,第二是工作,第三还是工作,你那工作是加几天班能干完的吗?加班加到什么时候是个头?你干起来又不知道爱惜自己的身体,累垮了怎么办,后半辈子过不过?"

儿子的要求并不过分,妻子并非不通情达理。胡文祥满脸愧疚却又心不在焉连着说了几声对不起,轻轻地拉开房门又加班去了。

在部首长的关切过问下,为了弥补对妻子、儿子欠下的感情债,胡文祥在2002年夏天破天荒地请了3天假,带上一家人去了兴城疗养院。可就这么3天,他还是带了一大堆资料,只要一有空便满床铺开来,一头扎进去旁若无人地开始了工作,并且还给疗养院工作人员讲了生动的一课。

2002年,胡文祥课题组发表了20篇论文,取得了10项科研成果,还令人不可思议地独立完成或与别人合作编撰了 6 本书。部领导为他编写的《心理战与反心理战》作序，读后深有感触地说："读一遍都得好几天，你从哪偷来的时间？"时间从哪里来的，胡文祥最清楚。

6 本书，共计 200 余万字，其中有 100 余万字是胡文祥自己写的，而 6 本书的统稿和最后定稿任务全由他承担。在他的办公室，我看到了几本书的校对稿，足有 1 米多厚。而所有这些工作，他几乎是完全利用业余时间完成的。有一天晚上，他写得实在太累了，就自己跟自己商量：太累了，睡吧。可是转念一想，不能睡，因为睡觉既耽误时间，思路还有可能中断。接受我的来访时，他有些神秘地说："你知道我为什么凌晨二三点回家？因为一到这个点，我就饿得受不了。"

就这样，时间还是不够用，他把书稿带回家里，动员妻子、妻姐和自己的妹妹帮着校对。妻子说："你一个人忙也罢了，还把我们搭进去。"妻姐从中打圆场："校对可以，让他请客吃饭。"胡文祥满口答应。妻子刚看了几页就感觉眼睛累了，说真搞不清你这个男子汉从哪里来的那么大耐性。

对于一个家庭来说，房子的事算大的了吧，但出售经济适用房的事在胡文祥的思想和工作日程中没有排上号。分配房号之前，300 多户人家都不止一次地去看楼房、选户型。胡文祥忙于工作没有去看，妻子催得急了，他就说："看什么，不都一样的房子吗！"到了分配房号的那天下午，胡文祥安排妻子到分号现场等着，自己在所里整理资料。等到他家要房号时，只剩下一层的一套了。妻子说不要了，胡文祥赶到视场说："要，一层就一层呗，比过去有改善就行。"于是把名字签了。第二天到小区一看，两口子傻眼了，原来一层没有阳台。胡文祥说："凑合吧。"妻子气愤地说："别的好凑合，洗了衣服都没处晾，怎么凑合。"连续 3 个晚上，妻子气得睡不着觉，终于找到了胡文祥的一条"罪状"，说："1978 年全国的大学生都是 9 月份入学，你一个人怎么成了 10 月份才入学，一个月差 0.1 分，让你把分找回来，你不去，或许那 0.1 分能改变命运呢。"

数载难逢的一次分房机会，就这样与胡文祥擦身而过了。

生命是寻觅。人的一生是一个不断奉献自我、寻找自我的过程，寻觅生存的意义，寻觅自身的价值坐标。胡文祥的信条是：人生的价值在于奉献，献身国防科学事业是生命中最值得追求的理想。

胡文祥名气大了，种种诱惑也就来了。1999 年，他应邀去美国麻省理工学院讲学交流，一位在美国某著名实验室任职的同学劝他说，快出来吧，凭你的本事，在美国不仅可以取得更大的科研成就，而且可以生活得很幸福。阿尔伯特实验室找上门来，以 10 万美元年薪相许，邀他留下来开发新药。胡文祥心里明白，他只要为美国老板效劳，马上就会有高级的车子、漂亮的房子和大把的票子。可是胡文祥更明白，虽然理论科学不分国界，但应用科学是分国籍的，科学家有自己的祖国。他对美国朋友说："子不嫌母丑，狗不嫌家贫。自己的国家靠自己建设。我可以到你们美国交流讲学，也欢迎你们到我的祖国讲学，其他的我们不谈。"早在 1997 年他赴香港科技大学和驻港部队访问，2002 年赴欧洲访问，他也是这个态度。

胡文祥在科技学术界有较大名声，国内的几家著名公司以十分优厚的条件邀他加盟，被他婉言相拒。有人劝他说，在自己国家工作，也为祖国服务，在哪干都一样，在军队研究所有什么作为呢？胡文祥心里明白，只要脱下军装，加盟合资公司，几十万元的年薪唾手可得。可是胡文祥更明白，航天军事医学、军事化学与兵器化工及国防科研事业需要有人献身。

1999 年，胡文祥主持开发了航天系列保健食品并申报了 2 项国家批号。朋友劝他说，自己干吧，不用说设厂生产，光一个批号就卖几百万。胡文祥心里明白，朋友的话并非天方夜谭。可是胡文祥更明白，生活的意义不在乎你最终得到了什么，而在于你的奋斗过程。他对自己的朋友说："占有是财富，知足也是财富，风风火火是生活，平平淡淡也是生活，踏踏实实地为航天和武器装备现代化建设事业工作，比什么都好。"

不了解他的人说他傻，了解他的人知道他有自己的追求。他说："不是我多么高尚，多么超凡脱俗，我只是觉得，我是共产党员，军队干部，学有专长的科技工作者，我不能让国家和军队白白地培养一回。"

小时候的胡文祥看到解放军叔叔腰间挎个手枪，羡慕得不行，跟在人家后边走出老远，从此心中种下了一个当兵的梦。上初中时，部队在他的学校招收飞行员，他没和家里商量就报了名，到最后一轮被淘汰了，可惜得直跺脚，心想自己或许没有当兵的命。大学毕业时，绿色的机缘再一次降临，他在招收研究生的众多学校和研究机构名录里，发现了既与自己所学专业对口又属部队的解放军药物化学研究所。从此以后，胡文祥的军人情结越来越牢，再也难以解开。

如果说胡文祥小时候的参军梦仅仅出于好奇和冲动，那么功成名就的胡文祥坚守航天军事医学与军事化学研究阵地则是出于一种完全的自觉。他坚持为官兵服务、为提高和巩固部队战斗力服务的方向，急部队之所急，想部队之所想，干部队之所需，部队的需要就是他的志愿。他和他的同事们在军事化学和军事医学研究领域辛勤地耕耘着。为了防治火箭推进剂中毒、污染，满足处置突发事故需要，他们研制出了性能优良的特种防护装具、单兵自救机动卫生装备、系列推进剂快速检测与报警装置及应急保障指挥车，撰写了安全防护与应急救援培训教材；为了解决航天员骨密度在太空中流失问题，研制出了系列中性补钙剂，在 2001 年 6 月的第八届中国专利技术博览会上获得金奖，同年，全所就获得 13 项军队科技进步奖，包括 1 项一等奖。2002 年获得科研成果 22 项，成果数量连续三年居全军各研究所之首。

在现阶段，当大多数人还把工作当作谋生手段的时候，胡文祥却把工作当成了自己的生命最重要的一部分。用他自己的话说就是"一有科研项目就兴奋"。

2000 年 1 月，总后勤部决定对新型火箭推进剂相关研究项目进行招标。此项目是全军"十五"重大后勤科研项目，招标文件传到了胡文祥所在的研究所，但是，没有谁想到参与竞标。这也难怪，军事医学研究所在全军研究所中恐怕是编制最小、人员最少的。该所担负总装备部部队的卫生防疫与试验防护勤务保障任务，从来没有涉足全军重大科研项目。胡文祥想到了竞标，但看着自己的条件，比比人家的科研实力，感到哪个都比军事医学研究所强，欲罢不能、欲上又恐怕不行，有些犹豫不决，本来由于长期缺乏睡眠，习惯倒头就睡的胡文祥几天睡不好觉。

一天，一位教授打电话与胡文祥联系业务工作，胡文祥趁机吐露了自己的心迹。这位教授知道胡文祥的理论功底和研究实力，便鼓励他说："你顾虑什么，夺了标可以大干一场，竞争不上也不丢人"。胡文祥转念一想，可不是吗，研究所在全军研究机构中本来就名不见经传，就是竞争不上，丢人也丢不到哪里去。胡文祥决心一搏。

决心固然不好下，招标的准备工作更加艰难。招标单位推出的科研项目，类似于概念型项目，上什么型号并不明确，完全由竞标单位自己去研究、自己去设计。要论证新型号的经济性、可行性、可靠性，必须以假定的型号为基础。如果型号搞不准，后边的一切论证都是白费。这可真有点难为人了。

胡文祥有自己的办法。他率领青年科技人员开始了紧张的调研，今天跑到专家家里上门请教，明天又把专家请到所里来座谈，论证会一个接一个地开。专家们走了，内部分析论证会又开始了，同事们提出了自己的意见，就等胡文祥拍板了。

到底应该上什么型号呢？这不能像下赌注那样靠运气，而是靠科学判断，而这种判断，需要科学家的智慧，也需要商人般的精明，还需要军事战略家般的果断。他把专家的意见和论证会的发言记录翻来覆去地琢磨，把各方面的有关情况进行反复比较，洞察火箭推进剂研究前沿，审慎地捕捉其发展趋势，再把经济性、适用性原则和技术实现上的可能性考虑进去，真把胡文祥搞得头都大了。渐渐地，某种新型推进剂在胡文祥的头脑里显现出来，并被他最终锁定。

"好了，就是它了。"对确定的新型火箭推进剂，胡文祥有几分怀疑，但更多的是自信。

目标既定，总攻随之开始。虽然新型推进剂型号已经假定，但以此为基础的一系列复杂论证还没有起步，竞标书还是一张白纸，而此时距竞标会不足 1 个月。诸如项目研究要实现的总体目标和主要技术战术指标，为此必须攻克的核心关键技术难关，总体研究计划以及分题设置和协作计划等，需要一一落实。在不到 1 个月的时间里，胡文祥平均每天休息不足 4 个小时，常常是凌晨两三点回家，又在老人们早起晨练时上班。不知详情的妻子杨萱平被他搅得睡不成一个囫囵觉，一气之下锁上寝室的门，胡文祥自知"理亏"，只好在客厅里的沙发上和衣而睡。沙发松软得像一团棉花，人一躺下去连翻个身都困难，几个小时下来，腰疼得直不起来，弯不下。后来，杨萱平知道了丈夫从事的工作和他对事业的那份执着劲，既为丈夫的精神感动，也为他不知惜命的苦干着急。于是每到晚上，自己先把沙发占上，让不知什么时候才摸黑回家的胡文祥到床上睡。

招标答辩头一天的一个寒夜，胡文祥忙到凌晨 4 点才回家休息，刚上床猛然想到了一个问题，穿上衣服就往实验大楼跑，翻书本，查资料，好一通忙乎。等把问题搞清楚，天已经大亮了。一夜没看见丈夫的杨萱平只隐约地知道胡文祥晚上回来过，但不知道为什么突然又走了，也不知道他又去了哪里。

一身疲惫的胡文祥按时出现在招标现场。他把精心准备的标书向专家组一一做了汇报。接下来是进行答辩，一个又一个专家连珠炮似地提出的问题，涉及的学科和知识领域非常广泛，有些问题连胡文祥也没有考虑到，但他能在极短的时间内找出解决这些问题的办法。招标小组的专家们惊奇地发现，对胡文祥来说，有他没有考虑到的问题，但没有他解决不了的问题。军事医学研究所拟定的方案，不仅型号技术先进，经济实用，安全可靠，而且技术可行。于是，在众多的竞争强手中，军事医学研究所力拔头筹，把新型火箭推进剂相关招标研究项目一举拿下。此后不久，又一个全军重大科研项目被他们揽入囊中，名不见经传的军事医学研究所从此名声大震。

2003 年 2 月 28 日上午，雄壮的中华人民共和国国歌在庄严的人民大会堂响起，党中央和国务院在这里隆重举行国家科学技术奖励大会。胡文祥潜心研究的分子协同组合理论和技术成果《特殊性能化合物设计合成方法及应用工程》获得 2002 年国家科学技术进步二等奖。胸戴鲜艳红花，与党和国家最高领导人合影留念，在此之前还受到中央军委和总部首长的亲切接见，胡文祥的心情随着国歌的旋律澎湃激荡，久久不能平静。

几年来，在部党委、首长的正确领导和热忱关怀下，在机关的悉心指导和帮助下，以 3 个"零"的突破（中标全军重大科研项目、获得国家奖和"求是"奖，实现了总装后勤系统 3 个"零"的突破）和 1 个全军"第一"（人均成果居全军第一位）为主要标志，胡文祥和同伴们一道，让一个落后的研究所跨入了全军科研先进单位行列。

现在，胡文祥正率领总装备部军事医学研究所的卫生防疫大队夜以继日地奋战在防治非典型肺炎第一线。

"居高声自远，非是藉秋风"。胡文祥，一个立志献身祖国航天军事医学与军事化学及兵器化工事业的年轻科技工作者，用他对国防科学事业的满腔忠诚和累累硕果，奏响了一曲嘹亮的创新之歌。

作者张月谭系中国人民解放军总装备部政治部宣传部副部长、国防工业出版社党委书记、大校军衔，本文原载于 2003 年 4 月 27 日《大众科技报》和 2003 年第 4 期《神剑》杂志，个别词句有所调整。

二、浅水腾"蛟龙"

——记中国人民解放军总装备部原军事医学研究所所长、
北京神剑天军医学科学院院长、首都师范大学物理有机与药物
化学研究所所长、北京市特聘教授、总装备部优秀共产党员 胡文祥博士

人们常说"浅水难以腾蛟龙"，而他一直在基层工作，可以说是在"小天地"里奋斗、"浅水池"中搏击，却干出了大事业：瞄准相关科技前沿，奋力攻关，在载人航天、航天医学、分子科学与生物医药工程技术领域取得了骄人成就，先后获得国家和部委级科技进步一二等奖 10 余项，获得国家发明专利 24 项，发表论文 300 多篇，出版专著 20 余部。其中，他运用先进的组合分子设计新方法、新技术，破解和攻克了一系列航天医学难题；他建立的核磁共振化学位移计算方程被称为"胡氏公式"，已编入

清华大学研究生教材；他领导的科研团队所研制的防护装备，赠送联合国某维和部队，发挥了重要作用。他曾两次在全国科技奖励表彰大会上，分别受到江泽民、胡锦涛两任总书记的亲切接见。

胡文祥，1982年7月毕业于武汉工程大学化工与制药学院，获学士学位；之后在北京大学和北京医科大学攻读研究生课程，1985年7月获总参谋部防化研究院硕士学位；1989年5月获中国科学院上海有机化学研究所博士学位；之后十几年里他历任军事医学科学院助研、副研究员，院学委会药化秘书，总装备部军事医学研究学术委员会主任、研究员、所长。期间，他访问过香港科技大学和美国麻省理工学院；在北京大学光华管理学院EMBA高级研修班学习，到访欧洲多国学习。2005年至今，他连续担任北京市、首都师范大学特聘教授，首都师范大学生命科学学院博士生导师，首都师范大学物理有机与药物化学研究所所长，北京神剑天军医学科学院院长，并兼任清华大学和北京工商大学客座教授，华中科技大学、第三军医大学兼职教授等。

"小课题"破解航天医学大难题

在非常庞大复杂的载人航天工程中，研究航天员在太空旅行中的各个生理系统之影响变化，算得上是"小课题"。胡文祥认为，航天事业无小事，他把小课题当作大事业来做。破解了航天医学的一个个大难题。

破题之一：航天员在太空失重环境下，骨密度流失率比地球表面高7~15倍，失重会导致其体内的骨钙质代谢紊乱，骨骼血液供应减少，成骨细胞功能减弱，人体骨骼的结构和功能会发生变化，这种骨质疏松一旦形成，回到地面重力环境下将难以逆转，补钙问题就成为航天医学的一个新课题。虽然国内外一些补钙产品有效果，但仍不太理想。于是他决定研究航天员的补钙问题。他带领科技人员，夜以继日，奋力攻关，历时5年，运用先进的新方法、新技术，反复实验，终于成功研制出航天精品钙维康，为航天员健康保驾护航，在有关部队应用获得广泛好评，并获得军队科技进步奖和全国发明专利博览会金奖。

破题之二：航天员进入太空后，约90分钟绕地球转一圈，也就意味着90分钟过一个白天和一个黑夜，而地面上是24小时一个白天黑夜，这种情况将造成航天员生物钟紊乱，从而导致严重时差不适和失眠。为此，胡文祥博士从1992年开始，采用先进的分子设计和天然药物分离提取生物活性成分、协同组合催化和科学配方等一系列新方法，经过6年多的潜心研究，终于研制成功航天牌眠尔康，并获得国防发明专利，很好地解决了航天员太空睡眠调节和补钙及抗氧化问题。

破题之三：太空辐射包括宇宙射线和太阳辐射以及各种粒子流，这是航天员进行太空行走必须穿舱外航天服的原因。辐射可能使航天员体内自由基增加，导致多种疾病的发生。胡文祥博士研制成功了航天牌抗辐康，具有抗核辐射、太阳辐射和微波辐射，抗自由基、抗氧化、抗衰老和增强免疫作用。最近，日本福岛核电站核辐射虽然对东南沿海地区没有影响，但为了积极预防，航天牌抗辐康被配置到这些地区，为防止人们谈核色变的恐慌心理、维护社会稳定做出了应有贡献。

破题之四：航天员太空旅行，不仅十分疲劳，神经系统、血液系统和免疫系统等各个生理系统都会处于紊乱状态，而且生理代谢不完全正常。为此，胡文祥博士带领课题组科技人员日夜攻关，设计了科学的"0 + 3"健康保障方案，配套研制成功了航天牌顺清片、怡心片和前述的钙维康、眠尔康等为中国载人航天工程立项的系列新产品。为预防航天员太空口腔溃疡和局部炎症的发生，他努力攻关，成功研制了航天牌爽口液和洁源康等高科技新产品。同时还研发了飞天牌天王星、海王星、军王星；航天牌军泰康、军脂康、军糖康、军维纤、军力康、强军康等新一代高科技产品。

特别值得一提的是胡文祥博士负责的研究项目"航天发射火箭推进剂监测防护及应急救援应用工程"，获得国家科技进步二等奖。

"小公式"编入清华教学大教材

胡文祥不仅重视应用成果的开发，而且还热衷于基础理论的探索研究。

传统观念认为核磁共振化学位移的高低取决于核外电子云密度的大小，而对许多重核核磁共振化学位移来说，许多情形与此不一致，甚至是相反，用传统的理论无法解释。早在 1985 年，胡文祥还在攻读博士学位期间就开始了沙里淘金的工作，总结了有机磷化合物 P – 31 核磁共振化学位移变化的五条经验规律，进一步发现了决定重核磷化学位移变化的不是磷核外电子云密度，而是磷核外的电子云球对称性，据此建立了计算各类有机磷化合物化学位移的统一方程。这一方程被称为"胡氏公式"，得到了广泛的应用，并被编入知名有机化学家赵玉芬院士等编著的清华大学研究生教科书《元素有机化学》中。同时，清华大学生命有机磷化学教育部重点实验室还聘请胡文祥博士担任客座教授。

除清华大学外，华中科技大学、武汉工程大学、北京工商大学、青海民族大学、首都师范大学、第三军医大学和昆明理工大学等高校也相继聘请胡文祥博士担任客座或兼职教授。

近年来，在有关学会和领导的大力支持下，他和有关专家发起召开了

"全国火箭推进剂学术大会"、"全国隐身功能材料学术大会"、"全国分析样品制备学术研讨会"、"后基因组时代国际新药学术研讨会"、"全国公共安全领域中的化学问题学术研讨会"和"全国微波化学学术研讨会"等一系列全国性学术交流活动,大大促进了我国许多相关学科领域的发展。他还应邀为高等院校、科研院所、国防单位及公众做学术演讲和科普报告近千场,听众近100万人次,获得广泛好评。

早在上大学期间,他在读到英国化学家 R. B. 赫斯洛普和 K. 琼斯编著的《高等无机化学》"原子序数 Z 在 26,54 和 78 附近元素的宇宙丰度高"这句话时受到启发,构建了一个级数并进行了差分,得到了宇宙中仅存在 138 号元素的推论,根据这一带有哲学味道的惊人观点整理出的论文,没有被发表。后来他找到了诺贝尔奖获得者狄拉克的原子序数与能量关系的公式,印证了这一结论,15 年后的 1995 年他的论文终于在《科学美国人》中文版上发表,并被收入科学出版社出版的《协同组合化学》专著中。

在以后的日子里,胡文祥不断钻研理论问题,不断总结新的规律,提出了"比较化学""协同组合化学""药物设计四原则规则""胆碱能药物的量子药理学规律""催化作用的能量改变论""f 轨道的配位场效应""非经典跨环超共轭效应""糖酶与广义酶""广义 DNA"和"广义电子等排原理"等一系列新概念,创立了微波、超声波、红外、紫外光与传统的化学和生物催化方法相组合的方法技术及其配套仪器,建立了取代基极性与空间效应分离的方法及其萃取金属离子反应线性自由能方程等,对于推动有机药物化学与航天军事医学等相关领域的发展做出了贡献。他撰写或主编或合著《协同组合化学》《火箭推进剂损伤应急救援工程》《分析样品制备》《微波卫生防护概论》《固体光学材料》《载人航天工程火箭推进剂安全科学概论》《心理战和反心理战》《比较化学》《反恐技术方略》《阿片受体分子药学》及即将正式出版的《胆碱能神经系统分子药学》和《新概念武器》等专著和培训教材 20 余部,产生了良好的社会影响。他主持的研究课题"特殊性能化合物设计合成方法及应用工程"获得国家科技进步二等奖。

"小装备"反恐维和发挥大作用

胡文祥不仅潜心科研、埋头苦干取得了骄人的成果,而且心底无私、言传身教,大力扶持培养新人。在他的热心帮助指导下,一批又一批硕士研究生、博士研究生和博士后脱颖而出,成为我国国防和地方科技与经济建设的骨干力量。

首都师范大学生命科学学院副教授、在读博士生刘明，是胡文祥博士培养指导的学生，在胡文祥博士的精心指导下，她担负反恐活性化合物的动物实验评价及受体生化药理学、计算分子药理学等相关基础性研究工作，一年就发表了 3 篇英文论文，均被 SCI 收录。博士生李培荣，在胡文祥博士等专家的指导下，撰写的英文论文被有机药物化学国际权威学术刊物《先进合成催化》发表，成为首都师范大学胡文祥博士实验室 2 年内发表 5 篇重要论文者之一。胡文祥博士领导的科研团队，不仅注重军用科技产品的研发，还注重基础理论方法研究，近 5 年发表 SCI 论文 18 篇，影响因子累计 54.66，居本单位前列，处于同领域国际先进水平。

研究生和进修生的实际工作能力亟待提高，而实验室又很紧张，怎么办？胡文祥博士不等不靠，想方设法，多方努力，建立了实验基地，组建联合微波化学实验室和反恐重点实验室，为研究生和进修生快速成长开辟了"快车道"。胡文祥不知疲倦地带领年轻科技人员，深入实际调研，与有关科研院所合作，曾成功研制了火箭推进剂应急防护装备，无偿装备到沈阳军区某部进驻非洲刚果（金）维和部队，受到联合国维和部队的欢迎。

当今世界恐怖活动猖獗，国内外劫持人质事件时有发生。胡文祥博士认为，解决劫持人质事件关键是要有更多克恐制胜的有效手段。在有关部门和首都师范大学的支持下，他带领一群年轻人踏上了攻关的历程，经过集中大家智慧、集体攻关，终于成功研制了反恐气雾剂等应急高科技装备，为降服恐怖分子、保障人质的生命安全，维护社会稳定，推动联合国反恐大业贡献了力量。

最近，胡文祥博士又将多年积蓄和部分研发产品，总价值 100 万元，捐献给了母校武汉工程大学，表达了他的拳拳赤子之心。

作者汤志荣系中国人民解放军总装备部政治部宣传部大校、《中国军工报》军事部原主任、《中国党建报》编辑部主任，原载《中国党建报》2011 年 4 月 16 日，个别词句有调整并经作者本人审阅。

三、博士胡文祥有点忙

胡文祥博士总有忙不完的事，似乎总和时间较着劲儿。用他自己的话说：天生干活的命，一有项目就兴奋，走进实验室就入迷，有时甚至感到睡觉是一种浪费。这几年，他不仅个人忙出了一串骄人的成果，而且使原来名不见经传的总装后勤部军事医学研究所浮出水面：今年人均成果奖数量居全军同类单位之首。

近日，胡文祥被评为总装优秀共产党员。

独恋军营志不移，他忙得自豪

胡文祥的名气与成果可不简单：他是目前国内广义组合化学学科第一人，研究成果被编入清华大学研究生教材，被清华师生称为"胡氏公式"，先后发表学术论文300多篇，1996年以来，获全军科技进步一等奖1项，二等奖6项，三等奖16项，国家发明专利6项。他是国际纯粹与应用化学联合会青年会员，还兼任中国保健科学技术学会医药保健研究会副理事长等10个职务。仅凭这些成果与头衔，你可以想象，他能不忙吗？

更不简单的还是胡文祥安于清贫、痴心报国的信念。1999年，他去某国讲学，该国一家研究机构以10万美元年薪拉他参加项目开发，他没点头；一位博士班的同学在国外一家著名的实验室任部门主任，要他留下来一起工作，并许以和自己相同的年薪，他没答应；国内某些大型医药企业也曾打过他的"主意"，且年薪都在50万元人民币以上，他都婉言谢绝。

谈起这些，胡文祥博士显得很轻松：都去捞大钱，国防科研谁来搞？不少人说我犯傻，我感到傻得有价值。

锁定目标玩命干，他忙得精彩

2001年下半年，全军"十五"期间重大科研项目举行招标申报活动。就医研所各方面条件而言，根本没法去和实力雄厚，且有不少院士、著名专家作后盾的科研院所、军医大学等单位竞争。作为所长的胡文祥决心以此次竞标为突破口，使单位的科研能力实现新的跨越。

胡文祥是一个认准目标就玩命干的人。在准备标书的三个月里，他经常一干就是一个通宵，几位年轻的助手时常被熬得伏在桌子上就进入了梦乡。爱人每次来电话，胡文祥不是以"我正忙"，就是以"在加班"作回答便挂断电话，气得爱人发誓永不让他进家门。

该所的同志告诉记者：他这个人一工作起来就着魔，被别人硬拽进饭堂是常事。

招标答辩的头一天晚上，忙到凌晨4点正准备休息的胡文祥，猛然想到了自己对某类推进剂毒性的作用机理还没有十分把握，而这正是申报课题论证中的重要环节。他二话没说，披上衣服便往实验大楼跑，翻书本、查资料，等他把这一问题弄清楚，天已经大亮了，他顾不上休息，就乘车直奔答辩现场。

竞争是激烈的，胡文祥一路过关斩将。他从评委们那不易察觉的笑容里，感觉到成功正向自己招手。从答辩现场返回的路上，他一上车便歪在座位上睡着了。第二天上班迟到了 15 分钟，这是他进所 5 年来唯一的一次迟到。

招标结果公布了，医研所申报的重大课题一举中标。不久，他们申报的另一重大课题又获成功。两战两胜，实现了总装后勤系统参与全军重大科研项目"零"的突破。

心系航天苦追求，他忙得神圣

"我是部队的科技工作者，必须把为部队服务摆到第一位"。这是胡文祥经常说的话。

胡文祥经过一段时间研究发现，上天后的宇航员比在地面骨密度流失率高出数倍，而国内尚没有合适的补偿药物。他提出研制补钙药品。此类药物技术要求很高，必须用高压液相色谱仪对试验药物进行每天 24 小时、连续三个月的检测。经过千百次的峰回路转，此药终于研制成功并获得国家批号，成为军事医学研究所服务航天员和部队官兵的一个拳头产品。

几年前，当胡文祥了解到氮氧化物类中毒防治尚无特效方法后，便开始了潜心研究。他翻阅国内外文献资料，深入卫星发射现场了解情况，收集数据，制定方案，反复试验，终于研制成功了单兵自救机动卫生装备。

胡文祥不仅是书斋里的专家，更是部队官兵的益友。到某基地调研时，他发现有的官兵工作环境受微波辐射，回来后，带领大家很快研制出抗辐射产品；得知远望号航天测量船的船员出海要经受晕船的折磨后，及时主持研制了抗晕船药物。据统计，在他的组织带领下，医研所去年一年就下部队 160 多人次。

采访中，胡文祥一脸灿烂地告诉记者：前不久，中国工程院院士、我国病理学和防原医学的开拓者、复合伤医学奠基人，原第三军医大学校长程天民教授，专程来到医研所，洽谈另一项全军"十五"重大科研项目合作事宜。对医研所来说，这又是一件值得庆贺的大事。

看来，胡文祥博士轻松不了，肯定会更忙。

作者王京军系中国解放军总装备部军事医学研究所副所长；刘廷伶系总装备部后勤部政治部宣传处处长，大校军衔，《中国军工报》特约记者；徐善奎系《中国军工报》军事部记者。原载 2001 年 6 月 28 日《中国军工报》，又以"博士胡文祥真忙"为题载于 2002 年 3 月 29 日《科技日报》。

四、居高声自远　非是藉秋风

在未见胡文祥之前，不止一次地想，这位发表中英文学术论文 300 多篇，获得国家发明专利 10 多项的博士军官，该是长得高大魁梧、雄姿英发吧？其实，他不过中等身材，有点清瘦，甚至稍显单薄，当他行过一个标准的军礼欢迎我们的到来时，我依然在犹疑这是不是我们约好要采访的那个人。

他并不是一个健谈的人，但当谈起他的科研及工作时，这位 40 岁的博士竟有说不完的话……

"小时候的军人情结，让我立志要穿上这身绿军装"

在很小的时候，胡文祥就做过军人梦，那时候的他觉得，军人都很威武、很神气，只有做一名军人，才能更好地服务于国家、人民和社会。但阴差阳错地，他却于 1978 年走进了武汉化工学院（武汉工程大学），并在 4 年后获得工学学士学位，但儿时的梦想，仍然萦绕在他心际，经过一番拼搏和努力，3 年后，他终于如愿以偿，在总参谋部防化研究院获得工学硕士学位。1989 年 5 月，他又在中国科学院上海有机化学研究所获得理学博士学位。1996 年，他被调入总装备部后勤部军事医学研究所（以下简称"医研所"），从事航天军事医学、军事化学与生物医药工程领域的研究工作。在他的带领下，医研所渐渐从一个名不见经传的小单位，跻身于知名科研所的行列。几年来，医研所不仅成功地完成了航天和国防科研的卫勤保障任务，而且还获得了 1 项国家科技进步二等奖、2 项军队科技进步一等奖等 100 多项科研成果奖。"当时所里需要人，虽然工资待遇低一些，我还是毫不犹豫地来了。穿了这身绿军装，咱就得为国防多做贡献啊！"胡文祥这样说，当然也这样做了，而且做得相当出色。几年来，他深入部队，奔赴卫星发射中心和试验基地，不断解决武器装备现代化建设中的有关卫勤保障难题。2002 年 9 月 6 日，在中国科协 2002 年度学术年会开幕式上，中共中央委员、全国人大常委会副委员长、中国科协主席周光召院士将中国科协 2002 年度"求是"杰出青年实用工程奖奖牌和一万美元奖金颁发给胡文祥博士，以表彰他为国防建设做出的突出贡献。

胡文祥带领的研究所里拥有一支勇于创新、极富战斗力的科研队伍，获得了丰硕的科研成果。他们为了防治火箭推进剂中毒、污染及处置突发事故，研制出了特种防护装备、单兵自救机动卫生装备、系列推进剂快速检测与报警装置及应急保障指挥车；为了解决航天员上天后骨密度流失问题，研制出了一系列补钙制剂，并在 2001 年 6 月的第 8 届中国专利技术博览会上获得金奖；为了解决某些部队工作环境受微波辐射影响问题，研制出了抗辐射产品……仅去年，医研所就获得了 13 项军队科技进步奖，占总装备部后勤系统此类奖项总数的 1/3，其中"特殊性能化合物设计合成方法研究"获一等奖。去年该所还被批准独立负责两项全军"十五"重点科研项目，应邀合作研究两项"十五"重点科研项目，实现了总装部队后勤系统参与全军重大科研项目"零"的突破。

随着胡文祥对军事化学研究和军事医学研究的不断深入及一项项科研成果的获得，他的名气也越来越大。某国一科研机构曾以年薪10万美元邀请他参加项目研发；他的一位在国外某著名实验室任职的同学希望能和他共谋发展，并许以高薪；国内一些大型医药企业慕名想把他招至麾下，他都婉言谢绝了。"有人说我犯傻，可我们的国防也需要人来建设，总有一部分人要在国内干。我只想尽自己的所有力量，让我们的国家，特别是我们的国防能逐渐地强大起来。"

"如果他不在医研所，就在去医研所的路上……"

胡文祥说："一个人的成长过程需要20多年，如果60岁退休，那么，只有三十几年工作时间，1/3用来睡觉，1/3用来做杂务，一生中真正用来工作的时间连续计算只有十几年……"所以，他分秒必争。当别人利用节假日陪着妻子儿女享受天伦之乐时，当别人在三五成群地交友、娱乐时，胡文祥正在他的实验室埋头苦干。就这样，他主持国家和全军重大科研课题10多项；荣获国家和军队科技进步奖30余项；并获中国优秀青年化学奖、王天眷波谱学奖、政府特殊津贴、"求是"杰出青年实用工程奖。他提出的比较化学、广义组合化学等新概念，建立的组合催化方法、重核核磁共振屏蔽效应新原理和胆碱能神经系统新的分子药理学模型、有机磷化合物取代基效应参数及其萃取重金属离子线性自由能关系等，对于推动合成化学、军事化学和核磁共振及航天军事医学等相关领域的深入发展具有重要意义。他发表的300余篇中英文学术论文，广为国内外同行摘取和引用，有关新原理和新公式还被编入由赵玉芬院士等编著的清华大学研究生教材《元素有机化学》一书中，被称作"胡氏公式"。在庆祝中国共产党成立八十周年之际，胡文祥被评为总装备部优秀共产党员。中央军委委员、总装备部部长曹刚川，政委李继耐签署通令，给他记二等功。

如此多的成绩和荣誉并没有让这位刚刚40岁的博士止步，他依然每天在处理完所里的日常公务后加班至深夜，甚至凌晨四五点钟，常常是，面对妻子电话里的不断催促，他只是那简短的几句话"我正在忙""我在加班"，然后又痴迷地投入到他的科学研究中去。年幼的孩子怎么想都想不明白，为什么别的小朋友的爸爸可以带他们出去玩，而自己的爸爸总是那么忙。"其实我也想有时间多陪陪她们，可我是部队的科技工作者，必须把为部队服务放在第一位，急部队之所急，想部队之所想，干部队之所需。"

作为一名军人，胡文祥具有军人的共性，那就是，只要认准了目标，就去玩命干。2000年下半年，全军"十五"期间重大科研项目举行招标申报活动。身为所长的胡文祥决心以此次竞标为突破口，使医研所的科研能力实现新的跨越。"我也知道我们所目前的条件，无法和实力雄厚且有不少院士的著名大学等单位去竞争。但我们是'初生牛犊不怕虎'，只要有1%的希望，我们愿意付出100%的努力去追求，哪怕最后我们失败了，我们也问心无愧，因为我们已经尽力了。"胡文祥在准备标书的三个月里，付出了我们无法想象的汗水、泪水甚至热血。他经常一干就是一个通宵，很难找到他不加班的日子。用胡文祥自己的话说："天生干活的命，一有项目就兴奋，走进实验室就入迷，有时甚至感到睡觉是一种浪费。"

招标答辩的头一天晚上，忙到凌晨4点正准备休息的胡文祥，猛然想到了自己对某类推进剂毒性的作用机理还没有十分把握，而这正是申报课题论证中的重要环节。他二话没说，披上衣服便往实验大楼跑，翻书本、查资料，等他把这一问题弄清楚，天已经大亮了，他顾不上休息，就乘车直奔答辩现场。

也难怪同事们称他为"拼命三郎"。更难怪同事们这样形容他："如果他不在医研所，就在去医研所的路上。"

"最重要的是，要把自己的位置摆正"

兼任国际纯粹与应用化学联合会会员、美国科学促进协会会员、中国保健科学技术学会医药保健研究会副理事长、中国化学会微量元素测试协会副主任、中国仪器仪表学会分析仪器学会副理事长、中国电子学会微波化学专业委员会副主任、全军药学专业委员会军事药学组成员、全军后勤国家军标修订专家组成员、清华大学、首都师范大学和北京工商大学客座教授、第三军医大学、华中科技大学、武汉工程大学等多所高校兼职教授、《科学美国人（Scientific American 中文版）》编委、《化学通报》编委、《现代仪器》编委、《中国药物化学杂志》编委、《总装备部医学学报》编委、《军事医学与军事化学》主编等职务，集众多头衔于一身的胡文祥，作为医研所所长和学科带头人，他是如何处理好管理和科研之间的关系的呢？胡文祥说："它们之间从某些方面来说是相互冲突的，而更多的是相互促进的，最重要的是把自己的位置摆正。"

作为一所之长，胡文祥深知人才的重要性，为了增强攻关能力，实现更进一步的发展和飞跃，他带领党委一班人制定出完整的人才建设方案，形成"重点引进，在职提高，梯次分开，整体推进"的人才建设方略。几年来，引进具有博士、硕士学位的人才数十人。先后送出7人攻读研究生学位、50 多人次参加短期培训。邀请国内外专家学者来所讲学，并召集所里的年轻人每周进行一次学术交流。"主要是想通过这样的方式，拓展年轻人的思路，引发他们的思考，激励他们运用新的方法来推动学科发展，一个人，如果不进行交流，那么他只有一种思想，而一旦和外界沟通，就会产生两种，三种，甚至多种思想。"胡文祥的话，虽朴实，却透露着深刻的哲理。正是在他的正确引导下，所内年轻科技人员苗壮成长起来。现已有 4 人被批准享受政府特殊津贴，4 人荣获中国航天基金奖。中国工程院院士、第三军医大学原校长程天民教授来所洽谈某项目合作事宜时感慨地说："没想到你们人这么少，这么年轻，成果这么多。"感慨之余他欣然为胡文祥同志题词"居高声自远 非是藉秋风"。

在总部首长和部党委热情关怀下，胡文祥和党政领导班子围绕着国防科研实验和武器装备现代化建设这一中心，遵照"科技兴所、质量建所、制度管所"的建设方针，坚持"姓军为兵、面向基层、服务部队"的正确方向，不断加大政治思想、业务保障、科学研究、科技练兵、技术监督和技术服务工作的力度，引导全所人员群策群力、同心同德，使医研所以骄人的业绩引起了人们的关注。近 5 年来，该所承办了总装备部有关学术会议 6 次，全国性学术会议 3 次，每次会议都取得圆满成功，并得到有关领导的肯定和赞扬。今年 3 月初，医研所又承办了本年度首次全国化学学术研讨会，中共中央委员、中国科协副主席、中国科学院副院长、中国化学会执行理事长白春礼院士，总装备部科技委副主任李恒星中将、有关专家学者及全国 60 多个单位 120 余名代表到会。

医研所浓厚的学术氛围，使越来越多的人前来参观、进修、学习。而胡文祥却说："我不想赶时髦，只想踏踏实实地做好每一件事情。成绩已经属于过去，带给我们的是更大的压力……"这时，我们想起了一个故事：在静谧的非洲大草原上，夕阳西下，一头狮子在沉思，明天太阳升起，我就要奔跑，以追得上跑得最快的羚羊；此时，一只羚羊也在沉思，明天的太阳升起，我要努力奔跑，以逃脱跑得最快的狮子……胡文祥正用自己的行动，和医研所人一起，朝着下一个目标奔跑。

作者徐明霞和汪本奎系《中国卫生人才》杂志记者，原载 2002 年第 11 期《中国卫生人才》，封面配发胡文祥大校着军装照片。

五、反恐维和铸利剑
——军地携手推动化学创新维护公共安全侧记

盛夏的蓬莱，晨雾渐渐消散。举目远眺，辉煌的朝霞，洒下万点珠光，在湛蓝的海面上，闪耀跳动，变幻成一座海市蜃楼，置身仙境，令人目摇心醉，流连忘返。

2011 年 8 月 15 日至 18 日，由中国化学会主办，首都师范大学、北京微量化学研究所、防化研究院和中国人民公安大学承办的第三届全国"公共安全领域中的化学问题"学术研讨会暨中国化学会公共安全化学专业委员会成立大会，在历史文化名城蓬莱隆重召开。这标志着我国的公共安全相关工作将跃上一个新台阶。

构想，在初春孕育

早在 2005 年初春的一天，中国化学会办公室方智副秘书长、北京微量化学所何林涛研究员、防化研究院科技部孙玉波部长、中国人民公安大学王彦吉校长和首都师范大学特聘教授胡文祥博士等几位专家，坐在一起，商榷了能否在中国化学会框架范围内，主办全国性的学术研讨会，探讨公共安全领域中的化学问题，为 2008 年北京奥运会的安全保卫工作，为重大活动的安保、重大事件的平息提供有效科技手段，为维护社会稳定做贡献。

为了实现这一构想，军地四家联合，狠抓落实，步步为营：

——2006 年 9 月，由中国人民公安大学牵头，中国化学会第 25 届年会在长春设立"公共安全中的化学"分会；

——2007 年 11 月，由总装备部防化研究院牵头，第一届全国"公共安全领域中的化学问题"学术研讨会（以下简称"全国公共安全化学会议"）在深圳召开；

——2010 年 3 月，由北京微量化学研究所牵头，召开了第二届全国公共安全化学三亚会议；

——2011 年 8 月轮到由首都师范大学物药所牵头在蓬莱举行会议，由于大家密切合作，每次活动都获得圆满成功。中国化学会领导白春礼院长和姚建年院士等对国防、军工和公共安全领域的化学问题研究十分重视，给予了大力支持。

为了开好第三届全国公共安全化学会议，2013 年年底，中国化学会办公室与四家在北京微量化学研究所举行了的第一次筹备会议，之后就正式发出第一轮征文通知，其后又多次磋商会议的筹备工作。2014 年初春正式确定 8 月中旬在山东省蓬莱市召开第三届全国公共安全化学会议。5 月底筹备组人员专程赴蓬莱，实地考察，受到蓬莱市人民政府及有关领导的热情欢迎。中国化学会副秘书长、中国化学会公共安全化学专业委员会主任委员、本届大会主席何林涛研究员，北京市特聘教授、中国化学会公共安全化学专业委员会副主任委员、本届大会执行主席胡文祥博士，防化研究院原副院长、公共安全化学专业委员会副主任委员孙玉波研究员，中国人民公安大学原校长、公共安全化学专业委员会副主任委员王彦吉教授和中国化学会办公室郑素萍主任、方智副秘书长等带领各自团队进入了紧张有序的大会筹备工作，整个筹备工作7月底全面结束。

果实，在深秋收获

当代恐怖主义呈现全球蔓延的趋势，无辜人群成为恐怖分子袭击的目标，恐怖犯罪技术日趋"高智能化"。为了应对这一复杂局面，国内外科学家纷纷积极研制能快速有效发挥作用的方法技术与装备成果。

为了研制更有效的反恐科技产品，从根本上震慑恐怖分子，前年深秋时节，胡文祥博士带领科研团队，首先建立了某类反恐活性化合物数据库，并展开了计算机辅助药物分子设计研究，设计合成了一系列高生物活性化合物，其中运用了先进的祥鹄牌微波、超声波、光波之间组合催化仪器及其与传统的化学催化相结合的方法，大大缩短了反应时间，提高了反应能力。

在此基础上，进行了细胞化学和动物药理初筛工作，找到了副作用更小、安全比更高的某类分子，进行制剂学研究，成功研制了手持反恐气雾剂和喷雾器等装备。这类特殊的成果，能够使突发事件中的人员短暂的昏迷，但不致死亡，过后所有生理功能恢复正常，对于处置劫机事件、劫持人质等非常有效。

同时，胡文祥博士正带领科研团队努力编撰《反恐技术方略》一书，以帮助反恐专业队伍和普通大众普及反恐知识，达到克恐制胜的目的。

除了反恐领域的成果外，胡文祥博士带领科研团队在另外两个领域开拓进取、勇于创新，也取得了一系列新成果。在载人航天工程相关军事医药学等领域，成功研制了航天牌钙维康、眠尔康、强军康、抗辐康、钙维蒂、消乏康、爽口液、洁源康、蛋白质粉、牛初乳粉和辅酶Q10等一系列高新科技产品；在"三降"天然药物化学研究领域，成果研制了军脂康、军糖康等系列产品；在部队和地方推广应用，产生了良好的效果。

胡文祥博士不仅重视应用开发，而且重视基础理论研究，提出了许多新观点、新方法，创建了许多新理论。春天辛勤耕耘、秋天收获硕果。时至今日，胡文祥博士发表学术论文300余篇，撰写专著20余部，获得发明专利24项，荣获国家科技进步二等奖2项（均排名第一）、部委级科技进步一二等奖10余项，成为了航天军事医学和有机药物化学领域卓有成效的专家。

利剑，在寒冬检验

任何科研成果只有经过实践检验才能推广应用。公共安全化学领域成果常用于公众场合，更需要严格的检验。

千桥飞梦

去年寒冬的一天，北京市郊，寒潮肆虐。胡文祥博士实验室正用动物实验来验证他们团队研制的"手持反恐气雾剂"和"反恐喷雾器"的效果。

首先用小鼠和兔子作为"靶子"进行试验，结果表明，活蹦乱跳的10只小动物，在不到一分钟内，晕倒在地，完全失能，不多时以后均又苏醒过来，所有生理功能基本恢复正常。

接着，又将狗作为"恐怖靶子"进行试验。

"汪！汪！汪！"这条狗像寒风似的呼叫，不可一世。实验员在一定距离，手持"反恐喷雾剂"向狗喷去。也是在不到一分钟之内，由"疯狂至极"变成了"死狗一条"。不太长时间，狗又苏醒过来，像没有发生任何事一样。经检查狗的一切生理指标基本正常。

这些装备待进一步完善后，将在处置人质劫持、劫机和公共安全突发事件中发挥良好作用。

在公共安全化学研究领域，全国各单位专家也取得了不少的成果。化学不仅在反恐领域，而且在其他公共安全领域的应用也十分广泛。

全国有关科研工作者深入研究化学在公共安全领域中的具体应用：涉及食品安全领域的食品危害物快速有效监测、检测技术；涉及生产安全领域的重点生产场所安全综合监测、监控技术，重大事故灾难的预防、预测、预警、应急救援和调查分析技术；涉及防灾减灾领域的灾害立体监测技术和预测方法；涉及核安全领域的强辐射场下的监测、防护与事故处理技术；涉及火灾与爆炸领域的火灾与爆炸的阻燃、烟控、灭火、抑爆与应急救援技术及调查、取证与鉴定技术；涉及社会安全与反恐防恐领域的预防和打击重大刑事犯罪的刑事司法技术、安全防范技术；涉及出入境检验检疫领域的传染病、恐怖因子、有害化学物质和危险品的远程监控、现场快速检测与确证、风险评估与预警及无害化处理技术等的最新进展。

发展，在盛夏推进

为了推动公共安全事业深入开展、科学发展，加强公共安全领域化学成果的运用和交流，促进公共安全化学学科建设，今年盛夏在山东省蓬莱市顺势召开第三届全国公共安全化学会议。此次学术会议是"国际化学年在中国"系列活动的重要组成部分，会议的主题为"化学发展与公共安全"。

今年是联合国确定的"国际化学年"，也适逢居里夫人获诺贝尔奖100周年和国际化学会联合会成立100周年。我国积极响应，组织推出以"化学——我们的生活，我们的未来"为主题的系列活动。

来自全国公安系统、安全系统、解放军防化系统和军事医学系统、高等院校、中科院及其他研究院所等70多个单位的160余位专家代表，参加本次学术研讨会，比历届会议人数多，显示了公共安全化学越来越受到人们的关注，特别是受到科研工作者的青睐。国家有关部门非常重视，国务院参事室、国家反恐办、国家安全部、国家公安部和解放军总装备部等国家和军队的机关也派有关领导出席大会，地方政府也派领导参加大会。中央电视台、《农村金融时报》《青年导报》等重要新闻媒体也派编导、记者观摩大会。

本次会议收到学术报告 200 余篇，经过专家审稿会审定，共收录 172 篇论文入会议论文集，并被编为《公共安全中的化学问题研究进展（第二卷）》，目的是与 2010 年 3 月第二届全国公共安全化学会议论文集相衔接，该论文集可称为第一卷，第一二卷都由中国人民公安大学出版社正式出版。在论文集编辑和会议筹备过程中，王彦吉教授、何林涛研究员、孙玉波研究员、方智副秘书长、胡文祥教授、刘明同志、李文君同志等和出版社专家、领导付出了辛勤劳动。

第三届公共安全化学会议安排了大会邀请报告 15 篇，分组交流报告 33 篇，共计 48 篇，内容非常丰富，研讨十分热烈，涉及公安领域中的化学问题，反恐和防化领域中的化学问题，食品安全环境分析等领域的化学问题及其他新技术研究等。中国科学院生态环境研究中心江桂斌院士和解放军总装备部防化研究院陈冀胜院士作了精彩的致辞或演讲。正如国务院参事、国家质检总局总工程师张纲同志所期望的那样，将第三届全国公共安全化学会议开成一个科技成果展示的大会、学术思想交流的大会、不断推进科技创新的大会，更要开成一个增进友谊广交朋友的大会。希望各位代表把本次学术交流的成果转化为我们实际工作创新的效果，群策群力、齐心协力、奋发努力、开拓创新、不断进取，为推动我国公共安全化学领域的发展，为维护社会稳定和国家长治久安做出新贡献。创新安全科技，打造反恐尖兵，构筑防卫盾牌，缔造世界和平。

作者汤志荣系中国人民解放军总装备部政治部宣传部大校、《中国军工报》军事部原主任、《中国党建报》编辑部主任，原载《中国党建报》2011 年 8 月 20 日。

六、肩负起公共安全的战略重任
——热烈祝贺第三届全国公共安全化学会议召开

在全面落实"十二五"规划纲要的开局之年，在深入学习贯彻胡锦涛"七一"重要讲话精神的热潮中，在中国人民解放军建军 84 周年之际，第三届全国"公共安全领域中的化学问题"学术研讨会暨中国化学会公共安全化学专业委员会成立大会，在历史文化名城蓬莱隆重召开了。在此，对会议圆满召开表示热烈祝贺！

"十二五"规划纲要提出，要适应公共安全形势变化的新特点，推动建立主动防控与应急处置相结合、传统方法与现代手段相结合的公共安全体系。构建有中国特色的公共安全保障体系，提高经济和社会的安全度，改善人们的生存环境是目前我国的一个重大战略任务。我们国家对如何做好公共安全工作不但提出了更高要求、指明了方向，而且作为重大战略任务来抓，可见其重大意义。作为从事化学方面研究的科技工作者，理应肩负起公共安全的战略重任，积极努力，勇于创新，主动作为，为国家的公共安全和社会稳定不断做出新贡献。

肩负起公共安全的战略重任，就要更新理念，保驾公共安全。公共安全事关人民群众的生命财产安全，事关社会的和谐稳定，事关改革、发展、稳定的大局。加强公共安全工作，意义深远，责任重大。如果理念不创新，固守旧观念，跟不上公共安全发展的新形势新要求，就很难做到为公共安全保驾护航。创新理念，首先是要用正确的视角看待公共安全。不能专盯阴暗面，要破除"公共安全难保"的思想，既要看到严峻形势，又要看到和谐安宁是社会发展的主流；创新理念，其次是要用发展的心态面对公共安全。要为公共安全多做鼓劲引导工作。事实证明，正确引导，正面激励，正义维护，是最大的公共安全；创新理念，再次是要用积极行动投身公共安全。全民都要切实增强做好公共安全工作的责任感、紧迫感和使命感。要努力做公共安全的宣传者、和谐环境的营造者，人民安全的护卫者。

肩负起公共安全的战略重任，就要创新手段，保障公共安全。当今世界有句话："反恐反恐，越反越恐"。很平常的话，却给人们提出了值得深思的问题。既一语道破地指出了安全形势的严峻性，也道出了维护公共安全缺乏更多有效科技手段的现实性。我们要清醒地看到，当前公共安全的技术手段还比较薄弱乏力，公共安全的投入力度还不够大，公共安全的隐患还较为突出，对科技创新提出重大战略需求。因此，必须要大力创新，发展公共安全科技，努力打造公共安全科技利剑。

肩负起公共安全的战略重任，就要打造尖兵，保卫公共安全。再先进的手段和设备要靠人来运用。实现公共安全，建设更多的覆盖面大的公共安全队伍，锻炼综合素质高、专业技能强的安全尖兵是关键。公共安全人员要学习精通公共安全知识。对相关法律法规、防范技能技术等方面的知识，做到深知真知，娴熟实践；公共安全人员更要提高信息化条件下公共安全的能力素质。同时，构建信息化公共安全技术支撑平台，确保历练有场地，防范有招法，处置有本领。

肩负起公共安全的战略重任，就要协同作战，保赢公共安全。公共安全要打好协同战。公共安全工作涉及面广，复杂多变，变化莫测，只有协同作战，才能掌握公共安全的主动权。要建立多层次、多领域的公共安全合作渠道，广泛收集情报信息，形成纵横交错、全方位立体布局的公共安全网络，做到预案精细，预防超前，处置及时，努力将不安全因素消灭在萌芽状态，不断推进公共安全工作创新发展。

本文系 2011 年 8 月 20 日《中国党建报》评论。

七、维和部队用的是他们的防护装具

总装备部后勤部军事医学研究所让青年科技干部作主力，围绕中心任务搞科研，2002 年获科研成果 23 项，其中国家科技进步二等奖 1 项。军队科技进步奖 14 项（其中合作完成 1 项），国防发明专利 2 项，国家实用新型专利 6 项，促进了航天和装备建设、科研试验保障任务的完成。1 月下旬，总装备部后勤部授予该所基层建设先进（师团）单位光荣称号。

该所是总装后勤系统唯一的军事医学、军事化学研究及卫生防疫技术监督机构，在完成试验防护、室内环境监测与监督和火箭推进剂快速检测、安全防护及应急救援等国防科研试验和武器装备现代化建设后勤保障任务的同时，科研成果频出。2002 年，该所总装直属部队化学计量站以实验任务需求为牵引，进一步完善了总装国防计量工作体系和基地配套设施质量保证体系，圆满完成了卫星发射中心火箭推进剂化验分析仪器的化学计量和巡检，7 项化学计量标准溯源，某卫星测试厂房环境监测与评价等工作，有效地保障了试验任务的顺利进行，被上级评为基层建设先进单位。特别在"神舟"4 号任务期间，该所组成 4 个任务组，为航天发射试验任务的顺利完成提供了有力保障。

2013 年，该所科研成果再创历史新高，所获国家二等奖在总装后勤系统实现了国家奖"零"的突破；发表论文 80 余篇；获国家卫生部批号 1 个；撰写并出版专著和培训教材 6 部；科研成果数量占全总装后勤系统的 46%，人均科研成果数连续 3 年名列全军同类单位第一。被总装备部评为总装后勤科研先进单位，4 名骨干被评为科研先进个人。

该所研制的"火箭推进剂远距离多通道监测系统"，通过出厂技术鉴定就参加了神舟 4 号任务准备期间的保障任务，研制的防护装具应用于航天发射场和联合国维和部队。

成果丰硕的重要原因是该所重视人才的培养和使用管理。这个所采取"梯次分开、重点培养、龙头牵引、整体推进"的可持续发展战略，克服人员少、任务重的实际困难，创造条件鼓励支持青年科技干部继续深造。先后选送 8 名青年技术骨干参加研究生班学习，2 人获得硕士学位；2002 年举办全国性学术会议 1 次，总装专业培训 2 次，接收 3 名基层部队技术人员和 15 名军内外高校研究生与本科生来所进修；参加国内外学术会议和短期培训 30 多人次，邀请留美学者讲学 5 人次，1 人赴欧洲学习访问。如今该所初步走开了"有为有位，去弱留强，培养引进，学用结合"的人才建设之路。6 名分别列入总装和装后"1153"人才工程培养计划，1 名获军队"预防医学基金奖"，1 名获中国科协"'求是'杰出青年实用工程奖"。科技干部的整体素质明显提高，人才队伍梯次和结构日趋合理。

——通讯员王京军、记者于荐明，2003 年 2 月 18 日，《科技日报》

八、装备部队　壮我军威
——记总装备部军事医学研究所所长胡文祥

一个仅有几十个人的研究所，在"九五"期间就获得了科技成果 54 项，其中包括两项军队科技进步一等奖，人均科研成果数量居全军同类单位之首。这个研究所就是总装备部后勤部军事医学研究所。

该所之所以有如此骄人的成绩，离不开"当家人"——所长胡文祥。40 岁的胡文祥在工作上可是个"拼命三郎"，用他的话讲：天生干活的命，一有项目就兴奋，走进实验室就入迷，有时觉得睡觉都是对时间的浪费。作为所长白天免不了公事缠身，他就晚上搞科研，经常一干就是一个通宵，几位年轻的助手每每都是熬得伏在桌上就进入了梦乡。

二十多年以来，胡文祥先后发表论文 300 余篇，获全军科技进步一等奖 1 项、二等奖 6 项、三等奖 16 项，国家发明专利 6 项。他是目前国内广义组合化学学科第一人，研究成果编入清华大学研究生教材，被清华师生称之为"胡氏公式"。

"我是部队的科技工作者，必须把为部队服务放在第一位"，这是胡文祥经常挂在嘴边的话。围绕着国防科研实验和武器装备现代化建设搞科研，是总装备部后勤部军事医学研究所始终坚持的原则和方向。

国防科研实验中时常发生火箭推进剂中毒的意外事件，长期困扰卫勤保障工作。为此，胡文祥等一批军事医学、军事药学、军事化学、临床医学的专家和技术人员组成攻关小组，在研究氮氧化合物类火箭推进剂中毒毒性毒理基础上，考虑发射现场快速急救、方便携带的需要，历经两年的刻苦研究，于1999年底研制成功"火箭推进剂氮氧化物中毒单兵急救自救用剑宏（复方）气雾剂"。该气雾剂对氮氧化物及其毒性产物导致的呼吸系统损伤有显著急救作用，能够明显降低中毒程度，阻止肺水肿发生发展，降低死亡率，且安全、速效、体积小，深受广大官兵的欢迎。

战时或重大事故、灾害抢救中，由于自然环境的限制，作战人员的饮用水保障难度较大，不仅影响到作战人员的战斗力，甚至对其生命安全构成严重威胁。胡文祥和战友们经过长时间的研究，成功攻克了这一技术难关，掌握了弱碱性离子水，综合了纯净水和碱性离子水的特征，具有运动速度快、渗透力强、生物利用度高的特点，能有效提高人类在恶劣环境下的生存能力。由于这种水易被人体吸收，因而每人每天只需饮用250毫升就能满足人体基本需求，相当于普通饮用水水量的1/4，大大减轻了单兵作战的负荷。

长期以来检查火箭推进剂跑冒滴漏，除在加注管道及接口处采用肥皂水泡检查外，无任何专用检查手段。研究所的战友们专门成立了科研小组，冒着中毒的危险深入各基地现场实验，经过无数次进行显色剂对比、载体筛选及不同湿度、温度条件下实验，终于研制成功定量检测反应灵敏度高、显色快、读数直观准确，质量轻、易于掌握、携带方便、无电火花、保存寿命长的"推进剂快速定量检测管"。被美国专家惊奇地称为"神奇的检测管"。

到基地调研时，胡文祥发现有的官兵工作环境受微波辐射很大，回来后就带领战友们研制出了抗辐射产品。得知"远望号"航天测量船的船员出海饱经晕船的折磨后，胡文祥及时主持研制成功了抗晕船药物。据不完全统计，在胡文祥的组织带领下，研究所每年都要下部队百余次。

胡文祥1996年入所，始终坚持"科技兴所、质量建所、制度管所"的建设方针，坚持"姓军为兵、面向基层、服务部队"的办所方向。仅仅几年，把一个名不见经传的小所，建成了全军的科研成果大所。在有关部门公布的2001年总装备部后勤系统所获得的33项军队科技进步奖中，总装备部后勤部军事医学研究所就占到了13项。

胡文祥做出了成绩，同时也做出了名气。1999年，他去某国讲学，该国一家研究机构以10万美元年薪拉他参加项目开发，他婉言谢绝；一位同学在国外一家著名的实验室当主任，承诺高薪，邀他留下一起工作，他没有答应；国内几家医药大企业频频向他抛出"橄榄枝"，且年薪都在 50 万元人民币以上，他笑而谢之。

谈起此事，胡文祥说："都去捞大钱，国防科研谁来搞？不少人说我犯傻，我感到傻得有价值。"

——记者张怀忠，2002 年 2 月 11 日，《科学时报》

九、为了中国军事医学的新突破
——记科技英雄胡文祥

被誉为"科技英雄"的总装后勤部军事医学研究所所长胡文祥博士，坚持科研，不懈攻关，先后获得军队科技进步奖 30 余项，发明专利 12 项，发表论文 300 多篇，其研究成果被称为"胡氏公式"，编入清华大学研究生教材。

1982 年大学毕业的胡文祥，后又获总参防化兵工学硕士和中国科学院理学博士学位。多年来，他瞄准相关科技前沿，勤奋钻研，是个被同事们称为一工作、一科研就着魔的人。他不仅个人忙出了一串骄人的成果，而且带领全所在圆满完成武器装备科研试验有关保障任务的同时，在科研上也干得热火朝天。近年来，这个只有几十人的小单位就拿了包括 2 项军队科技进步一等奖、8 项二等奖等科研成果 66 项，仅 2001 年就获得了 13 项军队科技进步奖，占总装后勤系统此类奖项总数 1/3 还多，人均获奖数量居全国同类单位之首。还被批准独立负责全军"十五"重大科研项目 2 项、部级重点科研项目 16 项，实现了总装后勤系统参与全军重大科研项目"零"的突破。

胡文祥紧紧围绕武器装备科研试验需要搞科研。研究发现，上天后的航天员比在地面骨密度流失率高出数倍，而国内目前尚无合适补钙制剂。此类药物技术要求较高，但他经过千百次的峰回路转，此产品终于研制成功并获得国家批号，还在 2001 年举办的"第八届中国专利技术博览会"上获得了金奖。他还和战友们相继研制出了防治航天测量船船员远航抗时差不适药物、抗辐射药物、防治推进剂中毒装备和药剂等，受到了国防科研试验一线官兵的欢迎。

胡文祥刻苦攻关、勤奋工作广受赞誉，更令人敬佩的是他扎根军营、痴心报国的信念。他去美国麻省理工学院访问进修，美国一家研究机构以高薪拉他参加项目开发，他没点头；一位博士班的同学在美国著名的阿尔伯特实验室任项目主任，要他留下来一起工作，并许以和自己相同的年薪，他没答应。"都去捞大钱，国防科技谁来搞？"胡文祥博士如是说。

本文作者刘廷伶系中国人民解放军总装备部后勤部政治部宣传处处长，大校军衔，《科技日报》通讯员，原载于 2002 年 9 月 13 日中华网军事频道及《科技日报》。

十、总装备部军事医学研究所为首都人民捐赠防护用品

解放军总装备部军事医学研究所日前向北京市捐赠了价值百万元的防护用品，支援首都人民抗击非典。

这个研究所向北京市抗非典捐赠物资储备中心和佑安、地坛等收治非典病人的医院，赠送了他们自主研制的"军用应急食品水""防毒面具""联体透气式检疫防护服""抗疲劳增强免疫力钙维康"晨露爽口液等，向一些中、小学校捐赠了消毒药品。其中"军用应急食品水"具有饮用量少，在人体内渗透力强，生物利用度高，易于携带等特点，每人一次饮用125 毫升即可维持人体 6 小时正常需水量。

——王京军、新华社记者田兆运，2003 年 5 月 20 日，新华网

十一、总装军事医学研究所建功抗"非典"战场

本报北京 5 月 21 日讯　今天下午，总装军事医学研究所将自行研制生产的 3 万袋"军用应急食品水"送往小汤山医院，至此，该所已将研制生产的 6 类、近百万元抗非典科研产品投放到抗击非典一线。

4 月以来，总装军事医学研究所面对肆虐京城的非典疫情，加紧研制和生产抗非典产品。他们开发的"军用应急食品水"一次饮用一小袋125毫升，就可维持人体 6 小时的正常需水量。同时，他们还加紧生产了一批透气式联体检疫防护服等防非典物资和装备。这些防护装备都及时捐送给了北京市佑安医院、地坛医院等抗击非典一线单位。

——记者唐振宇、通讯员刘廷伶，2003 年 5 月 21 日，《人民日报》

十二、总装军事医学研究所学术气氛浓厚

本报讯　一个仅有几十人的研究所，在"九五"期间就获得了包括两项军队科技进步一等奖的科技成果 54 项，人均科研成果数量居全军同类单位之首。这个研究所就是总装备部后勤部军事医学研究所。

总装备部后勤部军事医学研究所先后引进博士、硕士等人才 14 名，邀请专家来作学术报告，形成了浓厚的学术气氛，有力地推动了科研水平的提高。为某型卫星发射进行的现场监测和做出的评价报告，受到国内外专家的一致好评，此项成果获得全军科技成果一等奖。目前，该所已有 4 人被批准享受政府特殊津贴，4 人荣获中国航天基金奖。所长胡文祥博士不到 40 岁，却已获全军科技进步一、二、三等奖 23 项，获国家发明专利 6 项，成为目前国内广义组合化学学科带头人，其研究成果被编入清华大学研究生教材，并当选国际纯粹与应用化学联合会青年会员。最近，在有关部门公布的 2001 年总装备部后勤部 33 项科技成果奖中，军事医学研究所就占到 13 项。

——通讯员刘廷伶、记者蒋建科，2001 年 11 月 30 日，《人民日报》

十三、某研究所注重人才建设

记者日前从总装军事医学研究所获悉，这个只有几十人的小单位，人均科研成果数量高居全军同类单位之首。这是该所加强人才建设的结果。

近两年来，这个研究所先后引进 14 名博士、硕士等高学历人才，经常派人参加国内外学术会议和各种培训，定期召开学术讨论会，并请专家来所做学术报告，形成了浓厚的学术氛围。他们积极为科技人员施展才华创造良好的条件，注重利用科研、工作实践培养锻炼人才，使一批年轻科技干部快速成长，挑起科研重担。"九五"以来，该研究所依靠人才优势，完成了一批重点课题的攻关任务，其中获 2 项军队科技进步一等奖、6 项二等奖，发表学术论文 500 多篇。

——通讯员刘廷伶、记者谭洁，2001 年 9 月 8 日，《解放军报》

十四、博士胡文祥研究成果被编入清华大学研究生教材

胡文祥博士等 2001 年一年就拿了 10 项军队科技进步奖，其中有 1 项是军队科技进步一等奖。

据总装有关部门日前发出的通报，在总装后勤部门 2001 年度获得的 33 项军队科技进步奖中，仅有几十人的军事医学研究所拿走了 13 项，其中所长胡文祥主持的"特殊性能化合物设计合成方法研究"荣获军队科技进步一等奖，由他主持或参加的另外 9 个项目获三等奖。此外，他还在全国专利技术成果博览会上拿回了金奖和银奖。

　　自 1996 年调入军事医学研究所，胡文祥就领导着这个不起眼的小单位，在科研上干得热火朝天。"九五"期间，由他主持或参与的获奖成果就有 16 项。他被学术界称为"国内广义组合化学第一人"，其研究成果被编入清华大学研究生教程，被称作"胡氏公式"。

　　名气大了，诱惑也多了，美国一家研究机构以年薪 10 万美元拉他参加项目开发，他没同意；国内几家大型医药集团以年薪 50 多万人民币来打他的主意，他也婉言谢绝。他说："都去捞大钱，国防建设谁来搞？"

　　据悉，胡文祥领导的研究所眼下又有 10 多项科技成果正在组织鉴定，该所被批准独立负责全军"十五"重大科研项目 2 项、部级重点科研项目 8 项。

　　——通讯员刘廷伶、记者范炬炜，2001 年 11 月 14 日，《解放军报》

一、讨论出真知——新的认识论

胡文祥常常挑灯夜读，奋笔疾书，偶尔通宵达旦、物我两忘，常常是刚刚目送归山的夕阳，黎明又在敲响他梦乡的门窗。除了在自然科学领域不断耕耘、辛勤探索外，在哲学和社会科学等相关领域也进行了有益的探索，提出了一些新颖的观点，如多角度定律、控度论、需求价值论、经济力学和"讨论出真知"这一新的认识论等。

胡文祥认为：有讨论才有高论，讨论出真知。许多先哲认为：理论出真知。的确，一些与实验相容的理论模型，给出了许多伟大的预言并被实验所证实。还有许多伟大的先哲认为：实践出真知。大多数人都接受后者的观点。我们认为：上述观点各有各的道理，形成了人类认识论上的两个重要流派。但我们要强调的是：讨论出真知。因为片面的理论或片面的实践只能得到局部的结论，难以得到真理性的认识，就像六个盲人摸象一样：第一个盲人摸着大象的肚皮，说大象像一堵墙；第二个盲人摸着大象的耳朵，说大象像一把扇子；第三个盲人摸着大象的大腿，说大象像一根柱子；第四个盲人摸着大象的鼻子，说大象像一条蛇；第五个盲人摸着大象的尾巴，说大象像一条绳子；第六个盲人摸着大象的象牙，说大象像一支矛。每个人都坚持自己的观点，因为每个人都亲身实践了。可见，局部的实践只能得到局部的认识。人类的实践，由于时间、精力乃至整个人生都有限，不能穷尽所有的实践，往往难以得到真理的认识。只有反复实践、反复理论研究、反复比较、反复讨论，才能得到接近真理的认识，这就是我们新的认识论。

英国知名作家、诺贝尔文学奖获得者萧伯纳曾经讲过："如果您有一个苹果，我有一个苹果，咱俩相互交换，每人仍得到一个苹果；如果您有一个思想，我有一个思想，咱俩相互交换，每个人就有两个思想"，倘若碰出思想火花，就会有第三个思想、第四个思想……第 n 个思想产生。这充分说明了思想交流的重要性，进一步印证了交流讨论出真知这一结论。同时，思想交流讨论是不符合价值规律的典型例子。马克思说，价值规律是一只看不见的手，操纵着市场和人类生活的诸多方面。

英国著名数学家莱布尼茨指出：唯有相互交流我们各自的才能，才能共同点燃我们的智慧之灯。

我们的祖先早就十分重视交流讨论的作用，三个臭皮匠顶一个诸葛亮。例如，中国儒家经典的书籍四书（《论语》《孟子》《大学》《中庸》）和五经（《诗经》《尚书》《礼记》《周易》《春秋》）中的《中庸》实乃包含着儒家修行的方法论，其所谓中庸之道，并非现代人所普遍理解的"中立、平庸"，其主旨在于介绍儒家修养人性的方法——博学之，审问之，慎思之，明辨之，笃行之。也是为学的几个层次，或者说是几个递进的阶段。"博学"意谓为学首先要广泛地猎取，培养充沛而旺盛的好奇心。好奇心丧失了，为学的欲望随之而消亡，博学遂为不可能之事。"博"还意味着博大和宽容。唯有博大和宽容，才能兼容并包，使为学具有世界眼光和开放胸襟，真正做到"海纳百川、有容乃大"，进而"泛爱众，而亲仁"。因此博学乃为学的第一阶段。越过这一阶段，为学就是无根之木、无源之水。"审问"为第二阶段，有所不明就要追问到底，要对所学加以怀疑。第三阶段是问过以后还要通过自己的思想活动来仔细考察、分析，否则所学不能为自己所用，是为"慎思"。"明辨"为第四阶段。学问是越辨越明的，不辨，则所谓"博学"就会鱼龙混杂，真伪难辨，良莠不分。"笃行"是为学的最后阶段，就是既然学有所得，就要努力践履所学，使所学最终有所落实，做到"知行合一"。"笃"有忠贞不渝、踏踏实实、一心一意、坚持不懈之意。只有有明确的目标、坚定的意志的人，才能真正做到"笃行"。以"博学笃行"为做学问之道，并非只取"博学"和"笃行"四字，而是包括"审问、慎思、明辨"在内的，由"博学"而"笃行"的内在统一、相连互动的过程。以"博学笃行"为做学问之道，方能学有所依、学有所成、学有所用。

更有甚者，犹太人比我们的祖先更加重视交流讨论，正统派犹太人每天要花 12 小时来学习，他们在这段时间里读《圣经》和《圣经》解读本，然后分析问题，再和同伴进行讨论。同样的内容他们会不断重复温习。一个犹太学者的一天一般是这样的：清晨花 1 小时听老师讲解，接下来的几个小时内每两位同学要一起再次学习老师的讲解部分。但是，这种学习不是读课文，而是互相提问、辩论、质疑，甚至批判对方的观点。这样的学习方式要持续到下午甚至到晚上。每天如是，除了周日。每天 12 小时学习，其中 1 小时听课，几乎 11 个小时都在讨论，令人惊叹。这样的学习方式为犹太学者带来了丰厚的回报——培养了敏锐的思维和分析能力；培养了持续学习和刻苦学习的习惯；培养了辩论和捍卫观点的能力，以及和同伴一起学习的习惯；培养了从不同视角看待问题的习惯，以及发现新观点的能力；培养了既能尊重权威又能质疑权威的习惯；培养了创新的能力。这就是为什么在犹太民族中，涌现出了大量的医生、科学家、哲学家、作家、音乐家、金融家和诺贝尔奖得主之主要原因。虽然犹太总人口占世界人口还不到 0.2%，但是 20% 的诺贝尔奖获得者都是犹太人，获奖学科涉及诺贝尔奖项的六大学科领域。因此，犹太人获奖概率是其他族群的 100 倍左右。仅在 2012 年，就有 3 名犹太人分获诺贝尔化学奖、诺贝尔物理学奖和诺贝尔经济学奖。阿尔伯特·爱因斯坦、保罗·萨缪尔森（美国经济学家中获诺贝尔奖第一人）、肯尼斯·约瑟夫·阿罗、亨利·艾尔弗雷德·基辛格、保罗·克鲁格曼、西蒙·佩雷斯、米尔顿·弗里德曼等人都是犹太人中的卓越代表，交流、讨论的犹太文化使犹太民族产生了如此众多的卓越人物。

前几年，考古学家发表了人口密度决定文明进化速度的观点：人口密度越大，交流就越频繁，社会就越发展。伦敦大学的科学家进行的一项研究表明，现代人类行为的起因在更大程度上是由于人口密度的提高，而非大脑能力的进化，该研究成果刊登在《科学》杂志上。科学家称，人口高度集中使人们得以更好地交流各种思想和能力，从而防止创新能力遗失。正是创新能力的保持，伴随着出现有用创新的更大可能性（思想交流的结果），促使人类产生了我们现在所认识的行为。该研究证实，人口密度使得上述现象在世界不同地方和历史不同时期得以维持。伦敦大学的公告称，要维系代代相传的复杂能力，人们相互之间必须存在较高水平的互动。科学家利用社会学的信息模拟，证明了在长期共存的、能力大小各异的人类群体中，各项技能水平的维持取决于本地的人口密度或移民程度。另一方面，研究小组通过对古代人类群体规模的基因分析发现，撒哈拉以南非洲地区、欧洲和中东在初次出现现代人类行为时，其人口密度非常接近。此外，研究还证实在撒哈拉以南非洲地区人类现代行为暂时消失时，其人口密度可能由于气候原因而出现了下降。伦敦大学文化多样性发展中心的研究员亚当·鲍威尔指出，这项研究为解释世界不同地方和不同时期现代人类行为的起源提供了新的模式，也解释了为什么这种行为在一些地方消失后又重新出现。参与研究的伦敦大学考古系教授斯蒂芬·杰南指出，"科学家就出现文化爆炸的原因、时间和地点提出了许多解释，包括使大脑得以改善的基因变异、语言的发展和人类为获得继续生存的新技术而向陌生环境的扩张等。但没有一种理论可以完全解释现代人类行为在不同时间和地点出现及其在撒哈拉以南非洲的暂时消失。"伦敦大学科学家创造的模式证实了人类硕果累累的创新发明更多的是依赖于群体内部不断进行的相互交流，而非人类智力，不论是 9 万年前还是我们生活的现代，这一事实都十分重要。

从古代中国重视交流、犹太人更有过之而无不及，到新近考古学家认为交流是推动文明进步的动力等事实表明：交流讨论是非常重要的。达到这一认识已很不错，但胡文祥博士认为还不能就此止步，还需要提升一个层次，提高到认识论的高度：讨论出真知。我们新的认识论并不排斥实践是认识的源泉和实践第一性观点，我们都认为实践是极端重要的，我们在这里强调的是：片面的实践往往得不到真理的认识。只有反复讨论、反复理论研究、反复实践、反复总结归纳、反复分析比较……才能得到接近真理的认识。

二、多角度定律与反向科学

有人在某些时候看事物往往带有片面性，甚至是短距（用"目光短浅"来形容就稍贬义了点），往往得不到接近真理的认识。

早在我国宋朝时期，大学者苏轼就意识到要多角度看待事物，有诗为证：

《题西林壁》

横看成岭侧成峰，远近高低各不同。

不识庐山真面目，只缘身在此山中。

表明要从外部才能看清内部，远近横侧看到的景物不太一样。

同一空间不同时间观察事物发展变化的规律，如早晨太阳从东方升起，傍晚从西边下沉，夕阳就是夕阳，朝阳就是朝阳，这是不同时域、不同空域、两个完全不同的概念，这是通常的自然（科学）规律。

同一时间不同空间观察事物变化的规律，如清晨太阳在中国是朝阳，在美国就是夕阳，同一个太阳，既是夕阳，也是朝阳，这就是狭义（普通

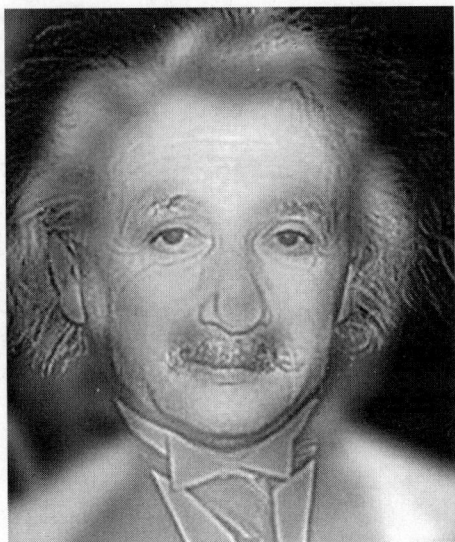

图2-1　远近观察不同效果

注：近看是阿尔伯特·爱因斯坦，远看或眯着眼睛看是玛丽莲·梦露

图2-2　正倒观察效果不同

注：正面观察是老太太，倒着观察是美少女

意义上）的多角度（单从空间方面）规律。

不同空间、不同时间观察事物变化的规律，如太阳，她每时每刻都是夕阳，每时每刻她也是朝日，当她熄灭着走下山去收尽苍凉残照之际，正是她从另外一面燃烧着爬上山巅布散烈烈朝晖之时，这就是胡文祥博士提出的多角度定律。

从不同角度看待问题，往往会得到不同的结论。只有全方位（立体式360°）、全天候亦即全时空地看事物，才会得到比较客观正确的结论。

一个典型的角度是180°即反向看事物，形成反向科学。具体来说采用某一学科相反或矛盾或互补的程序或方法或手段来研究同一学科所得的技术、原理、公式及结论构成的集合，可称为该学科的反向（义）学科。某一学科与其反义学科之间可能存在互补性、互逆性或相反性。例如，反物质学、反义药物学、反求遗传学、逆仿生学和反向合成共5个专门学科已发展得比较成熟。反义法、类比法和组合法等在科学领域大有用武之地，善于运用这些方法及其组合，就有可能做出惊人的发现。

反物质

反物质概念是英国物理学家保罗·狄拉克最早提出的。他在20世纪30年代预言，每一种粒子都应该有一个与之相对应的反粒子，如反电子，其质量与电子完全相同，而携带的电荷正好相反。在粒子物理学里，反物质是反粒子概念的延伸，反物质是由反粒子构成的。物质与反物质的结合，会如同粒子与反粒子结合一般，导致两者湮灭并释放出高能光子或伽马射线。1932年由美国物理学家卡尔·安德森在实验中证实了正电子的存在。随后又发现了负质子和自旋方向相反的反中子。2010年11月17日，欧洲研究人员在科学史上首次成功"抓住"微量反物质。

自然界纷呈多样的宏观物体还原到微观本源，它们都是由质子、中子和电子所组成的。这些粒子因而被称为基本粒子，意指它们是构造世上万物的基本砖块，事实上基本粒子世界并没有这么简单。在20世纪30年代初，就有人发现了带正电的电子（电子是一种带有负电的亚原子粒子），这是人们认识反物质的第一步。到了50年代，随着反质子和反中子的发现，人们开始明确地意识到，任何基本粒子都在自然界中有相应的反粒子存在。

欧洲航天局的伽马射线天文观测台，证实了宇宙间反物质的存在。他们对宇宙中央的一个区域进行了认真的观测分析，发现这个区域聚集着大量的反物质。此外，伽马射线天文观测台还证明，这些反物质来源很多，不是聚集在某个确定的点周围，而是广布于宇宙空间。

反义药物

主要指反义寡核苷酸，即其核苷酸序列可与靶 mRNA 或靶 DNA 互补，抑制或封闭基因的转换和表达，或诱导 RnaseH 识别或切割 mRNA，使其丧失功能。

反义药物与传统药物的性质和作用对象明显不同，表现为：①新的化学物质：核酸；②新的药物受体：mRNA，DNA；③新的受体结合方式：Watson – Crick 杂交；④新的药物受体结合后反应：如 Rnase H 介导的靶 RNA 的降解。

反义药物与传统药物相比具有以下优点：①特异性较强。一个 15 聚体的反义寡核苷酸含有 30 ~ 45 个氢键，而低分子的传统药物（200 ~ 600u）与靶点一般只形成 1 ~ 4 个键。②信息量较大。遗传信息从 DNA – RNA – 蛋白质，用互补寡核苷酸阻断某种蛋白的合成是很准确的。③反义药物以核酸为靶点，与蛋白质作为靶点比较，更易合理设计新药物。由于作用于遗传信息传递的上游，所需药量较低，副作用可能较少。

反求遗传学

反求遗传学是从所谓"正向遗传学筛查"的相反方向来研究基因功能的一种途径。只不过，正向遗传学研究一个表性或性状的遗传基础，而反求遗传学研究从 DNA 测序中计算出的一个特定基因序列的可能表型。

逆仿生学

逆仿生学是按照仿生学相反的道路探索自然界的生物如何运用类似人类制造技术的科学。

美国生物学家卡拉汉教授提出了"逆仿生学"的概念。他认为仔细研究人们已经设计制造出来的东西，就有可能解开某些自然之谜。从算盘到电脑，从汽车到飞船，人类的许多发明和设计并不是来自对自然的模仿，而是遵循了自然规律。生物的许多高超技能也并不是超自然的，同样遵循着自然的规律。所谓"逆仿生学"就是先仔细分析人类的制造技术，再详细观察自然界的生物是怎样用过类似的技术，并将这两方面联系起来。回顾前人的研究，可以看出逆仿生的过程可分为三个阶段：一是研究生物体，找到机器的原型。二是根据机器原理，提出科学假说。三是通过实验手段，对假说进行验证。当然，作为高级运动形式的生命现象有其特殊的规律，但可以肯定地说，逆仿生学是研究生命现象、解开自然之谜的一把有力的钥匙。

反向合成

反向合成分析一般从目标化合物的结构着手，把分子按一定的方式切成几个片段，切断（disconnection）的基本原则是这些片段可以通过已知的或可以想到的化学反应进行重新连接。每一个片段必须有相对应的试剂，且该试剂应该比目标分子更易得到。美国哈佛大学有机化学家E. J. Corey教授因在反向合成分析及某些合成方法创新方面的贡献而荣获1990年度诺贝尔化学奖。

这些反向科学的发展非常迅速，已经形成了专门独立的学科分支。

全方位看问题，另一个典型的角度是90°或270°即垂直角度看事物，形成垂直侧向科学。这一方面尚未形成专门的学科，有待今后进一步开拓。

只有在渺观、微观、介观、宏观、宇观等各层次上立体式360°（而非平面上的360°）、全方位、全天候长视距亦即全时空地探求事物变化的规律，才能得到客观正确的结论，这就是胡文祥教授强调的多角度定律，也就是常说的视野决定态度，角度决定高度。善用多角度定律，就会有许多新发现，人生的思想境界也非常的不一样。

三、不完备性定理及墨菲规则

（一）不完备性定理

1. 哥德尔数学不完备性定理

伟大德国数学家哥德尔认为：数学尤其是初等数学是不完备的。也就是说，即使像欧几里得几何学那么严谨，每一个几何学定理都是严格推导出来的，但是这些定理所依据的几条公理，是无法证实的。将部分公理调整一下，就形成了新的几何学，如罗巴切夫斯基几何学、黎曼几何学等。

一个普遍公认的事实是，哥德尔不完备性定理在数理逻辑中占有极其重要的地位，是数学与逻辑发展史中的一个里程碑。

（1）哥德尔不完备性定理基本内容

哥德尔关于形式系统的不完备性定理，首次发表在他的论文《论数学原理及有关系统中不可判定命题》中。不完备性定理是关于不可判定命题存在的一般结果，如果仅就算术系统而言，这个定理可以简单地表述为：

定理：如果形式算术系统是无矛盾的，则存在着这样一个命题，该命题及其否定在该系统中都不能证明，即它是不完备的。

罗塞尔（Rosser）对上面的定理进行了如下改进：

定理：如果形式算术系统是无矛盾的，则它是不完备的。具体说就是——

定理：如果一个含有自然数论的形式系统 S 是无矛盾的，则 S 中存在一个逻辑公式 A，使得在 S 中 A 是不能证明的，同时 ¬A（¬为否定连接词）也是不能证明的。

作为不完备性定理证明思想的一个关键之处在于映射原理的应用，哥德尔是通过一种十分新颖的映射形式来构造他的命题的。映射是数学研究中极为重要的一种研究方法，其基本思想就是借助一一对应使得某一领域内的对象之间的某种关系得以在另一领域内的对象之间的关系得到表现。哥德尔的方法是：把算术系统中的符号、表达式和表达式的序列都映射为数——通过引进"哥德尔数"而实现对象的数化手续。这样处理的结果，对于数理逻辑和其他有关分支来说，在研究方法上就提供了一种数字化工具，能够方便地把一些讨论对象（如符号、公式）转换为自然数或自然数的函数，能够用自然数的理论来讨论有关问题。然后，哥德尔又通过"递归函数"的引进证明了所有元理论中关于表达式的结构性质命题，都可以在算术系统中得到表达。映射原理的应用和递归函数的引进，使元理论中的命题都映射为了算术系统中的命题，算术系统也因此获得了元数学的意义。

哥德尔在阐述自己的证明思想时说过："我们可以注意到一个形式系统的公式在形式上都表现为基本符号（变量、逻辑常项、括号或中断号）的一个有限序列，而且人们容易精确地去指明基本符号的那些有限序列是有意义的公式和那些不是有意义的公式。类似地，从形式的观点看，所谓证明实际上就是公式的一个有限序列。对于元数学来说，究竟用什么东西来作为基本符号当然是没有关系的。我们不妨就用自然数来作为基本符号，如此，一个公式就是一个自然数的有限序列，而证明便是一个有限的自然数序列的有限序列。据此，元数学的概念（命题）也就变成了关于自然数或它们的序列的基本概念（命题），从而就可以（至少是部分地）在（对象）系统本身的符号中得到表示，特别是'公式''证明''可证公式'等都可在对象系统中加以定义。"

哥德尔按照上述的证明思想，为不完备性定理的证明在对象系统内构造了这样一个命题 G，使其元数学的意义为"G 是不能证明的"（作为元数学的命题——我们记为 G'，这里 G' 为 G 的映射）。

哥德尔指出：一旦构成这样的命题，定理的证明就完成了，因为 G 正是需要的不可判定的命题。对此，这里仅作简单描述：

前提：（α）凡是可证明的命题必然是真的（从直观上看，这是任何一公理系统的必然要求）。（β）命题的真理性在映射下保持不变（特别是这里的 G 和 G' 是同真假的）。

结论1：G 是不能证明的。

证明：用反证法

设 G 是可以证明的（α）→G 为真，（β）→G' 为真；由 G' 的意义→G 是不能证明的。矛盾，证毕。

结论2：¬G 也是不能证明的。

证明：由结论 1 可知，G 是不能证明的，由 G' 的意义→G' 为真；（β）→G 为真，Df→¬G 为假，（α）→¬G 是不能证明的，证毕。

由结论 1 和结论 2 可知 G 是不可判定的，也就是说系统是不完备的。

上述的证明，可以定性地概括如下：

①一个包括初等数论的形式系统 P，如果这个系统是一致的，那么它就是不完备的。这条称为第一不完备性定理。②如果一个包括初等数论的形式系统 P 是一致的，那么它的一致性在本系统中是不能得到证明的。这条称为第二不完备性定理。

哥德尔不仅详细检验了他的论证，而且进一步断定：如果要证明一个系统 S 的一致性，那么在元理论中所使用的推理工具绝不能弱于系统 S 中所使用的推理工具。因此，可以看出，希尔伯特的方案，即用有穷观点证明自然数论甚至整个数学的一致性是绝对行不通的。这一点也说明了形式系统有局限性。

哥德尔定理的证明思想来源于对悖论的分析，可见深入研究悖论问题对数学和逻辑学都有着极为重要的意义。而哥德尔定理的另一个重大意义在于：系统一致性和完备性的不相容性，仅仅存在于数学系统中，还是普遍存在于所有系统中呢（自然科学系统，社会科学系统，等等）？所以，哥德尔定理已经超越了数学和逻辑学，提出了无法回避的哲学问题；在 20 世纪对数学的基础研究中，对数学哲学基础的研究成为了十分重要的一个方面，这和哥德尔定理的发现是有直接关系的。

（2）悖论与史上的三次数学危机

在漫长的数学发展过程中，曾经历过三次大危机：无理数的发现；微积分的创立；集合论的悖论。这三次危机，使数学与逻辑学、哲学的联系不断加深，也使人类对各种事物的认识不断得到深化。因此，深入了解数学史上的三次危机有助于了解数学发展的全貌。

公元前5世纪，毕达哥拉斯学派的希帕索斯发现了等腰直角三角形的直角边与斜边不可通约，从而导致了数学的第一次危机。对于这个问题，可以进行如下的证明：

设等腰直角三角形斜边与一直角边之比为α:β，并设这个比已经表达成最小整数之比：

$$\alpha:\beta = 1:\sqrt{2}; \quad \alpha\sqrt{2} = \beta$$

将上式两端平方后得：$\beta^2 = 2\alpha^2$。由于β^2是偶数，β必然也为偶数；因为任一奇数的平方必是奇数，而α:β是既约的，所以α必然是奇数。β既是偶数，可以设为$\beta = 2\gamma$；于是$\beta^2 = 4\gamma^2 = 2\alpha^2$。因此，$\alpha^2 = 2\gamma^2$，这样$\alpha^2$是个偶数，所以α也是偶数了，但α同时又是奇数，这就产生了矛盾。

毕达哥拉斯学派深信数是万物的本原，因此数是绝对和谐的不可能有任何矛盾，宇宙的一切现象都能归结为整数或整数比，所以希帕索斯的发现就成了荒谬的、"反常"的事情，这个发现也因此构成了数学史上的第一次危机。这次危机，迫使数学家去认识和理解自然数及其比（有理数）不能包括一切几何量，毕达哥拉斯学派也被迫承认这一悖论并提出单子概念去解决这一悖论。

单子概念是一种如此之小的度量单位，以至于本身是不可度量的却要保持为一种单位，这应该看成是企图通过无限来解决有限问题的最早努力。但是，毕达哥拉斯学派的努力却又遭到了古希腊诡辩学派的著名代表芝诺的质疑，他认为：一个单子或者是0或者不是0，如果是0，就是无穷多个单子相加也产生不了长度；如果不是0，那么无穷多个单子组成的有限长线段就应该是无限长的，无论如何都会产生矛盾。所以，连同著名的芝诺悖论在内，都被列为第一次数学危机的组成部分。需要说明的是，毕达哥拉斯学派的单子论，对哲学的影响远远超过了对数学的影响，黑格尔受单子论的启发把物质的运动解释为"在与不在的矛盾统一……运动本身就是矛盾"，而莱布尼茨在深入研究单子论的基础上创立了微积分并最早提出了建立数理逻辑的设想——他因此被看成是数理逻辑的创始人。可以说：与莱布尼茨相比，黑格尔把单子论引向了"神秘主义"和"诡辩论"，辩证法因此被称为"通向诡辩的桥梁"是有其道理的。

希帕索斯悖论和芝诺悖论的出现，促使数学家从依靠直觉、经验转向了依靠证明，从而导致了公理几何学与逻辑学的诞生。同时，哲学家也开始深入研究数学，从数学中吸取建立哲学方法论的材料。

如果说第一次数学危机使数学从"有限"进入了"无限"，那么第二次数学危机则是"有限"与"无限"矛盾的集中反映。一般来说，人们把 18 世纪微积分的诞生以来在数学界出现的混乱局面称为第二次数学危机。虽然在整个 18 世纪微积分在各个领域都得到了广泛应用，但微积分的理论基础却是含糊不清的"无穷小量"概念，因此遭到了来自各方面的责难与攻击。

大家知道，英国的贝克莱主教对微积分的攻击是最为激烈的，他的名字几乎成了"反微积分"的代名词。贝克莱对微积分的批判，主要是依据牛顿所创立的微积分，而不是莱布尼茨的微积分：牛顿是按照"流数法"来建立微积分的，而莱布尼茨是把单子论的哲学思想用于数学实践之中，因此两者还是有所区别的。贝克莱批判了牛顿的许多论点，例如，在《求曲边形的面积》一文中，牛顿辩解说自己避免了"无穷小量"，他给 x 以增量 0，展开 $(x+0)$ n 次方，减去 x 的 n 次方；再除以 0，求出 x 的 n 次方的增量与 x 的增量比，然后扔掉 0 的项，从而得到 x 的 n 次方的"流数"。贝克莱说牛顿首先给 x 一个增量，然后让它是 0，这违背了背反律，至于导数被当作 y 与 x 消失了的增量之比，即 dx 与 dy 之比。贝克莱认为 dx 与 dy 既不是有限量也不是无限量，但又不是"无"，dx 与 dy 只能是"消失了量的鬼魂"。微积分中的"鬼魂论"就是著名的"贝克莱悖论"。针对贝克莱悖论，柯西建立了严格的极限论，戴德金则在实数论的基础上证明了极限论的基本定理。此外，康托尔和魏尔斯特拉斯也加盟了进来，为微积分寻找牢固的基础。

大家认为，由于严格的微积分理论的建立，上述的两次数学危机已经解决了。但事实上，建立严格的数学分析理论是以实数理论为基础的，而建立严格的实数理论又必须以集合论为基础；在集合论的发展过程中，却又出现了一系列悖论，由此构成了更大的危机。人们把集合论悖论的出现称之为第三次数学危机，应该说是很恰当的。从本质上看，第三次数学危机是前两次数学危机的发展和深化，因为集合论悖论所涉及的问题更加深刻，涉及的范围也更广阔。

在集合论悖论中，最著名的就是数学家伯特兰·罗素（Bertrand A. W. Russell，1872～1970 年）悖论。为了避免过分的专业化，只能将罗素悖论简单地加以描述：

集合可以分为两种：一种是本身分子集。例如，一切概念所组成的集，由于它本身也是一个概念，所以必为该集自身的一个元素。又如一切集合所组成的集合也是一个本身分子集。另一种非本身分子集，如自然数

集合 N 绝不是某个自然数 n。这样，任给一集 M，它不是本身分子集就是非本身分子集，不应有其他例外；现在考虑一切非本身分子集的集 Σ，试问 Σ 是哪一种集合？若设 Σ 为本身分子集，则 Σ 为自身的一个元素，而 Σ 的每一个元素皆为非本身分子集，所以 Σ 也应该是一个非本身分子集；再设 Σ 为非本身分子集，而一切非本身分子集皆在 Σ 之中，所以 Σ 也应该在其中，因此 Σ 又是一个非本身分子集；不管哪种说法都会导致矛盾。这就是罗素悖论。

罗素悖论也称为"说谎者悖论"，就如同下面的悖论。

古希腊时代一个克里特岛上的人说："克里特岛上的人都是说谎者"。如果这句话为真，那他自己（是克里特岛人）就是在说谎，所以他的话就是假的；如果这句话为假，那就是克里特岛人不说谎，那他的话就是真的了。因此，无论怎么解释，都会导致矛盾。

同样，罗素悖论与理发师悖论也相似：在某个城市中有一位理发师，他的广告词是这样写的："本人的理发技艺十分高超，誉满全城。我将为本城所有不给自己刮脸的人刮脸，我也只给这些人刮脸。我对各位表示热诚欢迎！"来找他刮脸的人络绎不绝，自然都是那些不给自己刮脸的人。可是，有一天，这位理发师从镜子里看见自己的胡子长了，他本能地抓起了剃刀，你们看他能不能给他自己刮脸呢？如果他不给自己刮脸，他就属于"不给自己刮脸的人"，他就要给自己刮脸，而如果他给自己刮脸呢？他又属于"给自己刮脸的人"，他就不该给自己刮脸。

理发师悖论与罗素悖论是等价的，因为，如果把每个人看成一个集合，这个集合的元素被定义成这个人刮脸的对象。那么，理发师宣称，他的元素，都是城里不属于自身的那些集合，并且城里所有不属于自身的集合都属于他。那么他是否属于他自己？这样就由理发师悖论得到了罗素悖论。反过来的变换也是成立的。

不难看出，数学史上的三次危机，都是与悖论联系在一起的。而悖论最终导致了哥德尔不完备性定理的证明，这使现代数学不仅和逻辑学融为了一体，也和哲学有了无法割舍的联系。

（3）不完备性定理与哲学

1）不完备性定理与辩证法

哥德尔定理被许多人解释为："系统与自身方法之间的矛盾"，完备性与一致性的不相容、一致性与证明的不相容，促使数学家和哲学家都不得不思考：逻辑悖论，真是辩证法所说的那种"对立统一"关系吗？

辩证法——如果它是逻辑的话，那这个逻辑的自身结构应该是什么呢？按照唯物主义的解释，就是"自然界、人类社会、思维过程"，这种概括包括了三个系统：自然界、人类社会、思维过程。那么，三个系统能够在辩证法的基础上彼此相容吗？如果每一个系统都遵循哥德尔定理的话，那么辩证法所概括的"系统"也必然遵循这个定理，结果必然是：辩证法本身就是非逻辑的悖论，而这个悖论的内在表现就是无法使自身形式化，因此在"辩证法"中没有实质性的内容，它不能逻辑地判断一个命题的"真假"，因此无法使人认识真理。

在这里，辩证法遇到了无法解释的自身的悖论。所以，逻辑悖论问题不是"对立统一"的表现，而是"逻辑自身不能证明自身"、"概念自身不能包括概念"的表现，目前是通过"系统扩张"或者"概念增加"来解决悖论的；但是"系统扩张"与"概念增加"有没有极限呢？到了极限会是什么局面呢？这似乎是向人类智慧进行挑战的极其复杂的问题。

2）数学的真理与哲学的真理

塔尔斯基证明了下面的定理：

定理：对于无穷阶的形式语言来说，如果相应的元理论中可证明命题是无矛盾的，那么就不可能在元语言中构造出一个在约定意义下是充分的关于真理的定义。

这是一个关于真理概念的可定义性的定理，值得注意的是塔尔斯基对定理的证明与哥德尔在方法上有类似之处。

真理与命题之间的矛盾，似乎是悖论的必然表现。这个表现的本质在于，证明了"真理"本身的相对性，而"绝对真理"只能建立在体系完备的基础上，哥德尔定理证明这是不可能的。因此，当人追求"绝对真理"时，就已经偏离了追求"真理"的正确道路，其结果必然是：发现"绝对真理"就是绝对的悖论。

因此，20世纪的哲学终于摆脱了"绝对真理"的庞杂体系，开始了自身的变革。虽然，哲学不再充当"科学的教父"和"意识形态的总司令"，但它自身却变得更加接近真理而远离了谬误。

这就是20世纪的数学，对人类文明最大的贡献，其影响也是非常深远的。

哥德尔的不完备性定理，首先是针对"形式系统"。只有存在"形式系统"的条件下，才会产生"形式与内容"之间的不相容性问题。理论物理系统作为一个"形式系统"，终极形式最终会导致"完备性"与"无矛盾性"之间的不相容；所以，理论的发展只能是渐进的、分层次的，这就是为什么爱因斯坦可以超越牛顿却无法取代牛顿的原因；同样超越爱因斯坦也不意味着取代爱因斯坦，因为包含相对论的形式系统（黎曼几何）在相应的物理内容范围内是无矛盾的，相容的。

还有一些问题至今无法得到解释。例如，白矮星的运行速度问题。根据天文观测白矮星的质量是太阳质量的 100 多倍，但运行速度是光速的 2.3 倍。尽管根据狭义相对论的参照系理论进行了修正，速度仍然是光速的 1.9 倍。当时对这个问题的解释有两种：认为"场"的理论有自身的适用范围，白矮星的运动不遵循"引力场"为基础的广义相对论的规则；还有就是认为观测者所在的参照系与白矮星运动的参照系之间，存在着不一致性。深入的研究发现，"场"的概念确实有问题，对于大星系来说，光速是个很小的速度。引力波以如此缓慢的速度向对方传递引力，显然是有疑问的。

2. 海森堡量子力学测不准原理

杰出的量子物理学家海森堡建立了著名的测不准原理：在微观量子世界里，不能同时准确测定一个粒子的位置和动量。

一般认为"测不准原理"是科学中所有道理最深奥、意义最深远的原理之一。测不准原理所起的作用就在于它说明了人们的科学度量的能力在理论上存在的某些局限性，具有巨大的意义。如果一个科学家用物理学基本定律甚至在最理想的情况下也不能获得有关他正在研究的体系的准确知识，那么就显然表明该体系的将来行为是不能完全预测出来的。根据测不准原理，不管对测量仪器做出何种改进都不可能克服这个困难。

测不准原理表明：从本质上来讲物理学不能做出超越统计学范围的预测（例如，一位研究放射的科学家可能会预测出在三兆个原子中将会有两百万个在翌日放射 γ 射线，但是他却无法预测出任何一个具体的镭原子将会是如此）。在许多实际情况中，这并不构成一种严重的限制。在牵涉到巨大数目的情况下，统计方法经常可以为行动提供十分可靠的依据；但是在牵涉到小数目的情况下，统计预测就确实靠不住了。事实上在微观体系里，测不准原理迫使我们不得不抛弃我们的严格的物质因果观念。这就表明了科学基本观发生了非常深刻的变化；的确是非常深刻的变化以致于像爱因斯坦这样的一位伟大的科学家都不愿意接受。爱因斯坦曾经说过："我不相信上帝在和宇宙投骰子"。然而这却基本上是大多数现代物理学家感到必须得采纳的观点。

3. 宇称不守恒定律

在微观世界里，基本粒子有三个基本的对称方式：一个是粒子和反粒子互相对称，即对于粒子和反粒子，定律是相同的，这被称为电荷（C）

对称；一个是空间反射对称，即同一种粒子之间互为镜像，它们的运动规律是相同的，这叫宇称（P）；一个是时间反演对称，即如果我们颠倒粒子的运动方向，粒子的运动是相同的，这被称为时间（T）对称。这就是说，如果用反粒子代替粒子、把左换成右，以及颠倒时间的流向，那么变换后的物理过程仍遵循同样的物理定律。

科学界在 1956 年前一直认为宇称守恒，也就是说一个粒子的镜像与其本身性质完全相同。1956 年，科学家发现 θ 和 γ 两种介子的自旋、质量、寿命、电荷等完全相同，多数人认为它们是同一种粒子，但 θ 衰变时产生两个 π 介子，γ 衰变时产生 3 个，这又说明它们是不同种粒子。

杨振宁教授 1951 年与李政道教授合作，并于 1956 年共同提出"弱相互作用中宇称不守恒定律"，是指在弱相互作用中，互为镜像的物质的运动不对称，由吴健雄（袁世凯总统的孙子袁家骝的妻子、美籍华人）用钴 60 验证。

对称性反映不同物质形态在运动中的共性，而对称性的破坏才使得它们显示出各自的特性。如同建筑和图案一样，只有对称而没有它的破坏，看上去虽然很规则，但同时显得单调和呆板。只有基本上对称而又不完全对称才构成美的建筑和图案。大自然正是这样的建筑师。当大自然构造像 DNA 这样的大分子时，总是遵循复制的原则，将分子按照对称的螺旋结构连接在一起，而构成螺旋形结构的空间排列是全同的。但是在复制过程中，对精确对称性的细微的偏离就会在大分子单位的排列次序上产生新的可能性，从而使得那些更便于复制的样式更快地发展，形成了发育的过程。因此，对称性的破坏是事物不断发展进化，变得丰富多彩的原因。

自从宇称守恒定律被李政道和杨振宁打破后，科学家很快又发现，粒子和反粒子的行为并不是完全一样的！一些科学家进而提出，可能正是由于物理定律存在轻微的不对称，使粒子的电荷（C）不对称，导致宇宙大爆炸之初生成的物质比反物质略多了一点点，大部分物质与反物质湮灭了，剩余的物质才形成了我们今天所认识的世界。如果物理定律严格对称，宇宙连同我们自身就都不会存在了——宇宙大爆炸之后应当诞生了数量相同的物质和反物质，但正反物质相遇后就会立即湮灭，那么，星系、地球乃至人类就都没有机会形成了。

接下来，科学家发现连时间本身也不再具有对称性了！可能大多数人原本就认为时光是不可倒流的。日常生活中，时间之箭永远只有一个朝向，"逝者如斯"，老人不能变年轻，打碎的花瓶无法复原，过去与未来的界限泾渭分明。不过，在物理学家眼中，时间却一直被视为是可逆转的。

比如说一对光子碰撞产生一个电子和一个正电子，而正负电子相遇则同样产生一对光子，这两个过程都符合基本物理学定律，在时间上是对称的。如果用摄像机拍下其中一个过程然后播放，观看者将不能判断录像带是在正向还是逆向播放——从这个意义上说，时间没有了方向。

然而，1998年末，物理学家们却首次在微观世界中发现了违背时间对称性的事件。欧洲原子能研究中心的科研人员发现，正负K介子在转换过程中存在时间上的不对称性：反K介子转换为K介子的速率要比其逆转过程——即K介子转变为反K介子来得要快。

至此，粒子世界的物理规律的对称性全部破碎了，世界从本质上被证明了是不完美的、有缺陷的。然而粒子的本质是电磁相互作用，粒子与粒子或粒子与物质间同样存在相互作用，在正物质宇宙环境下也许正是这种粒子的相互作用影响差异使得粒子能量运动状态发生改变而导致宇称不守恒。

4. 克劳修斯热力学熵最大原理与热寂论

著名的热力学第二定律发明人克劳修斯认为：在孤立体系中，熵是向增大的方向移动的，也就是说体系的混乱度越来越大。有人据此推测宇宙将走向温度均一的热寂状态，那时，所有的热能量交换活动将停止。但又有人争议说，宇宙能不能算一个孤立体系？倘若宇宙是有限的，应该可以认为是一个孤立体系，那有可能达到热寂状态；倘若宇宙是无限的，无限的情形还十分复杂，人类尚不了解的事情太多，算不算一个孤立体系还是一个未知数，因此，热寂论能不能成立尚无定论。

熵增加原理（principle of entropy increase）：孤立系统的熵值永远是增加的（更精确地说，是永不减少）。热力学第二定律：孤立系统的一切自发过程均向着其微观状态更无序的方向发展，如果要使系统回复到原先的有序状态是不可能的，除非外界对它做功。另外，微观状态越混乱，则该系统的熵值越大，反之越小。孤立系统的熵值是永远增加的。熵增加原理是热力学第二定律的又一种表述，它比开尔文、克劳修斯表述更为概括地指出了不可逆过程的进行方向；同时，更深刻地指出了热力学第二定律是大量分子无规则运动所具有的统计规律，因此只适用于大量分子构成的系统，不适用于单个分子或少量分子构成的系统。

对于绝热系统，则可表示为 $dS \geq 0$。这表示绝热系统的熵绝不减少。可逆绝热过程熵不变，不可逆绝热过程熵增加，这称为熵增加原理。利用熵增加原理可对热力学第二定律理解得更深刻。

（1）不可逆过程中的时间之矢

根据熵增加原理可知：不可逆绝热过程总是向熵增加的方向变化，可逆绝热过程总是沿等熵线变化。一个热孤立系中的熵永不减少，在孤立系内部自发进行的涉及与热相联系的过程必然向熵增加的方向变化。另外，对于一个绝热的不可逆过程，其按相反次序重复的过程不可能发生，因为这种情况下的熵将变小。"不能按相反次序重复"这一点正说明了：不可逆过程相对于时间坐标轴肯定不对称。但是经典力学相对于时间的两个方向是完全对称的。若以 $-t$ 代替 t，力学方程式不变。也就是说，如果这些方程式允许某一种运动，则也同样允许正好完全相反的运动。这说明力学过程是可逆的。所以"可逆不可逆"的问题实际上就是相对于时间坐标轴的对称不对称的问题。

（2）最大功原理、最小功

既然只有可逆过程才能使能量丝毫未退化，效率最高，所以在高低温热源温度及所吸热量给定情况下，只有可逆热机对外做的功最大，这称为最大功原理。与此类似，在相同高低温热源及吸放热量相等的情况下，外界对可逆制冷机的功最小，这样的功称为"最小功"。求"最大功"及"最小功"的关键是：系统（工作媒质）与外界合在一起的总熵变应为零。

（3）能量退降

由于任何不可逆过程发生必伴随"可用能"的浪费（见"可用能"）。对于绝热不可逆过程，熵的增加 ΔS 必伴随有 $W_{贬}$ 的能量被贬值，或称能量退降了 $W_{贬}$。（说明：对于非绝热系统，则系统与媒质合在一起仍是绝热的，因而能量退降概念同样适用。）可以证明，对于与温度为 T_0 的热源接触的系统，$W_{贬} = T_0 \Delta S$。由此可见，熵可以作为能量不可用程度的度量。换言之，一切实际过程中能量的总值虽然不变，但其可资利用的程度总随不可逆导致的熵的增加而降低，使能量"退化"。被"退化"了的能量的多少与不可逆过程引起的熵的增加成正比。这就是熵的宏观意义，也是认识第二定律的意义所在。我们在科学和生产实践中应尽量避免不可逆过程的发生，以减少"可用能"被浪费，提高效率。

5. 美军上尉墨菲规则

美军上尉墨菲认为：不带伞时常遇大雨，换句话说：屋漏偏逢连夜雨。墨菲规则告诉我们，容易犯错误是人类与生俱来的弱点，不论科技多么发达，事故都会发生。而且我们解决问题的手段越高明，面临的麻烦就越严重。所以，人们在事前应该尽可能地想周到、想全面一些。

6. 钱分不均原理

钱是一种特殊的商品，具有许多奇特的功能。例如，钱能抚平心灵的创伤、能消除心中的怨恨等。特别是钱永远也分不均，无论是按照数学的公式、经济学的规则等都将钱难以分配均匀，而且愈细分矛盾愈大。

胡文祥博士在任所长期间，曾经考虑到论文、专利、下部队出差天数、平时完成工作量等诸多因素，定量计算分数，依此来分配年终奖金，仍然没有分匀。

7. 心理学不知道定律

一个问题不管你讲得多么清楚，总有一定比例的听众弄不明白，无论这个人是多么杰出的演讲者。

8. 宇宙不完备定理

胡文祥综合上述，认为无论是数学、物理学、化学，还是社会学、心理学等各个领域都存在不完备性，推而广之，宇宙中的万事万物均存在不完备性，至少在超越一定范围后是这样的，这可称之为宇宙不完备定理。

热力学第三定律可以表述为：绝对零度下，完美晶体的熵等于零。第三定律的另一种表述是：用有限手段不能到达绝对零度。所以完美晶体也不存在，因此宇宙不完备定理具有普适性。

（二）墨菲规则概论

1. 墨菲规则的概念

墨菲是美国爱德华兹空军基地的上尉工程师，1949 年的某一天，历史记下了一件很平常的事，他和他的上司斯塔普少校，在一次火箭减速超重试验中，因仪器失灵发生了事故。墨菲发现，测量仪表被一个技术人员装反了。由此，他得出的教训是：如果做某项工作有多种方法，而其中有一种方法将导致事故，那么一定有人会按这种方法去做。墨菲的上司、项目负责人尼科尔斯（G. E. Nichols）觉得这句话很有意思，可以作为一句带有幽默感的格言，用来比喻一个人老是遇上倒霉事，于是他把这句话冠以"墨菲规则"（Murphy's Law）的名称。也许这种语言形式很符合美国人的性格，墨菲规则便流传开来。

现在人们提到墨菲规则，并不是指墨菲当年的原话，而是这样一句格言："如果某件事情可能有什么坏结果的话，那么这种结果一定会发生"。墨菲规则还有许多"版本"，除了上面这句话外，主要还有："如果某件事情有可能导致坏结果的话，那么这种结果将在最不该发生的时候发生"。"任何计划实施起来，经费总会超过预算，时间总是延长。"逻辑机器公司的总裁、ADAM 计算机的开发者约翰·皮尔斯（John Peers）于 1978 年编撰了《1001 种逻辑法则》一书，其中总共收录了 13 种墨菲规则，说法虽有不同，然要义大抵如此。类似表述（Murphy's Law Current Revision）：

If anything can go wrong, it will.

如果事情还能更糟的话，它会的。

It is impossible to make anything fool proof because fools are so ingenious.

愚蠢是不可避免的，因为愚蠢太富有创造力了。

In nature, nothing is ever right。Therefore, if everything is going right ... something is wrong.

在现实生活中，没有什么事情是永远正确的。所以，如果每件事都在朝好的方向发展……一定出问题了。

Everything takes longer than you think.

每件事总比你估计的要多花点时间。

Every solution breeds new problems.

每个解决办法都会衍生出新的问题。

Whenever you set out to do something, something else must be done first.

每当你准备做什么的时候，总有些别的事你得先做了。

The legibility of a copy is inversely proportional to its importance.

文件的可读性和它的重要性是成反比的。

The chance of the buttered side of the bread falling face down is directly proportional to the cost of the carpet.

面包往下掉的时候，抹了黄油一面冲下的概率和地毯的价值成正比。

You will always find something in the last place you look.

东西总是在你最后去找的地方被发现。

After you bought a replacement for something you've lost and searched for everywhere, you'll find the original.

在你丢了东西到处找不到并买了新的后，你就会找回原来丢了的那个。

Left to themselves, things tend to go from bad to worse.

听之任之的话，事情一般不会向好的方向发展。

The other line always moves faster.

你旁边的车道总是比你这条走得快些。

Everyone has a scheme for getting rich that will not work.

每个人都有套没法运作的致富计划。

Build a system that even a fool can use, and only a fool will use it.

建立一个连傻瓜都会用的系统的话，一般只有傻瓜才会去用。

In any hierarchy, each individual rises to his own level of incompetence, and then remains there.

在任何等级制度中，每个独立个体都会升迁到力所不能及的职务，然后就待在那儿了。

The better you know the amount of ill luck that will strike you, the worse you know when this will happen.

你越清楚厄运的危害，你越不知道它什么时候降临。

He who angers you controls you, therefore you have no control over your anger.

都是那些让你愤怒的人控制你，所以你没法控制你的愤怒。

Any thing that can go wrong, HAS Already Gone Wrong! You just haven't been notified.

如果事情还能更糟的话，它已经有那么糟了，只是你没发觉罢了。

The optimist proclaims that we live in the best of all possible worlds, the pessimist fears this is true.

乐观主义者声称相比前生和来世，我们生活的世界是最好的，悲观主义者就怕这是真的。

Probabilities serve only and exclusively to determine the degree of improbability of the catastrophes that actually take place.

概率，也只有概率，是用来解释为什么不大可能发生的灾难发生了。

If there are two or more ways to do something, and one of those ways can result in a catastrophe, then someone will do it.

如果有两种或两种以上的方式去做某件事情，而其中一种选择方式将导致灾难，则必定有人会做出这种选择。

墨菲规则虽然起源于美国，但类似的格言在世界许多国家的文化中都可以找到。如英国有所谓"难事法则"（Sod's Law），其内容与墨菲规则几乎完全相同，据说起源早于美国；而在我国民间，则有"哪壶不开提哪壶"及"下雨偏逢屋漏"或"屋漏偏逢连夜雨"的说法，意思也相近。

墨菲定律的适用范围非常广泛，它揭示了一种独特的社会及自然现象。它的极端表述是：如果坏事有可能发生，不管这种可能性有多小，它总会发生，并造成最大可能的破坏。

2. 关于墨菲规则的争议

墨菲规则隐含了对事物发展过分悲观的估计，似不可取。一般事物的发展固然有可能发生坏的结果，但也有可能导致好的结果。凭什么说它一定会发生坏结果呢？确实，在概率论中，对于发生概率较小的事件结果（一般是指坏结果）有"小概率事件重复多次就一定会发生"的论断。但这里有一个前提，就是要在完全相同的情况下重复多次。而实际上，有些事情不能重复多次，完全相同的情况更不可能做到，何况下面我们将看到，墨菲规则设计的不仅仅是概率论所研究的随机现象。

在现实生活中，人们往往把墨菲规则作为遭坏运时的自我调侃，但真正信奉墨菲规则的也大有人在。

说来有趣，在西方，人们用来佐证墨菲规则的典型实例竟然是奶油土司。我们知道，吐司就是烤面包片，西方人喜欢在烤面包片的一面涂上奶油之类的佐料。在用餐时，孩子们常常不小心把盛奶油土司的盘子碰翻，甚至把奶油吐司碰落到地上。如果是不涂奶油的一面着地，只需把弄脏的烤面包片切去一些即可；如果是涂有奶油的一面着地，事情可就糟了，不但好吃的奶油损失殆尽，而且地上也一塌糊涂。在现实生活中，有不少人发现：绝大多数情况下，都是涂有奶油的一面着地。用墨菲规则的说法，是"如果奶油吐司掉在地上有可能是奶油面着地的话，那么奶油面一定会着地"。

这可让墨菲规则的反对者感到有点不可思议，因为从力学的角度看，奶油的比重比烤面包片的小，涂上奶油后，奶油吐司的重心应稍稍偏向不涂奶油的一面，何况奶油层又极薄，部分奶油又渗进了烤面包片，不会对其重心位置产生有效的影响。按照概率论的观点，奶油吐司两面中哪一面着地是一个随机现象，其可能性各占一半，就像抛掷硬币落地后其正面向上和反面向上的概率都是 1/2 一样。但是，为什么有那么多人众口一词地认为奶油面着地的可能性要大许多呢？

于是，心理学家出来说话了。他们认为，这是人类所谓选择性记忆的心理效应所致。选择性记忆是指人们往往对于事情的某一方面结果有着深刻的印象，而对另一方面的结果则淡忘了。由于奶油面着地的结果令人不堪收拾，给人的印象较深，因此人们误以为这一结果是经常发生的。

为了验证心理学家的说法，也为了给关于墨菲规则的争议一个了断，英国广播公司（BBC）于 1991 年特地在其电视节目中安排了一次公开实验：把一种奶油面包在各种情况下抛向空中达 300 次，然后统计落地后的结果。实验数据表明，面包落地后其上下两面着地的频率分别为 1/2，没有统计学意义上的差别。这样一来，墨菲规则的支持者似乎应该偃旗息鼓了。

然而，到了 1995 年，一位科学工作者站了出来，声称上述实验"有問题"，墨菲规则的"奶油吐司例证"是正确的，也就是说，奶油吐司从餐桌上掉下来时，确实是奶油面着地的可能性要大得多。提出上述异议的，就是英国阿斯顿大学应用数学和计算机科学系的罗伯特·马修斯（Robert Matthews）。他从数学上论证了奶油面着地的概率要大些。马修斯深入研究了这个问题，写出了一篇论文《跌落的面包片、墨菲规则以及基本常数》。他通过计算证明，从一般餐桌或者人手的高度滑落的面包，由于所受到的重力作用不足以使其旋转整整一圈，而是只旋转了半圈就掉到地上了。结果，当然是抹了黄油的一面着地！他的结论是，只要我们的餐桌高度保持现在的样子，墨菲规则就肯定成立，其原因在于："宇宙就是这样构成的！"

有人还是不服气：如果人类的身高比现在要高出许多的话，我们就会坐在足够高的餐桌边吃饭，那么黄油面包也就有足够的时间，在空中完成漂亮的旋转再落地，那么，抹了黄油的一面就会朝上了。事实果真如此吗？不！哈佛大学的天体物理学威廉·弗莱斯教授指出：对于直立行走的人类来说，要想安全地生活在地球上，不至于由于地球的引力而发生骨折或者别的什么毛病，我们的身高只能是在 1.5 米到 2 米之间或上下稍有增加及减少。于是，我们的餐桌也就只会是现在这个样子，而黄油面包也就自然而然地遵循"墨菲规则"了！

3. 墨菲规则的借鉴意义

墨菲规则在奶油吐司掉地实例中得到了证实，但稍有科学常识的人都知道，个别的特殊情况不能代表一般的普遍情况，墨菲规则的一般有效性仍大可商榷。事实上，或许人们一开始就误解了墨菲规则。墨菲规则并不是对客观事物的一种描述，而是一种主观上的告诫。

客观事物的发展过程有各种类型，有像奶油吐司落地那样比较确定的过程，也有像袜子丢失那样的比较随机的过程。而现实情况是，有许多过程我们尚不大明白，只好作为随机性过程处理，但对这种过程的各种可能结果的发生概率是无法从理论上预计事先判定的，用调查统计的方法也有局限，有时不但要花大量人力物力，而且对于坏结果的统计要造成一定的损失。于是人们往往根据经验予以估计。显然，这种估计是不可靠的。在这样的情况下，人们该怎么办呢？于是墨菲规则告诫我们：宁可多考虑一些坏结果，把困难想得多一些，防患于未然，绝对不要存侥幸心理。这就是墨菲规则的积极意义所在。

事实上，在科学和生产的许多领域，特别是在坏情况一旦发生，后果将不堪设想的工程设计、药品研制等领域，人们自觉或不自觉的遵从着墨菲规则的告诫，尽量降低或消灭一切坏情况发生的可能性，并取得了一定的成效。

例如，在电器产品设计领域，对于那些用干电池供电的电脑，过去只是一再提醒用户不要把电池装反，但是根据墨菲规则，总有人把电池装反，造成器件损坏，现在一般在电器中都设置了保护电路，即使电池装反，也无大碍了。又如，在电子产品中，有大量的接插口，一旦接错插反，后果十分严重，但也总是有人搞错。现在人们对各种接插件的形状进行了精心设计，并制定了有关标准，使得有意要搞错也不可能。此外，计算机技术中的纠错技术和容错技术，也可说是有意无意地遵从了墨菲规则的结果。难怪有人说："在一定程度上电子计算机是墨菲规则的产物。"

墨菲规则揭示了在安全管理中人们为什么不能忽视小概率事件的科学道理；揭示了安全管理必须发挥警示职能，坚持预防为主原则的重要意义；同时指出，对于人们进行安全教育，提高安全管理水平具有重要的现实意义，安全生产工作要一抓到底。

四、控度论

质量互变定律是马克思主义哲学重要规律之一，量变到一定程度，就会发生质变。其中，值得研究的有3个问题：第一，变到什么程度才会发生质变？第二，发生何类质变，是物理变化，还是化学变化？第三，一定要等到单因素量变到一定程度才发生质变吗？能不能辅助其他因素，促进质变早些到来？

例如，水到100℃时就变为蒸汽，到1 000℃就会分解为氢和氧，前者是物理变化，后者是质变即化学变化。如果加电解，常温下水就被分解了。

世间事物纷繁复杂，变化莫测，但无论怎么变化，事物通常有两个突变点：第一个是临界点，即相变点，也即状态变化点；第二个是真正的质变点，即物质的本质发生了变化，亦即化学变化点。也就是说，一个是物理变化点，一个是化学变化点。如有外加物理或化学条件，这两个点可能发生变化。

德国科学家哈肯的天才贡献之一，是建立了协同论。水的蒸发与激光的形成，这两个完全截然不同的物理现象在哈肯的眼里就是广义的相变、是相似的现象，即此时此刻，分子协同作用形成蒸汽或形成激光了，这不能不说是一个奇妙的数学描述方法。

这里提出的控度论是指任何事物都有一个"度"的控制问题，控制不好，尤其是在突变点（包括相变点和质变点等）附近，把握不好度，就会发生巨大变化，甚至发生质的变化，走向事物的反面。当然有外界因素影响，"度"的影响就发生变化了。早在20世纪80年代初期，攻读硕士学位期间，郭成海同志就常与胡文祥讨论这个问题。

事物发展往往有两个突变点，即一个相变点和一个质变点，前者是物理变化，即不生成新物质的变化；后者是化学变化，即生成新物质的变化。水在不同的温度下发生的变化就是如此，当然外加其他条件，就不需要温度的变化了。

特别是将吗啡氮上甲基换为烯丙基成为烯丙吗啡（nalorphine，烯醇式）或异构体纳洛酮（naloxone，酮式），则药效发生了质的变化，从阿片受体激动剂变为拮抗剂。纳洛酮与吗啡互为拮抗是令人惊异的，因为量子化学和分子力学研究结果表明，两者构象相似、分子静电势正负区域也相似，从构象分析和分子静电势比较均不能找到这两个分子药理作用拮抗的原因。两者主要差别在于纳洛酮阳离子的最低空轨道能量低于吗啡阳离子的最低空轨道能量。这一事实表明烯丙吗啡或纳洛酮的烯丙基可以作为电子接受体，与受体 HOMO 发生作用而改变受体构象，而吗啡氮甲基则难以接受电子，即难与受体的 HOMO 发生作用。因此纳洛酮成为了吗啡的拮抗剂。在激动剂变为拮抗剂情况下，往往是电子效应，或者空间效应，或者更本质的说是能量效应在起作用。一般说来，拮抗剂能逆转或对抗激动剂的药理作用，但激动剂难以逆转拮抗剂的药理作用，究其原因，往往是拮抗剂与受体分子结合力（电子效应）或结合面积与体积（空间效应）要大一些，或者说，拮抗剂的药效团比激动剂的药效团往往要大一些。虽然有的拮抗剂只比激动剂多一个甲基，但这种趋势仍然存在。

类似的突变现象在自然界和人类社会中也普遍存在。例如，物理学中激光的形成、热力学中物质的相变如水的沸腾汽化、自然界中的自组织现象及人类社会的民主原则等都可以说是突变现象。即当某个（或多个）序参量变化到某一临界值时，状态就发生剧变，如在常压下水烧到100℃就剧烈汽化从液态变为气态；法律过半数票才能获得通过时，票数就是一个序参量，赞成票达51%，该项法律就可通过，也就是说51%人的愿望在投票后变成法律、就成为全体人员的共同意志，而不管49%的人是否反对，50%这一数据就是突变点。描述这些截然不同的现象的序参量变化方程具有惊人的类似性。协同论的创始人哈肯发现激光相变、铁磁体、超流体等相变方程与艾根（Eigen）生物分子进化方程也非常相似，许多复杂现象也具有惊人的类似性。同样，许多科学方法在各门科学中也具有一定的相通性，因此在药学研究过程中适当的借鉴现代物理学、化学、数学、分子生物学，甚至社会学、经济学等领域的方法原理，有可能开创药物研究的新局面。

在以遗传为主导地位的生命长河中，也常伴有突变激起的浪花，淘汰和突变决定了新物种的起源。突变有点像量子力学中能垒较高的量子跃迁过程。有两大类突变存在于生命体系中：一类是环境因素引起的突变；另一类是由生命体系本身内部随机涨落引起的突变，如我们曾探讨过的 DNA 中质子或电子由于微观粒子本身固有的隧道效应而发生迁移引起 DNA 突变，这可能是木村资生中性学说的理论基础之一，而达尔文学说仅适用对环境有响应的变化或进化。

突变是自然界和人类社会普遍存在的非线性现象，只有综合运用非线性科学理论、突变论（托姆创立的）、系统论、耗散结构理论（普利高津创立的）和协同论（哈肯创立的）及它们的新发展，才能对这些复杂自然现象进行较深刻的描述。

控度论与人类工作生活息息相关，人们常说的人生九度也是控度论的一个体现。①工作方面能力不敌态度。②事业方面才华不敌韧度。③知识方面广博不敌深度。④思想方面敏锐不敌高度。⑤做人方面精明不敌气度。⑥做事方面速度不敌精度。⑦看人方面外貌不敌风度。⑧写作方面文采不敌角度。⑨方法方面创意不敌适度。

例如，做市场营销的一位学生问老师：这份报告需要写多长才行？老师回答：文章就像是姑娘的裙子，短的盖不住主题，或是太长就失去吸引力，都是不可取的。点到为止，剩下的部分自己想象吧。营销之道亦是如此，过于露骨，会影响品牌价值；过于保守，起不到营销效果。关键是把握一个"度"。

勇敢过了头，就成了鲁莽；诚信过了头，就成了迂腐；机敏过了头，就成了圆滑；贪婪过了头，就成了腐败；施舍过了头，就成了乞丐；执着过了头，就缺少心眼；善良过了头，就成了软弱；专横过了头，就成了霸道；做事过了头，就走上绝路，人生任何事情都要把握一个"度"。

人生努力也需要有个"度"，魏源是近代史上杰出的思想家、改革家、史学家、地理家和文学家。人们常常称赞他博古通今、造诣精深。人们所不知道的，是与他同时代的另一位英才，这位英才的名字叫石昌化。1809年，15 岁的魏源在县试中，认识了小他一岁的竞争对手石昌化。主考官发现这两人年龄虽小，文章却都绝佳。因为难分伯仲，便将他俩同时"拔置前茅，赞为双璧。"第二年，魏源和石昌化又同时参加了府试，分别获得第一二名。魏源能成功，绝对是"梅花香自苦寒来"。他最大的爱好就是读书，甚至因为在书房里待得太久，连自己家的仆人都认不出来了。石昌化在认识魏源后，感到自己的学识与魏源还有一段差距。一心争强好胜的他开始琢磨，自己该如何缩短差距，赶上魏源呢？石昌化开始给自己加码：魏源读书读到三更，那我就读到五更。魏源读到五更，那我就通宵熬夜。如此拼命的他没想到，"梅花没香苦寒枯"。由于过分刻苦，石昌化患风寒引发痨病，进而呕血。身体垮了，学业也就无法继续，这个早年与魏源站在同一起跑线上的神童，因为过分苛求自己，失去了参加院试、乡试的机会，"以病剧而不得与魏同捷"。魏源不努力，绝对成不了魏源；石昌化过于努力，却只成为历史上的一个无名小卒。

科学家认为，一棵树再怎么具有生命力，也只能长到 122 米到 130 米，不是大地撑不起它，而是它自己撑不起自己。在 130 米的极限，再长 1 米，甚至哪怕几厘米，都可能自己压垮自己，轰然倒塌。哈佛大学的天体物理学威廉·弗莱斯教授指出：对于直立行走的人类来说，要想安全地生活在地球上，不至于由于地球的引力而发生骨折或者别的什么毛病，我们的身高只能是在 1.5 米到 2 米上下。其实在人生中，读书、工作、理想都是如此，要十分努力，却不可超出自己的能量极限。

"度"是哲学上的一个基本概念，是世上千事万物都存在的一个突变点。有人建议把"控度论"改为"把度论"更加妥帖，其主要理由是，客观事物的度是人类控制不了的，我们只能控制自己的度。这似乎很有道理。本书描述的控度论主要是要求人们把握好自己的度、控制好自己的度，控制"分寸""火候""时机"使之不要过"度"，"物极必反""否极泰来""真理越雷池一步就是谬误"讲的是过"度"的结果。但客观事物的度也不是在所有情况下都不能控制，比如说水在 100℃ 下沸腾，这 100℃ 就是客观事物的度，但这个数据也不是永久不变的，在不同的压力下，水的沸点是不一样的，在高山上水的沸点就低于 100℃，因此，客观事物的度有时是可变的，但多数情况下，客观事物的度是不易变化、不易控制的。

是控度论重要还是平衡论重要，这要看具体情况。这两者既有区别又有联系，侧重点不一样，控度论强调的是把握好度，平衡论强调的是重在平衡，即使一个平衡被打破了，还会向新的平衡移动，从而建立另一个新的平衡，就像化学平衡一样。平衡论在自然、社会等诸多领域非常重要，近年来，在健康领域，平衡论被讨论得越来越多，生命平衡学说正方兴未艾。

五、组合出良策

组合生奇谋，组合出良策，组合促发展，组合创未来。在自然科学领域更要特别重视高新技术组合运用、新旧技术组合运用，掌握组合技巧、满怀组合欲望、勇于组合尝试、遵循组合原则、挖掘组合潜力、把握组合特点、探索组合规律、扩大组合应用，以推动科技的蓬勃发展。积极采用比较学，大力发展组合学，这是时代对全球科学家和工程技术专家的呼唤！

所谓"组合"，就是从 M 个不同的元素中按一定规则取 N 个组成一组，也就是把性质相近或互补的事物按一定规律系统地合置在一起。在人类征服自然的进程中，很重视"组合"之法。比如，我们的祖先就排列组合出了象征天、地、雷、风、水、火、山、泽等八种自然现象的图形，组成 64 卦（很可能对应于分子生物学中 64 个遗传密码），用来研究自然的变化，此法在古代军事上曾发挥了重要作用。

当代军事不乏运用"组合"之法产生奇效的例证。第二次世界大战后期的美国曼哈顿工程，仅用 3 年时间便研制成功了世界上第一颗原子弹，其奥秘在于奥本哈默成功地"组合"了人才！更令人不可思议的是，科学家们将阿波罗登月飞船"解剖"后惊讶地发现："尖端只不过是常规的组合！"组合正确，常规可以产生尖端。在海湾战争中，轰动一时的爱国者导弹每一个零件几乎都是已有的：日本的芯片、德国和瑞士的精密仪器元件……如果具备了相应的"组合"之法，应该说许多国家都能制造这类先进的导弹及其他现代先进武器装备。

按照"系统论"的观点，在系统中"1＋1"是可以不等于 2 的。在由人组成的组织系统中，内耗会造成"1＋1"＜2，齐心协力则"1＋1"＞2。在药物学中也有配伍的概念，不同的配方可使药效相互增强、削弱或抵消……

发明创造的方法最重要的一种是：现有的发明是否可以合理组合在一起，如将录音、电唱、钟表等组合在一起的多功能组合音响，将墨汁瓶、笔架和砚台组合在一起的文具盒等。

化学与信息论组合可以产生化学信息学和化学智能学。不同的化学信息，信息的强度，信息的传递、接收、响应和反馈效率将成为决定化学过程的主要因素。化学与其他学科或技术的组合，可以产生一系列新的学科群，如飞秒化学、针尖化学、纳米化学与生物学、控制论化学、协同论化学，基因组化学、蛋白组化学、系统论化学、突变论化学、化学语言学、化学信息学、化学生物学、相对论化学、模糊论化学、拓扑化学、协同组合化学……将层出不穷。

千百年的实践已经证明，组合得好的石头能成为宏伟建筑，组合得好的音符能构成优美的旋律，组合得好的词汇能成为不朽诗篇，组合得好的想象能形成美好的希望，组合得好的灵感能形成伟大的创新，组合得好的人群能产生无穷的智慧和力量，组合得好的原子能生成新奇的物质，生物分子的协同组合形成了奇妙的生命现象和色彩斑斓的生物世界；人类不同规模、不同层次的协同组合构成了形形色色的社会现象。协同组合方法学，是推动政治、军事、经济、科技乃至整个社会全面进步的有力杠杆，是攀升事业发展的有用"金梯"，是创造未来的有效武器。

胡文祥博士与其部下王建营一起合著《协同组合化学》，由科学出版社2003年出版，主要介绍了1980～1995年十五年期间胡文祥在化学和药学相关领域中的创新性研究工作，所用的主要方法为组合学方法，所涉及的主要思想为比较学思想。虽然比较和组合均在方法学的范畴内，但是胡教授更愿意强调：比较出思想，组合出方法（出产品）。他大力呼吁广大科教工作者和工程技术人员积极运用比较学与比较化学，大力推广组合学与组合化学，不断产生新思想、发明新技术、建立新方法、制造新工具、构建新模型、合成新物质、研制新产品、创立新理论，开始新的追求、播下新的希望、放飞新的梦想、翻开新的一页、写下新的篇章、创造新的辉煌，开拓进取、上下求索、努力拼搏，为推动人类科技进步和世界文明不断发展做出新贡献。

六、比较科学史

（一）科学发展的成双性与单一化

现在许多科学史著作往往忽略了比较、相关、相互影响等研究（如我们提出的比较历史学，比较科学史），而仅为一些历史事件的叙述，因此，科学发展的一些内在规律、历史规律就被忽略掉了，不能不令人遗憾。

经过比较学研究，胡文祥观察到重大的科学创造往往有两个或多个人同时做出，见表2－1。

表 2 - 1　重要科学发现

编号	科学原理、规律或方法	所属学科	主要发现者
1	微商求导术	数学（微积分）	牛顿与莱布尼兹
2	历史唯物主义	哲学（马克思主义）	马克思与恩格斯
3	化学元素周期表	无机化学（周期律）	门捷列夫与迈克尔
4	自然选择法则	生物学（进化论）	达尔文与华莱士
5	与距离平方呈反比关系	经典力学（万有引力）	牛顿与虎克
6	时间与空间变换公式	现代物理学（相对论）	爱因斯坦与彭加勒
7	短阵力学和波动力学	现代物理学（量子力学）	海森堡与薛定谔
8	DNA 晶体双螺旋结构	生物学（分子生物学）	沃森与克里克

在大多数领域，往往只有一位名望高的人（当然名望还与宣传、历史条件等有关），原因何在？这也许是因为只有一位能深入研究并勇于预言和推广，然后被公认为这一领域的泰斗，这称之为单一化过程。最著名的例子要算元素周期律的发现，起先德国迈尔的元素周期表比俄国门捷列夫的要好，但他不敢做出预言，而门捷列夫则相反，勇敢地预言了几个还未发现的元素的性质，后被证实，结果门捷列夫成了元素周期律的发现者。当然在某些领域，两人或多人又在不同方面做深入研究、勇于开拓、勇于预言，这样就无单一化现象了。若想登上诺贝尔讲台，首先要有勇气。

（二）科学发现与生活背景有关

科学发现除与通常人们所说的知识经验、刻苦程度、天资等因素有关外，还与创造欲望、生活（时代）背景等直接密切相关。如果用这样的观点去分析科学发展史，人们就会看到一幅幅壮丽的图像。

许多自然辩证法的书中都论述了科学发现及其必然性和偶然性，社会生产力和科技本身发展到一定阶段，就面临着科学的突破了，于是客观条件成熟了就有科学的发现，具体某人某时某地发现重大规律，则具有一定的偶然性，科学发现与人的勇气、知识、智慧、刻苦程度、思想敏感度等各方面均有关。早在 20 世纪 80 年代初，胡文祥体会到满怀创造的欲望去进行研究工作，新思想就会层出不穷，就有可能随时有新的发现。现在暂不论这些，只谈谈科学发展与生活背景密切相关这个命题。的确，一个人的生活背景会对其性格、思维等各方面产生巨大影响，从而影响科学发现。生活背景环境（时代背景）给人以启示或解决问题的原始推动力，从而导致重大的科学发现。

人们会记得 1981 年获诺贝尔化学奖的日本京都工业大学教授福井谦

一，是他创立了前线轨道理论，用以解释有机反应过程。大家是否考虑过：他怎么会想到"前线轨道"这个概念？除了原子中外层电子活泼对他有启发之外，你能保证第二次世界大战没有在他的心灵中留有深刻印象吗？经典战争不像现代战争难分前后方、主要在前线进行，这难道对他的前线轨道概念的形成没有深刻影响吗？

另举一个例子，有机化学教科书上的黄鸣龙还原法，在碱性水溶液中能还原羰基（而 Worlff—Kishner 还原法是在无水的高温密封管或高压釜中反应），你能保证上海潮湿空气在黄博士的潜意识中没有留下深深的印象吗？倘若是北京人，生活在气候干燥的环境里，人们并没有强烈的愿望（包括潜意识）：最好能在水体系中进行反应。

如果用这种思维方法分析研究科学史，现在的科学史著作或许会有一个大的改观。

相关研究是比较学的一个重要方法，世界上万事万物都有不同程度的相互联系或相互影响，故比较学大有用武之地。

（三）弗洛里与青霉素

生物化学家玛丽·克林斯基告诉过约翰·H·立恩哈德（John H. Lienhard）一个关于青霉素的故事。科学发明优先权是一个有缺陷的命题。科学探讨的宇宙万物，很多是在人类从洞穴中走出之前就已经存在。青霉素就是其中一例，因为它毕竟是从自然生物之中提炼出来的。

我们可以用提出一系列问题的方式，来讨论青霉素发明优先权的争议。谁最早意识到它的存在？谁最先观察到它的疗效？谁首次将它分离出来？谁第一次生产它？谁首次人工合成它？你可以继续提出更多类似问题。

法国科学家路易·巴斯德曾经意识到抗菌素可能存在。1924 年一位名字叫波特的美国人观察到青霉素对微生物有抗菌作用。1929 年苏格兰生物化学家亚历山大·弗莱明认为青霉素可能成为抗菌素，但是他却无法提炼出单纯青霉素，因此该项研究拖延到 20 世纪 30 年代。

而后年轻的澳大利亚病理学家霍华德·弗洛里对弗莱明的发现很感兴趣，开始研究抗菌剂，并且发现抗菌剂能轻易杀死实验区域中全部细菌。弗洛里意识到人类也许可以发明一种物质，当该物质进入人体内后，它能杀死某一类细菌。

1935 年，英国牛津大学聘用弗洛里，希望他能振兴其病理学院。弗洛里上任后，录用一批才华横溢的年轻人。1940 年，他们发现从霉菌中分离出稳定青霉素的方法。当时第二次世界大战正在全面展开，弗洛里试图说服美国和英国国防部，共同资助及生产青霉素，但是他未能成功。

不久一个意想不到的事件发生。弗莱明的一个朋友病重，因此弗莱明向弗洛里要一些青霉素。弗洛里慷慨解囊相助，将当时全世界仅有的青霉素，全部送给了弗莱明。弗莱明朋友服用该药后，奇迹般的康复。弗莱明立刻将此事告知媒体曝光，而后媒体聚焦于弗莱明，而不是弗洛里。

此后，弗洛里团队只得到少量经费、仅够继续研发工作。他们从几千公升原料中，成功地提炼出第一支青霉素。该团队如何设计、生产青霉素则是"二战"中靠自力更生而成功的著名故事。1944 年，盟军携带青霉素在法国诺曼底登陆。

一年后，弗莱明、弗洛里及英国生物化学家恩斯特·伯利斯·柴恩为此荣获诺贝尔奖。但是至今我们仍旧争论，究竟该奖应该授予哪些人最为合理。是否应给予为此发明做出卓越贡献的一系列科学家？也许应该从巴斯德，甚至从古希腊人希波克拉底开始？

奖励的确有助于我们将注意力集中在人类美德与其卓越贡献。但是奖励却远不如历史更加真实、全面、有意义。历史一次又一次地告诫我们，创造来源于集体力量，不仅仅是个人所为。令人遗憾的是，像青霉素这样一项由一大批科学家多年不懈努力，而成就的伟大发明，诺贝尔奖却只能授予区区几个人。

古代与现代的科研大不相同，个人的作用有时很大，大到离开了这个人，这个科研团队就不存在了，这个科研就做不下去了。有时，个人的作用显得也不那么大。科研就像一场接力赛，但不同的是，科研接力棒可能被不同队的人接力，有时同一个人可能再接一棒，这是与体育接力赛规则不一样的地方。

（四）优劣同时性与同一性

优劣同时性与同一性是一个哲学概念，从一个角度看，是优点的东西，而从另一个角度看却成了缺点，或者说该优点是缺点的根源，也就是说优缺点同时存在于一个主体中，有时往往是一个东西。

大家常常认为：事物都是一分为二的，事物都有光亮的一面，也都有阴暗的一面。可以说优点和缺点是一个事物的两个面。世界上没有只有优点没有缺点的事物，反之亦然。事物的特点在有些情况下是优点，在另一些情况下就会成为缺点。事物的某些属性是优点，但当其超越了一定限度时也会变成缺点。

人们在评价一位历史人物，甚至评价历史和现在的每一个人时，往往太极端，要么把他说得一无是处，要么洁白无瑕，这是不符合客观实际的，也不符合辩证法。当然一些事件在其主要的某一方面在那个历史阶段中可能是优良的或是不良的，这是可以评判的，否则就会陷入不可评判论的深渊，但并不是每一个事件的评价都是正确的，往往被历史的证明所推倒。

一个人在某一方面最伟大的地方，在另一方面往往也是他最大的不足之处。同样一个人精明的地方往往也是他最粗糙之处。例如，曾在 1905 年获诺贝尔化学奖的阿伦尼乌斯在下述思想的启发下提出了活化能的概念。

依热力学公式：

$$dlnK/dT = \Delta U/RT^2 \qquad (2-1)$$

如果把反应时内能增量（U 看作是两项某种能量之差），即

$$\Delta U = E_+ - E_-$$

则式（2-1）分为两个等式分别属于正向与逆向反应

$$dlnk_+/dT - dlnk_-/dT = E_+/RT^2 - E_-/RT^2$$

所以

$$dlnk_+/dT = E_+/RT^2 + C, \quad dlnk_-/dT = E_-/RT^2 + C \qquad (2-2)$$

试把上述常数 C 视为零积分，可得

$$lnk = -E/RT + C$$

或

$$k = A \cdot exp \ (-E/RT^2) \qquad (2-3)$$

这就是著名的阿伦尼乌斯公式，并把 E 认为是活化能。他把式（2-2）的常数 C 视为零，从而得到式（2-3），这是他最精明的地方，由此可得到活化能的概念。但这也是他最粗糙的地方，在许多实际情况下，式（2-2）的 C 常不为零，从这就难得到活化能的概念。

当然事后评价一个人的历史功过是比较容易的，事后"诸葛亮"好做！游人可以按图索骥直达目的地，而探险者却只能一边开辟新路，一边寻找心中的目标。只有经过未知物的折磨，才能享受发现的快乐。

上述命题不仅仅对某一具体人、事适用，胡文祥认为它是一个较普遍的哲学命题。

（五）历史学不算一门严格的科学

广义的科学定义：科学是关于规律性的认识，狭义的严格的科学的定义是：在同等条件下，世界上任何一个实验室、任何一个科学家都能重复得到相同的结论。否则就不算科学，而可能是"玄学"。

历史学有其特殊性，历史是永远不能重复的，而且历史也是不能假设的。从严格意义来讲，历史学也不能算是传统意义上的科学。当然，历史也有一些规律可以归纳总结，因此从广义上讲，历史学也算一门科学。

人生与历史学一样，没有"彩排"，天天是"现场直播"。没有人可以回到过去重新再来，但谁都可以从今天开始书写一个全然不同的人生未来。

七、宇宙中最多只有 138 个元素

虽然存在各种各样的宇宙生成学说，从康德－拉普拉斯的星云学说到盖莫夫等的宇宙大爆炸学说，都有一个共同的特点，就是宇宙从混沌状态（无论稀疏均匀状态，还是高密度均匀状态）开始，逐渐演化、分化和合成出各种元素，构成了地球及形形色色的单质、化合物，乃至无限宇宙中的众多天体。自 20 世纪中叶，开始探索元素性质的递变规律，归纳出化学元素周期表，至近代周期律实质的研究，倾注了几代科学家如迈耳、牛兰兹、门捷列夫、玻尔、莫斯莱等的心血，是科学家们闪光智慧和辛勤耕耘的结晶。现在已有各式各样的化学元素周期表，如塔式、环形、双螺旋形、扇形、蜗牛形、对角形和主体支架形等 19 种。人们甚至仿照化学元素周期表，自 21 世纪初开始探索分子周期表，这在本文暂不讨论。迄今为止，科学家们已在自然界发现和人工核反应合成了 118 种元素。随着原子序数的增大，核素的稳定性愈来愈差，那么化学元素能否填满第七周期，并向第八九周期延伸，这是几十年来科学家们潜心研究和探索的一个重大课题。

（一）关于超重元素稳定岛假说

20 世纪 40 年代末，科学家对原子核壳层模型的研究表明：质子数和中子数为某些特殊数时形成稳定核素，这些特殊数称为"幻数"（magic number）。计算结果指出：质子幻数为 2、8、20、28、50、82 等双数时，核较稳定。如果质子数和中子数都是双数，则称为"双幻数"，双幻数的核更是特别稳定。如 $^{16}_{8}O$、$^{40}_{20}Ca$、$^{56}_{28}Ni$、$^{208}_{82}Pb$ 等，这些核素的高度稳定性是由于它们的核是一个球形对称的、质子数和中子数都达到饱和结构的核。关于双幻数具有特别稳定的核结构的事实，已得到核结合能、电四极矩和中子俘获截面等实验的验证。

20 世纪六七十年代，Myers 和 Swiateck 根据推广了的核结构液滴模型计算预言：超重核 $Z=114$ 为质子幻数，$N=184$ 为中子幻数的核，$^{298}114$ 将是一个非常稳定的核素，其核的自发裂变半衰期大于 10^8 年，即长达太阳系年龄数量级，在 $^{298}114$ 核素附近有着一批相当稳定的核素，例如：$^{292}108$、$^{294}110$ 等它们的自发裂变半衰期都大于 10^8 年，说明在超重元素不稳定海洋中存在着一个以 $^{298}114$ 为核心的超重元素"稳定岛"，其范围可能是 $Z=108 \sim 126$，$N=176 \sim 190$，在岛上有 $^{298}114$ 幻数山。1969 年 Grumann 等认为下一个超重稳定岛将以 $^{482}164$ 为中心，超重核的寿命为几分钟，甚至可长达若干年。这样不但可以完成元素周期表的第七周期，还可填充 5g ~ 6f 超锕系和 6g ~7f 新超锕系两个内过渡系（各 32 种元素），完成每周期50 种元素的第八九超长周期，直至 $Z=218$。

稳定岛假说的提出鼓舞着科学家们在自然界和人工合成两个领域去找寻新的超重元素。

在自然界，为达到目的，上至月球样品、陨石、宇宙射线，下至矿石、海底沉积物，无不成为科学家们探寻的对象。曾有消息报道：1969 年坠落在墨西哥的一堆陨石上有 114 号元素（或许是 113 号？115 号？）存在的痕迹，天然水晶中似乎含有 116 号或 126 号元素，铅铋矿中有稀罕的自发裂变等，种种迹象表明自然界可能存在长寿命的超重元素，但时至今日，在自然界寻找超重元素的实验工作都未能获得成功。

为了研究人工合成超重核，美国、苏联、西德等国新建或改建了重离子加速器，人工合成取得了令人瞩目的成就，在 30 年间合成了 104 ~ 111号八种核素，但人工合成的路途也充满了艰辛。

首先，稳定岛上的超重核素寿命的理论计算值与实际有很大差异。$^{266}108$ 和 $^{266}109$ 的自发裂变半衰期都是毫秒级（10^{-3} 秒）。被认为对验证稳定岛假说起着关键作用的 110 号元素和 1994 年 12 月份德国科学家新发现的 111 号元素（$N=161$，原子量 $=272$）也都是即现即逝。从理论上推算，108 ~ 111 号元素都已踏上了稳定岛，其寿命仍如此短暂，而 114 号元素的寿命竟然会一跃长达 10^8 年，实属令人难以想象。

诚然，$^{266}108$ 和 $^{266}109$ 等并非理论计算中的元素 $^{266}108$、$^{266}109$，可是在采用连续俘获中子法合成超重元素的希望已变得十分渺茫之后，采用重离子核反应合成超重元素的过程也是困难重重。合成 $^{298}114$ 新核的 n/p 应达到1.6（184/114），在反应 $^{248}_{96}\text{Cm} + ^{40}_{18}\text{Ar} \rightarrow ^{284}_{114}\text{X} + 4^1_0\text{n}$ 中，新核的质子数虽合乎要求，中子数仅为 170，比要求的 184 还差许多；用 $^{48}_{20}\text{Ca}$ 轰击 $^{248}_{96}\text{Cm}$ 得到$^{296}116$的尝试未能奏效；$^{238}_{92}\text{U}$ 之间的核"聚变"反应，仅观察到 8 个质子和9 个中子的转移，形成了 $^{255}_{100}\text{Fm}$，也未能获得超重核。可想而知，合成 $^{292}108$、

^{293}109等也同样是一大难题，稳定岛假说面临挑战。因此，人们在求证超重核稳定岛是否存在的同时，也进行着有关化学元素周期表上限的探讨。

（二）化学元素周期表可能存在一个上限

1. 核稳定性

原子是原子核与电子壳层的对立统一体，原子的稳定性首先决定于在原子中占主导地位的原子核的稳定性。

（1）宇宙天然核素稳定性分析

英国化学家赫斯洛普在所著的《高等无机化学》中曾经指出，在原子序数为26，54，78附近的元素的宇宙丰度有极大值（当然，一种核是否稳定存在，不仅与质子数有关，而且与质中子比例有关，元素宇宙丰度的大小取决于其生成效率和被利用于其他核合成的程度以及核的稳定性等诸因素），将这一结果用差分法进行外推，说明"4"这个数字在元素周期系中的特殊地位，也为114号元素稳定岛理论提供一个佐证。这种外推至138号元素就截止了。这是否意味着元素周期表到138号元素就完结了呢？

胡文祥差分法可图解如下：

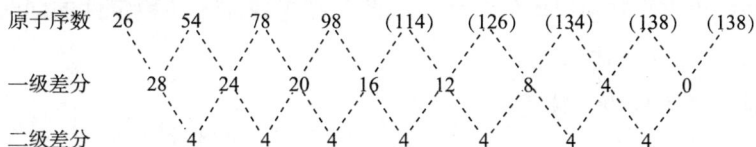

原子序数 26 54 78 98 （114） （126） （134） （138） （138）

一级差分 28 24 20 16 12 8 4 0

二级差分 4 4 4 4 4 4

（2）反应截面的限制

使用重离子核反应技术合成超重元素，曾成功地合成了109号、108号元素，同时在该过程中也发现了新的矛盾："弛豫"特征或"准裂变"现象。在弹核击中靶核的瞬间，复合核尚未形成之际又立即分开了，说明反应截面变小，使合成与鉴定工作变得更加困难。在合成109号元素的实验中，弹核（^{58}Fe）击中靶核（^{209}Bi）10^{14}次，只有一次形成了复合核，对靶核轰击一周才测得一个新核，以致每次只能用一个原子进行实验，被称为"一次一个原子的化学"（one - atom at a time chemistry）。前段时间发现的111号元素也只有三个原子。试想，随着原子序数的增加，反应截面再小下去，形成新核的概率更会小到何种程度呢？因此，反应截面对合成超重元素构成的限制是不容忽视的。自发裂变和α衰变是超铀元素的重要特征，这两种裂变也都将限制超铀元素的存在。

（3）核素存在的时间限制

超铀元素半衰期实验提供的数据证明：超铀元素随原子序数的增加，

自发裂变半衰期迅速变短，吴斗思等根据超铀元素最长寿同位素半衰期 T（年）和原子序数 Z 的近似线性关系外推未知超重元素稳定存在的时间，得出如下公式：

$$\lg T = -1.173Z + 116.7 \qquad (2-4)$$

原子存在的时间不能低于可测时间范围，如以核子间强相互作用 10^{-23} 秒作为元素存在的半衰期时间极限，则 Z = 125，亦即 Z > 125 时，超重元素的半衰期小于 10^{-23} 秒，已超出了可测的时间范围，也就无从分辨元素的存在了。这样的处理是否符合客观实际，还有待于未来的科学实践的证实。

发现任何一种新元素，确定其物理、化学性质及其在周期表中的位置，都要有化学方法作为必要的监测手段。尽管科学家为了监测超重元素的特殊需要已经创造了一些高灵敏、高分辨的仪器，鉴于仪器原理自身的局限，对超重元素的数量和寿命总会有一定要求，舍此不能保证化学变化所需要的时间和显示变化所需要的数量。

2. 电子壳层稳定性

从现代原子结构理论观点出发，讨论原子的稳定存在，原子核和电子壳层的稳定性是缺一不可的，任何一方受到破坏，原子都会失去稳定存在的条件转化成为其他层次的实体。因此，在考虑原子核稳定性的同时，也要考虑电子壳层的稳定性。

（1）电子排布"错位"

根据自洽场理论计算未知元素电子填入轨道的能级顺序，可推测第八九周期元素的电子构型，这是否适用？考虑到随原子序数的增加，相对论效应的影响逐渐加强，造成轨道"收缩"；自旋－轨道运动相互作用导致能级分裂；以及量子电动力学效应等因素的影响，将导致电子排布出现"错位"，由光谱实验数据可知：钍原子的电子构型是 $6d^2$、$7s^2$，铀原子是 $5f^3$、$6d^1$、$7s^2$，第七周期锕系元素中已经出现了电子排布的不规则状况。由于元素的原子数量少，寿命短，99 号以后的元素取得光谱数据已很困难，所以对第八九周期元素电子构型的理论推导恐怕尚无实际意义。此为电子层结构不稳定因素之一。

（2）电子层结构"崩溃"

从电子层与原子核的关系考虑，当原子核电荷增大到足以将内层（主要是 k 层）电子连续吸入核内时，将会导致电子层结构的"崩溃"，整个原子的毁灭，这也是电子层结构不稳定的又一至关重要的原因。

罗西兰德（Rosselands）根据原子的电子层半径与核电荷的关系建立了如下关系：

$$d^0 = d^0 \ (1 - \alpha^2 Z^2) \ /2Z \qquad\qquad (2-5)$$

式中，d^0 是正常的氢原子轨道半径，精细结构常数 $\alpha = 7.2 \times 10^{-3}$，由上式可知，当核电荷数增大时，原子的电子层半径缩小，当 $Z = 137$ 时，$d = 0$，即可认为电子受核吸引落到了核内。

狄拉克（Dirac）根据相对论量子力学研究了原子序数与能量的关系。在此不讨论量子力学标准理论是否正确，线性量子力学（组态空间）与非线性相对论（物理空间）是否相容协变这些博大精深的物理学根本问题。但由于高速电子运动存在相对论效应，我们权且用狄拉克方程来探讨物理化学问题。公式如下：

$$E = mc^2 \ (1 - \alpha^2 Z^2)^{1/2} \qquad\qquad (2-6)$$

式中，α 为精细结构常数，数值与上式相同，则当 $Z \geqslant 137$ 时，原子能量 E 为虚数，即精细结构常数 1/137 决定了元素周期表的上限。

这里提出令人深思的问题是：由以上罗西兰德和狄拉克公式理论计算得到的元素稳定性上限 $Z = 137$，与胡文祥在 1980 年用差分法外推天然核素稳定性得到的结果 $Z = 138$ 竟如此接近，是偶然的巧合呢？还是有着其深刻的内在根源呢？

3. 元素性质递变的趋势

在元素周期表的每个周期中都是从活泼金属开始至稀有气体的惰性结构告终，两者性质的差异对于每一个周期而言是基本相同的，在这基本恒定的差异之间充填的元素越多，相邻元素之间的性质差别就越小，可想而知，在第八周期的超长周期中可以充填 50 个元素，各个元素的性质差别将会变得极不明显。

对于同族元素来说，每出现一个新的周期，核外增加一个电子壳层，因此，原子半径也随着周期数的增加而增大，按此规律，原子半径是否会无限增大呢？原子半径测定的数据表明：随着周期数的增加，原子半径增加量在逐渐变小，以 I A、II A 和零族元素原子的范德华（Van der Waals）半径外推至第八周期时，原子半径的增加量已趋近于 0 了。不论是从周期还是从族来观察元素性质的递变趋势，到第八周期时递变的趋势都已是微乎其微。

如前所述，从元素存在的时间限制来看，元素稳定存在的上限 $Z = 125$，电子壳层稳定性限制 $Z = 137$，天然核素稳定性分析 $Z = 138$，都是在第八周期（119～168 号元素），元素性质的递变趋势至第八周期也已趋于极小。若干方面的吻合是否能够说明化学元素周期表可能存在的上限在第八周期呢？根据对天然核素稳定性、重离子核反应截面的限制、核素存在时间的限制、电子壳层的稳定性等方面的综合分析，元素周期表存在一个上限，在第八周期。

胡文祥根据三个半数据（26，54，78 和 114 稳定岛假说）推论得到的宇宙中最多只存在 138 个元素，似乎有点玄乎，这到底是哲学的还是科学的结论，人们还把握不准。结合狄拉克公式等，这就变成了一个科学的结论，甚至带有哲学的味道。

从元素及其相关化合物的物理化学性质分析，一般情况下，原子序数较小，元素之间性质差异较大，原子序数较大时，元素之间性质差异逐步缩小。可以设想，待原子序数增大到一定数值后，元素之间性质差异小到难以分辨的程度，即实际上为均一的了。从现在人们的认识看来，宇宙从混沌均匀状态开始，通过分化、演化成各种各样的元素，到一定程度后，分化终止，最后又有可能回到均一状态中去。如此循环往复，也可构成宇宙无限远大前程。

从上述研究讨论结果表明，化学元素周期表可能存在一个上限，即周期表在 138 号元素就终止了。如果反物质的宇宙确实存在，那么其反物质元素周期表也可能存在一个上限。这也许有着深远的物理学、化学和哲学意义。

八、宇宙信息某些极限数据

宇宙无始无终，硕大无穷，几乎没有什么指标去限制它，但是，就某些宇宙信息或物理量来说，它有可能是有限的。表 2-2 列出了一些极限数据，供参考。

表 2-2　宇宙信息某些极限数据

编号	物理量	数值和单位	备　注
1	可见宇宙总信息量	10^{80} 比特	据徐光宪先生估算
2	地球信息量	10^{53} 比特	同上
3	地球生物自然信息量	10^{40} 比特	同上
4	人类自然信息量	10^{35} 比特	同上
5	人工信息量	10^{20} 比特	同上
6	可见宇宙中恒星数量	10^{23} 个	与阿伏伽德罗常数相当
7	地球人类细胞数量	10^{23} 个	同上
8	宇宙最大速度	30 万公里/秒	真空中的光速
9	宇宙最低温度	$-273.15℃$	绝对零度

编号	物理量	数值和单位	备 注
10	宇宙年龄	138 亿年	
11	太阳寿命	100 亿年	
12	宇宙中最多有多少个元素	138	据胡文祥推算
13	宇宙可观测尺寸与基本粒子尺寸的比率	10^{40}	电力与重力的比率，爱丁顿调和数
14	人体神经信号传递速度	288 公里/小时	
15	人体血管长度	20 万公里	
16	一个人头发	100～300 万根	
17	人类总体重	3 600 亿公斤	等于蚂蚁总重量
18	地球树木生长最高度	130 米	
19	人类最高度	338 厘米	15×15^2
20	人类最长寿命	225 年	15（生长发育期）×15（太阳系常数）= 225
21	人类某些生理指标极限	1. 心跳停止极限：　约 4 小时 2. 心跳极限：　1 分钟 220 次 3. 环境温度极限：　约 116℃ 4. 最低体温极限：　约 14.2℃ 5. 最高体温极限：　约 46.5℃ 6. 记忆体资讯极限：　约 10^{20} 7. 肾脏残存极限：　约 30% 8. 分辨气味极限：　约 3 000 种	

九、推广哲学与哲学学科群

（一）推广哲学

在自然科学、社会科学和思维科学各领域，合理推广的威力是非常巨大的，许多新概念、新学科似乎就是合理推广出来的，可称为推广哲学。下面从数、理、化三个学科举例说明之。

1. 数学猜想与推广哲学

20 世纪 90 年代之前的几个世纪以内，数学领域存在 9 大世界难题，包括：庞加莱猜想，黎曼假设，霍奇猜想，杨 - 米尔理论，P 与 NP 问题，波奇·斯温纳顿 - 戴雅猜想，纳威厄 - 斯托克斯方程，哥德巴赫猜想和费尔马大定理。60 年代，我国著名数学家陈景润将哥德巴赫猜想推进了一大步，证明了"1 + 2"。90 年代，英国天才数学家安德鲁·维尔斯证明了费尔马大定理。2006 年，我国数学家朱熹平和曹怀东教授在哈佛大学丘成桐教授的指导下，证明了庞加莱猜想。我们相信其他难题在 21 世纪内将被一个个攻克。

费尔马大定理挑战人类三个多世纪，多次震惊全世界，耗尽人类众多最杰出大脑的精力，也让千千万万业余者痴迷，终于在 1994 年被英国天才数学家安德鲁·维尔斯（Andrew J. Wiles）攻克，成为惊世传奇。1975 年安德鲁·维尔斯在剑桥大学攻读研究生，导师为他幸运选择了椭圆曲线的研究方向，掌握了他实现梦想的工具。通过数位天才数学家的努力和他自己千百次的峰回路转，终于利用"科利瓦金－弗莱切"方法证明了日本数学家谷山丰与志村五郎的猜想：每一个椭圆方程的 E－序列，都对应一个模形式的 M－序列。依据德国数学家格哈德·费赖关于谷山丰与志村五郎猜想和费尔马大定理之间的联系及肯·里贝特的证明，安德鲁·维尔斯在证明谷山丰与志村五郎猜想的基础上，用反证法显然证明了费尔马大定理。

古希腊的丢番图写过著名的《算术》一书，经中世纪的愚昧黑暗时代到文艺复兴的时候，《算术》的残本重新被发现研究，其中有关于勾股定理的描述：$X_1^2 + X_2^2 = Y^2$，西方称为毕达哥拉斯定理，我国古代科学家比西方更早就发现了这一定理。1637 年法国业余大数学家费尔马（Pierre de Fermat）在阅读《算术》时，在关于勾股数问题的页边上，写下了著名的猜想：$X_1^n + X_2^n = Y^n$ 是不能成立的（这里 $n > 2$，X_1，X_2，Y，n 都是非零整数），此猜想后来称为费尔马大定理。费尔马在书中写道：当时想到了此猜想的绝妙证明，但因为书页空白太小，无法写下。从此，费尔马大定理成为困扰人类几个世纪的数学难题。据有的数学家猜测，费尔马当时并未想到理想的证明。

费尔马大定理的最终证明是数学发展历史上的一座丰碑。如果能证明下列费尔马大定理的推广的猜想，数论的发展可能会达到一个更新的境界。

（1）$X_1^n + X_2^n = Y^n$

当 $n = 2$ 时，这就是著名的勾股定理，或西方人称为毕达哥拉斯定理。

但当 $n > 2$，X_1，X_2，Y，n 都是正整数，这个方程没有解。这就是著名的费尔马大定理。

（2）$X_1^n + X_2^n + X_3^n = Y^n$

这里 $n > 2$，X_1，X_2，X_3，Y，n 都是正整数，这个方程没有解，但有

解的可能性不能完全排除。

（3）$X_1^n + X_2^n + X_3^n + \cdots + X_m^n = Y^n$

这里 $m < n$，$n > 2$，X_1，$X_2 \cdots X_m$，Y，n，m 都是正整数。

这个方程没有解，但存在有解的可能性。

（4）$X_1^n + X_2^n + X_3^n + \cdots + X_m^n = Y^n$

这里 $n > 2$，X_1，$X_2 \cdots X_m$，Y，n，m 都是正整数。且 X_1，X_2，$X_3 \cdots X_m$ 均是非 1 的正整数。

这个方程没有解，但有解的可能性进一步增大。

上述猜想可能会较费尔马大定理容易得多，这与庞加莱猜想的情况有些类似。所谓庞加莱猜想，是指法国数学家庞加莱在 1904 年提出的一个猜想，即如果一个封闭空间中所有的封闭曲线都可以收缩成一点，那么这个空间一定是三维圆球。当我们在拜读庞加莱猜想已得到证明的消息时，我们想推广庞加莱猜想到高维的情况，结果又看到了推广的高维庞加莱猜想已于 20 世纪 60 年代和 80 年代得到了证明。

不论上述关于费尔马大定理推广猜想是否正确，其有关证明会发展许多数学方法，可望对数论相关领域的发展起重要的推动作用。推广的方法在数学领域随处可见，且给人的启发是令人难以忘怀的。

2. 波动方程与推广哲学

胡文祥早在攻读硕士研究生时期就完成并在 2003 年由科学出版社出版的《协同组合化学》第 6 章第 5 节组合理论方法中，论述了薛定谔波动力学方程由三种方法推广导出：一是从几何光学与波动光学、经典力学与某种力学之间的比较中得到；二是将一维波函数求二阶导数并推广到三维空间得到；三是从机械波驻波方程求二阶导数并利用德布罗意关系式推广到三维得到著名的薛定谔波动力学（量子力学）方程。

3. 酸碱概念与推广哲学

酸碱概念的发展充分显示了推广哲学的巨大威力。科学的酸碱概念起源于阿伦尼乌斯的电离理论 $H_2O = H^+ + OH^-$，能电离出 H^+ 的为酸，能电离出 OH^- 的为碱。酸碱的溶剂理论认为：能电离出溶剂正离子的为酸，能电离出溶剂负离子的为碱。酸碱的质子理论认为：能电离出质子的为酸，能结合质子的为碱。酸碱的电子理论认为：提供配对电子的是碱，与之结合的是酸，进一步将酸碱进行软硬分级。

胡文祥进一步推广上述酸碱概念成为轨道酸碱理论：能提供最低空轨道的是酸，能提供最高占有轨道的是碱。这一概念十分广泛，几乎囊括了所有的化学反应，无论是离子反应还是得失电子反应。例如，氧化还原反应，得电子者提供了最低空轨道，为酸；失电子者提供了最高占有轨道，为碱。这个酸碱概念广泛的有点让人吃不消。

（二）哲学学科群

哲学是关于自然、社会和思维领域普遍规律的认识，包括世界观和方法论。

我们没有系统研究过哲学如何划分为多分支学科。哲学一般可以分为唯物论、唯心论，实践论、认识论，方法论、辩证法等一系列传统哲学的学科群。

古希腊罗马哲学包括自然哲学、形而上学和伦理哲学三个阶段，为西方哲学的理性思辨和形而上学打下了传统根基。

哲学从研究对象上可分为自然哲学、社会哲学和思维哲学。它们还可以细分，例如，自然哲学从尺度上可分为宇观哲学、宏观哲学、微观哲学和渺观哲学等；从学科上可分为数学哲学、物理哲学、化学哲学、生物哲学等。

胡文祥特别建议从方法论角度建立哲学新的学科群，每一种独特的方法研究各学科所得比较普遍规律的集合，可形成一个独立的方法哲学分支学科。例如，推广哲学、组合哲学、比较哲学、分析哲学（有点像拉格朗日用微积分等分析数学的方法研究力学建立的分析力学）、归纳演绎哲学等一系列方法哲学学科群，每一个分支学科的内容都极其丰富，任何一本书都难以穷尽。事实上，早在 1923 年法国哲学家奥尔塞尔（Marson Oursel）就提出了比较哲学概念，是应用比较方法研究不同文化传统或民族文化中的哲学分支学科。

（三）十大思维方式

不像社会科学和自然科学，人类已经进行了许多研究，得到了许多规律和成果；思维科学研究者少，进展也没那么快，其规律性的总结就更少。下面提到的十种典型的思维方式对我们是有所裨益的。

1. 上帝思维

"关爱别人，受益自己。"上帝说，天堂里的居民，凡事都是这么想的，世人要是拥有爱的思维，那他无论身处何方，都是活在天堂里。

2. 司马光思维

打破，才能得生机。这，就是司马光思维的精髓所在：只有打破旧思维的桎梏，思路才会见光明。

3. 拿破仑思维

所谓拿破仑思维，就是敢想敢干，不被外界所干扰，在任何情况下，始终保持自己的主见，用自己的目光去审视世界，用自己方法去解决问题。

4. 孙子思维

孙子曰，"知己知彼，百战不殆。"这句名言，体现了一种十分可贵的思维方式，那就是：要战胜对手，就必须了解对手。

5. 亚历山大思维

它蕴涵着一种很霸气的、更值得称道的思维方式，那就是：成大事者，决不被陈规旧习所束缚。

6. 哥伦布思维

想了就要干！这，才是哥伦布思维的可贵之处，自古成功都有道，这个道，往往就是在众人认为不可能的地方闯出来的。

7. 奥卡姆思维

奥卡姆思维，就是舍弃一切复杂的表象，直指问题的本质。这种思维的可贵之处，是因为它直戳现实中的这么一种病态：今天的人们，往往自以为掌握了许多知识，喜欢将事情往复杂处想、往复杂处弄。

8. 拉哥尼亚思维

简练才是真正的丰富，只有最简单的东西才具有最大孕育性和想象空间，也才最符合"拉哥尼亚"思维法则。

9. 洛克菲勒思维

时时求主动，处处占先机，以最小的代价，求得利益最大化。这，就是洛克菲勒思维的主旨。

10. 费米思维

简单化才是最经济、最优化，费米思维是一种最简单、最省力、最准确的思维法则，具有普遍的适用性。任何问题的复杂化，都是因为没有抓住最深刻的本质，没有揭示最基本规律与问题之间最短的联系，只是停留在表层的复杂性上，反而离解决问题越来越远。最简单的往往是最合理的。

第三章
社会科学新视点

一、后共产主义时代

世纪轮换，回首千年，社会主义的诞生是 20 世纪伟大的事件之一，她极大地推动和改变了人类社会历史的发展进程。社会主义作为一类社会形态，已有近 500 年的历史。在这 500 年中，社会主义并非停滞不前而是不断发展，不断出现新的形态，不断适应世界环境和局势的变化，不断遇到重大挫折，不断在不同的国家展现出不同的特色。其历史发展可以分为两个重要阶段。

第一阶段，空想社会主义阶段：在马克思主义产生以前，社会主义作为人们的一种美好的理想，以空想的形式在世界上存在。这个阶段的代表人物是莫尔和欧文，前者于 1516 年写了《乌托邦》一书，后者于 1844 年写了《新道德世界》一书。他们抨击资本主义社会的贪婪，对未来理想社会做了详细的描绘。他们也看到了资本主义制度灭亡的必然，但无法找到通向理想社会的道路。莫尔还曾建立了一个"乌托邦"村，用以实验他的改造社会的理想，但由于一切努力都是建立在空想而不是科学基础上的，空想的社会主义必然以失败告终。

第二阶段，空想社会主义之后，无政府主义、马克思主义和社会民主主义从不同的侧面对其理论和实践都做出了发展，弥补了空想社会主义的某些不足。

无政府主义主要活跃于第一国际时期（1864~1876 年），第二国际时期（1889~1916 年）开始衰退，第三国际时期（1919~1943 年）则基本消失。无政府主义者抨击资本主义的各种弊病，认为这些弊病的产生是由于国家和政府的存在。认为政府是一种强制力量，造成人们的屈从，而屈从是产生一切邪恶的根源。人们只应受自己意志的支配。必须立即废除一切国家，建立一个以个人自由联合为基础的、以小生产者为主体的、不设立国家政府的绝对自由社会。在实践上，无政府主义可以分为社会改良和恐怖破坏两派，他们提出"自由即至善"的口号，认为个人自由高于组织纪律，个人意志高于集体意志，个人利益高于集体利益，个人自由产生了社会秩序而不是社会秩序给人们以自由。

马克思主义又可以叫共产主义。马克思分析了社会的阶级划分和社会的发展方向，提出人类社会必然走向共产主义的理论。20 世纪初，发展自马克思主义的列宁主义，主张通过暴力革命的手段，武装夺取政权。1848年，以《共产党宣言》的诞生为标志，社会主义也由空想变成了科学，社会主义也由理论变成了现实。欧洲风起云涌的工人运动，使无产阶级革命越来越成为可能。1917 年，随着"阿芙乐尔"号巡洋舰上的隆隆炮声，人类历史上第一个社会主义国家在俄国诞生了。苏联无产阶级政权和社会主义制度的建立，使社会主义也由理想变成了现实。第二次世界大战以后，社会主义由一国实践变成了多国实践，并形成了社会主义阵营，从而结束了资本主义一统天下的局面。

社会民主主义主要活跃于第二国际时期（1889～1916 年）、第三国际时期（1919～1943 年）也称共产国际到现在，1951 年又改称民主社会主义，是以伯恩斯坦为鼻祖的近现代工人运动中流行的一种非马克思主义的、改良主义的政治思潮，是各国社会民主党、社会党和工党的思想体系。社会民主主义继承了近代西方自由民主主义和社会主义的传统，并力图把两者结合起来。它强调不仅要争取和扩大传统自由民主主义在政治上的成果，而且要解决资本主义发展带来的一系列社会问题，如剥削、贫困、失业等。它对自由放任的资本主义和垄断的资本主义持否定态度，要求按社会主义原则改造资本主义社会，但反对把暴力和革命作为社会变革的工具。民主社会主义主张意识形态多元化，拒绝把任何一种思想体系作为唯一真理，反对把马克思主义作为指导思想；它放弃马克思主义的阶级斗争和无产阶级专政理论，主张通过议会道路，平稳地进行社会变革；它放弃无产阶级政党的领导，把无产阶级政党改变为人民党，主张实行多党制。其目标是走第三条道路，具体内容是实现自由、平等、正义和互助。它几乎承认所有自由主义和民主主义的基本价值，把自由和民主作为社会主义的本质特征，主张扩大自由民主权利。同时，它坚持政治民主必须与经济民主和社会民主结合起来，要求建立一种在社会监督之下的经济制度，通过将关系国计民生的部分企业收归国有、国家限制和调节私人资本、实行福利国家政策、工人参加企业管理等措施，使经济为全社会服务。保障人民的社会权利，消除性别、社会集团、城乡、地区和种族之间的歧视。20 世纪 80 年代末以来，随着东欧局势急剧变化和苏联的解体，社会民主主义的影响进一步扩展。

社会主义最经典的范例就是苏联模式，苏联模式的社会主义经过近半个多世纪的发展，并没有充分显示出自身的优越性，反而陷入僵化和教条的桎梏而裹足不前。与此同时，资本主义势力纠集在一起，对社会主义国家发动"和平演变"，进行经济战、政治战和文化战，终于在 20 世纪还剩下不到 10 年的时候，在国内外复杂因素的作用下，苏联解体，东欧剧变，国际共产主义运动遭受了有史以来的最大挫折。但却不能由此断言社会主义已经彻底完全地被挫败了。

我们一直相信社会主义能取得最后的胜利，并孜孜不倦地学习马列主义、毛泽东思想、邓小平理论、"三个代表"重要思想和科学发展观，十分崇敬马克思关于共产主义社会的伟大构想。胡文祥早在 20 世纪 80 年代中期，在中国科学院上海有机化学研究所攻读博士学位时，一直在思考共产主义社会之后是什么样子？总感觉到"按需分配"可能还没到达最高境界，因此在中国科学院上海干部进修学院上课时就提出过"后共产主义时代"的概念，当时这一概念还比较模糊。只是认为到那个时代，人类一定能无限快乐的工作和生活。当人类迈过 2000 年门槛进入 21 世纪后，这一概念在他的脑海里逐渐清晰起来，并在多种场合（包括全国学术会议）演讲时，讲到这一概念。为了大家理解这一概念，他还用分配制度的历史沿革和发展趋势来描绘后共产主义时代（见表 3 - 1），许多人觉得有意思。但有一次有一位同学提问："胡教授，共产主义都十分遥远、十分渺茫，您怎么还研究后共产主义时代？"当时胡教授幽默地回答：月亮离我们远不远，人类不也成功登月了吗？火星离我们遥远不遥远，不是开始探测了吗？遥远并不能阻止人类思考的利剑和探索的步伐！当然，要实现共产主义并到达后共产主义时代是有条件的：物质极大丰富（或极其贫乏）这是基本条件，另一个自然制约因素就是太阳的年龄，太阳熄火了、地球就会发生大灾，人类在地球上无法生存。

表 3 - 1　社会发展进程与后共产主义时代特征

(The social development progress and characteristics of post - communist era)

	社会进程	心理形态	社会形态	分配制度	参考年代或预测期限
1	原始社会	无权幸福	胶态社会	原始共享	公元前 23 世纪之前
2	奴隶社会	有权幸福	固态社会	按奴隶主意志分配	公元前 22 ~ 4 世纪
3	封建社会	有权幸福	固态社会	按地分配	公元前 3 世纪 ~公元后 18 世纪
4	资本主义社会初级阶段	有权幸福	液态社会	按劳分配	19 ~ 20 世纪
5	资本主义社会高级阶段	有钱幸福	液态社会	按资分配	20 ~ ? 世纪
6	社会主义社会初级阶段	有权幸福	液态社会	按劳分配	19 ~ 21 世纪
7	社会主义社会高级阶段	有钱幸福	液态社会	按资分配	22 ~ ? 世纪
8	共产主义社会	无权幸福	气态社会	按需分配	最迟 10 亿 ~ 20 亿年后
9	后共产主义时代	无钱幸福	等离子态社会	无需分配	最迟 30 亿 ~ 40 亿年后

注释:

① 人类社会诞生之日不可能一下子过渡到原始共产社会，而应该经历一个相当长的历史时期，这一时期不妨称为"原生态社会"，原生态社会高峰期即到达原始共产社会，此时，人类合作的精神已大大加强，可能对应于波斯尼亚、古埃及和玛雅金字塔文明。原始共产社会末期，可能经历了某种自然或社会灾变，开始了奴隶社会。

② 耕田可能是家庭与私有制起源的根基。原始人靠狩猎生活，每天追着猎物跑，从一个山头到另外一个山头，天黑了，就随地或找回老窝睡一觉。耕田就不一样了，在田边搭个棚子，某些人可以住进去，就形成了家庭，开启了固态社会，家庭导致了私有制的起源。

③ 液态社会自蒸汽机工业革命始。

④ 共产主义社会之前可能存在一个相当长的第三状态或过渡状态社会。

⑤ 恩格斯曾经指出：绝对的分明和无条件的界限是不存在的。人类社会历史沿革中，可能存在许多过渡状态，可能不对应于上述表格中的任何一种社会形态。

　　天体物理学和宇宙学的知识已经告诉我们实现共产主义和后共产主义时代的时间表，即太阳系的寿命不超过 100 亿年，现已过去了 50 亿年，太阳系已"人到中年"，还有 50 亿年的漫长路程。说遥远，其实并不十分遥远；说不遥远，其实比较遥远。美国科学家最新发现，距地球 600 光年有一颗行星类似于地球生态系统，目前人类的寿命和技术还不能太空移民至该星球。倘若要移民到该星球，人类的寿命需要 1 000 年，在路上花几百年时间，到了该星球再生活几百年。

　　19 世纪，俄罗斯"航天之父"康斯坦丁·齐奥尔科夫斯基在给《航空评论》杂志的信中写下这样一句名言："地球是人类的摇篮，但是人类不能永远躺在摇篮里，而会不断探索新的天体和空间，开始他将小心翼翼地穿出大气层，然后便去征服太阳系，之后便是整个宇宙。"德国航天先驱奥伯特曾在致齐奥尔科夫斯基的信中说："您已经点燃了火炬，我们绝不会让它熄灭。让我们尽最大的努力，以实现人类最伟大的梦想。"

回顾宇宙过去的历史，奥妙无穷，波澜壮阔；展望宇宙发展的未来，变化莫测，惊心动魄……就太阳而言，它已经走过了灿烂辉煌的50亿个春夏秋冬，现正迈入比较稳定的中壮年时期，再过50亿年，它将放尽最后一丝余晖、苍凉熄灭。在此之前，必须聚全人类的智慧、能源和力量，倒逼人类进入后共产主义时代，全世界、全人类一盘棋，依依不舍地离开我们美丽的地球家园，飞向太空，飞到遥远的类地行星，带着人类的DNA，在那里繁衍生息，重建美好生活，再创世界文明，重复着地球昨天的故事……

二、需求价值论

（一）劳动价值论和剩余价值论

亚当·斯密在《国富论》里还提出两个引人注目的观点：一是人的行为都受自身利益的支配，追求财富仅是一种表现，这种个人致富的欲望对社会福利有益，因为一个社会只有放手让每个人富裕起来，它本身的繁荣才有保证；二是现代工业的发展以严格的劳动分工和增加资本积累为先决条件。然而，亚当·斯密的主要贡献是他的劳动价值理论。他指出，任何生产部分的劳动都能创造价值，商品价格是生产该项商品时所投入的劳动量决定的。他说："劳动是价值的普遍尺度和准确尺度，换言之，只有劳动能在一切时代、一切地方比较各种商品的价值"。

只有亚当·斯密的劳动价值论，才让商品交换成为可能，有力推动了商品社会的快速发展。

马克思说："剩余价值是雇佣工人创造的被资本家无偿占有的超过劳动力价值的价值。"剩余价值论深刻揭示了资本主义社会发展的本质规律。马克思的另外两大贡献是创立了辩证法和唯物主义，所以恩格斯说："正如达尔文发现生物界进化规律一样，马克思发现了人类历史的发展规律。"马克思是社会学的"达尔文"，经济学的"牛顿"。这位生活在贫困之中的伟人给世界带来了消灭贫困的希望。

（二）需求价值论

胡文祥在学习劳动价值论和剩余价值论的基础上，提出了"需求价值论"的新概念。在胡博士的需求价值论里面，甲的 100 元钱价值不等于乙的 100 元钱，比如说一位病危癌症病人尚欠 100 元钱才能住院急救，此时此刻这 100 元钱就不只值 100 元，是救命钱，可能超过千元、万元。再比如，一棵白菜，在不同季节、不同地方，其价值不一样，主要由供求关系决定。也就是说需求产生价值、需求衡量价值、需求决定价值，这就是为什么共产主义社会是"按需分配"、后共产主义时代是"无需分配"，其中的奥妙就在"需求"二字。需求也可以自然而然的产生，也可以被诱导派生或衍生出来，不管怎么来，需求可以产生价值，这就是需求价值论的一个重要观点。用需求价值论可以阐明其他理论难以说明的现代博彩业的兴起、发展和繁荣。

三、信息经济学

19 世纪英国威灵顿公爵在滑铁卢大败法国拿破仑军队，英法战争局势逆转。滑铁卢之战在英国的投资市场上产生了两个富豪：其中一个是英国商人罗斯柴尔德。罗斯柴尔德，人称罗思财，人如其名，深知生财之道，在大战将起之时已预先布置手下在战场附近收集信息。英军获胜后，他的手下从战场用白鸽将英军胜利的消息第一时间传递给在伦敦的罗斯柴尔德，罗斯柴尔德立刻大量抛售政府债券，引起股市一阵跟风，以致几小时后债券跌至 5%，此时罗斯柴尔德迅速又大量买进政府债券。不久，股市暴升，罗斯柴尔德果真发了大财。

罗斯柴尔德成功的关键是在信息传递不畅的时代获取信息能够快人一步。但是在当代通信技术发达，即时信息瞬间传遍全球、世界日益变成"地球村"的条件下，罗斯柴尔德的优势已经不复存在。需要指出的是，罗斯柴尔德虽靠信息取胜，但他当时所获的绝非"内幕消息"，而是公开的信息。如果有人因此得出结论，说要千方百计打听"内幕消息"，则犯了投资中的大忌——如果英国人告诉你的"内幕消息"是英国将获胜，法国人更加自信地告诉你他们一定能赢，你该怎么办？在不成熟市场，如中国股市，所谓的"内幕消息"最容易带有主观因素并受人操控；在成熟市场中获取"内幕消息"，并据此操作获利，更加会被监管当局检控而获罪。

另一个人是著名经济学家大卫·李嘉图。英国政府为了筹措战争经费，在 1815 年的滑铁卢之战前几天发行了一笔巨额债券，数额之大，竟超过当时英国经济总量的 10%。那时拿破仑屡战屡胜，不可一世，人们担心英国会战败，因此债券虽然以低于面值 13% 的价格发行，但认购并不踊跃。李嘉图没有派人去战场，但他精心研究了英法双方的对阵形势，并做出英国极可能获胜的大胆判断。于是李嘉图倾尽所有购入便宜的政府债券。英国战胜后，这一批政府债券立刻飙升超过面值，李嘉图获利近百万英镑。有意思的是，李嘉图事前曾将购买债券的"贴士"告诉他的好友——著名人口经济学家马尔萨斯（曾写下不朽名著《人口论》），马尔萨斯在他的鼓动下也小心翼翼地买入了 5 000 英镑的"货"。但马尔萨斯担心英国战败自己会血本无归，因而彻夜难眠，第二天就急匆匆把"货"卖掉了，白白失去了发财良机。第二年，李嘉图就宣布从股市上退休，从此潜心从事经济理论研究，成为名垂青史的大经济学家。如今，他曾经赚取的金钱早已不在，但是他经济学上的光辉思想依然照耀着一代又一代的经济学人。

李嘉图的做法在当代我们可以称为基本面分析。不过，我们应该注意到一个事实，就是李嘉图当初的分析对象是战争，而不是经济学问题。在这种分析中他唯一需要知道的经济学知识就是——如果英国获胜，英国国债的价格会上升，这一点"地球人都知道"。那么李嘉图为什么会赢呢？这得益于他还有过人的军事知识。李嘉图并不是一个关在象牙塔中整天玩弄高深经济理论的人，他在发财之前所做的工作是在股票市场做中介，帮助客户进行买卖，相当于现在的"红马夹"，有着丰富的投资实战经验。加上他的宏观视野以及广博知识，所以能够做出正确的判断。经济学本来就是一种经世济用之学，需要研究者"入世"亲尝个中滋味，然后再"出世"进行总结和判断，用句通俗的话来说，就是"从群众中来，到群众中去"。如今一些研究学问的人以"出世"为荣，研究内容严重脱离实际，是不可取的。

这就是胡文祥研究总结过的所谓"信息经济学"。罗斯柴尔德快速获得信息、李嘉图正确判断出"信息"，是他们致富的根本法宝。

四、非传统经济学

（一）不厚道经济学

据《北京晚报》报道，我们这代在计划经济中长大的人，脑子里大多有这么一种印象：经济的发展，往往要付出道德的代价。比如，农村人比较淳朴，城里人比较刁滑。许多人甚至把当今的世风日下归咎于不良的外来影响。像美国这样的资本主义国家，自然是纸醉金迷、尔虞我诈。开放太快，对那些腐败没有免疫力，自然会有今不如昔之叹。后来阴差阳错，我在美国生活了十几年，在日本生活了一年，并且养了孩子。按我那套老道理，这些发达的资本主义国家应该到处是陷阱。可事实上，有些方面还是值得我们学习和借鉴的。

先从出国留学的第一步开始。中国学生最初拿到的不过是一封信，上面有研究院院长和系主任的签字，告诉你被录取了，而且有多少奖学金等，连公章都没有。

当年妻子拿着这封许诺了几万美元奖学金的信时，岳父不免忧心忡忡："就凭这么一张纸，你就去个举目无亲的地方。人家骗你怎么办？"可是，几乎所有的留学生都是这么出去的。一次和耶鲁的一位院长谈话，发现他竟然从来没有见过自己的博士学位证书（毕业那年忙，没有参加毕业典礼，事后也没有去领证书）。他一路的学术生涯，从来不需要向雇他的单位证明自己是博士。有时看到国内招聘，竟要博士学位证明等，觉得实在奇怪。你到美国的大学申请工作，信上说一下自己的学术背景就行，哪里有让你开证明的道理？

美国人是轻信，还是诚信？我们不妨再看看人家的日常社会生活。我没有车之前，很难外出购物，许多东西都是网上订，信用卡付款。到时候，人家把东西寄来，往你家门口一扔就走。有的按个门铃，告诉你东西来了。你出门时，人已经走了。有时候，送的东西100美元左右，也是这么大大咧咧。你不放心吗？那就挂号好了，不过一下子运费就贵好多，除非是贵重物品，谁会花这个钱？再说，这么多年我都是如此，从来没有出过差错。最不靠谱的，大概就是在亚马逊网上订旧书了。我的几十次订购中，竟有两三次书没有到。通过电子邮件告诉人家没有收到书，对方二话不说，钱就退回来了，还要向你道歉。

再看日本，虽然知道人家发达，但真去那里，觉得实在平常。那些高楼大厦，大概已经赶不上北京或上海的气派了。不过，人家的无人驾驶列车还是让我惊异不已。这倒不是技术上有什么了不起，而是没有人管的秩序。首先车上干干净净，人多时依然秩序井然。再就是入口处，大家从自动卖票机买票，自动检票处仅有一根低低的横杆。如果你不检票，横竿就不会抬起来放你过去，但一步就可以迈过去，孩子一低头也能钻过去。有时站上冷清起来，四周无人，还有买票的必要吗？但是，这样无人经营，多少年也无问题。想想看，这并不仅仅是道德、诚信的问题，也是经济效率的问题。网上订货，东西一般就几十块钱，如果挂号，邮费一下子就涨了几块，你不得不三思而后行，许多东西就不买了，商家的销售量也会锐减。日本是个严重老龄化、机器人最多的社会。你要多几个心眼，那些机器或者机器人还不都被你给糊弄了？像你这样的"聪明人"一多，人家的社会就得处处加岗，还哪里找得到劳动力干正经事呢？

那么，是不是要信奉"衣食足而知荣辱"的古训，把目前的一切都归于我们太穷、要不择手段争夺经济资源呢？我看也未必。我台湾的亲友说：台湾有大量劳务进口。菲佣、泰佣、印尼佣到处都是。那些台湾的老太太们彼此议论纷纷：东南亚来的这些女孩子，不管哪国的，就是靠得住，钱可以交给她，用不着担心人家做手脚，像是一家人。

驻不发达国家的大使馆，要做围栏，还要派警卫，成本多高啊。而美国则不然，所有驻美国的使馆都没有这些，这样不经济多了吗？

可见经济发展并不需要一个社会为之付出道德代价。相反，经济发展要为道德沦丧埋单。人不厚道、爱占人家便宜，社会就草木皆兵，结果进个图书馆也被人像贼一样盯着。这样我们经济运行的交易成本要多高？比如中国的网上购物，不管技术上怎么先进，最终在送货这个环节上，还是没有人家那种"门口一扔"的效率。中国一些人不厚道，经济腾飞不起来。我们现在的成就，其实还是低起点上的辉煌。以后在高起点上竞争，处处的成本都要精打细算。道德沦丧带来的交易成本的提高，就像是高利率、高油价一样，最终会成为经济发展的沉重负担。

（二）打架经济学

打架这件事，南北大不同。南方人光说不练，北方人打了再说。这事不新鲜，地球人都知道。不过，其深层原因何在？据观察，关键在于两地的价值观不同。一句话，北方人好面子，南方人重里子；北方是耻感文化，南方是实利文化。

在杭州街头，曾看到两个中年男人吵架，翻来覆去就骂一句话——"你弄不灵清"，都怒不可遏，让我百思不得其解。后来才明白了，"弄不灵清"在南方语境里是个涉及人的根本价值的严重问题。

说到底，"弄灵清"是个成本算计问题。有次坐在出租车上，听司机大佬在电话里教训小弟。小弟大概是外面受了侮辱，电话里求大哥带几个人去帮他出口恶气。大哥听了两句就骂了起来："你这弄不灵清的，脑筋搭牢了是吧？你不想想打架成本多高的，医院现在比银行赚钱还狠，你打了人起码三千块医药费，误工费加上营养费至少三千块。万一你再下手重了，把人腿打折了、胳膊打断了，你肯定花钱就过万了。警察来了，再把你一拘留，工作肯定就丢了，你就连生活费都没有了。你说划算不划算？你自己看这架还要不要再打回来？"

这番"打架成本核算"彻底把我给算傻了。估计电话那头热血沸腾的小弟也被算得"弄灵清"了吧。我在副驾驶座上向司机大佬表达了敬仰，他也点上根香烟，开始给我上课："兄弟，打架从来都是打钱啊。你们北方人古代打到南方来干吗？不就是抢东西、抢女人嘛。现在美国人在沙漠里打来打去干吗？不就是抢石油嘛。打架不能瞎打，得判断形势。"

后来，见识了判断得清形势的打法。场面如下：一男在娱乐场所单挑了另一男，打破对方头。该被打男迅速召集十余同伙，在门外堵截作群殴之势。打人男一看敌众我寡，当即做出反应，只见他一手持啤酒瓶，另一手平推向前作暂停状——"大哥，稍等。我现在自己砸自己，你看行不行？"说罢，酒瓶直接击向自己头部，只见鲜血缓缓流下。对方大哥点根烟看着对手，点头认可，此仗扯平，鸣金收兵。

再后来，本城街头巷尾到处贴上了"打架的成本"宣传画，内容如下：打架直接成本＝5至10天拘留＋500元至1 000元罚款＋至少1 000元医药费等；打架附加成本＝心情低落郁闷＋名誉形象受损＋家人朋友担忧＋影响工作学习生活等；打架还可能蒙受更大损失。你看，此城号称"治安天堂"不是没有道理的，懂得成本计算相当重要。连单细胞生物草履虫，都懂得见甜就上见咸就躲，这叫"趋利避害"——人们可以用这四个字重新解释中国历史。

总之，不厚道行为尤其是打架，社会成本是很高的，故诚实社会是最经济、最节约的社会。

一般说来，谈判或以说理的方式来处理事件，成本是较低的。虽然这样有可能会耗费些时日，效率不是很高，但总成本仍然是较低的。因此，西方社会形成的契约精神是低成本的。

（三）主持正义经济学

往往做好事有成本，做坏事有代价。潘金莲与西门庆在王婆的策划下杀死武大郎后，最大的威胁是武松。所以，善后工作的关键是，要使武松回来后相信武大郎是病死的，即使怀疑，也查不出真相。要做到这一点，必须把事情做得不知不觉，瞒住所有人。

要知道，王婆是一个深通人性并特别善加利用的人。这在前面她算计西门庆、套牢潘金莲时我们就已经见识了。果然，在潘金莲毒死武大郎后，第二天早晨，虽然邻舍街坊来吊问时，明知道此人死得不明不白，却不但不敢质疑潘金莲，反而都装糊涂，用人情话安慰潘金莲，然后——各自散了！这一切都在王婆的意料之中。但她还担心一个人，那就是阳谷县殡葬协会的会长——团头何九叔。

因为何九叔是入殓师，承担着相当于今天法医的职责，他要对一个非正常死亡的人出具相关证明，并为此负责——至少，武松回来，一定会找到他了解情况。这种责任会让他不得不较真，这正是王婆担心的。

但是，西门庆不担心，他只用十两银子就搞定了何九叔。其实，何九叔不是贪十两银子，他是怕西门庆。西门庆只是用这十两银子暗示何九叔：这事是我的事。你要是不明白这个事，你就摊上事了，摊上大事了。

为什么何九叔那么怕西门庆呢？两个原因：西门庆是个刁徒，西门庆把持着官府。在封建社会，普通百姓最怕的就是两种人：流氓和贪官。

关汉卿的《窦娥冤》中，窦娥碰到的不就是流氓张驴儿和贪官桃杌吗？不就是这两种人把窦娥送上了断头台吗？读《水浒传》，常常让人联想到元杂剧。二者产生于相近的时代，同一个社会。

何九叔一验尸就断定：武大郎定是中毒身亡。何九叔大叫一声，往后便倒。王婆便道："这是中了恶，快将水来！"喷了两口，何九叔渐渐地动转，有些苏醒。王婆道："且扶九叔回家去。"

在家里，他悄悄告诉老婆："武大定是中毒身死。我本待声张起来，却怕他没人做主，恶了西门庆，却不是去撩蜂剔蝎？待要胡卢提入了棺殓了，武大有个兄弟，便是前日景阳冈上打虎的武都头，他是个杀人不眨眼的男子，倘或早晚归来，此事必然要发。"于是，急中生智，假装中邪，昏迷过去。老婆便道："如今这事有甚难处。只使火家自去殓了，就问他几时出丧。你到临时，只做去送丧，张人错眼，拿了两块骨头，和这十两银子收着，便是个老大证见。他若回来不问时，便罢。却不留了西门庆面皮，做一碗饭却不好？"可怜的武大郎，他的性命就做了何九叔夫妻的一碗饭了！

当人们主持正义却要冒砸了饭碗的风险时，人们往往选择饭碗而丢弃正义。对利害的考虑总是压过是非的判断，这是一般人性。

像何九叔这样的普通小民，心中是有是非、有良知的，但是，假如他们得不到保护，独自主持正义的成本太高，高到他们无法承受，他们只能选择沉默，并且，在沉默中成为罪行和恶人的同谋。

在非公民社会，大多数情况下，普通的芸芸众生既不具备保护自己的能力，更不具备保护他人、维护正义的能力。邪恶肆虐之时，普通人就是鲁迅先生所沉痛揭示的两种人：被糟践的示众材料和沉默不语的看客。

何九叔明明知道武大郎是被毒死的，但是，他在权衡利弊之后，选择了做沉默的看客。假如没有武松或武松永不回来，或回来后不去威逼他说出实情，他就会永远沉默，让无辜者冤沉大海！

其实只要大多数人不再沉默，我们本来无须英雄，我们可以自己救自己。英雄爆发的时候，正是大多数人沉默的时候；英雄挺身而出的时候，正是大众不敢出头的时候。因此，有"水浒"式英雄的时代，一定不是一个好时代。滋生和需要英雄侠客的世道，也一定不是一个好世道。

问题是什么把人民变成了懦夫？答案是成本核算。当一个人为了主持正义，却不得不付出不该付出的代价时，这个社会的大多数人就变成了懦夫。

（四）拇指经济学

拇指经济是指与手机短信业务相关的经济形势，用手指熟练操作手机写短信的人被称为"拇指一族"。随着移动通信业务发展，由手机短信构成的产业和市场，被称为"拇指经济"。

2003 年 2 月 1 日，美国"哥伦比亚"号航天飞机失事后不到 10 分钟，中国几十万手机用户就已经通过门户网站——新浪网以短消息的方式获知了这一重大新闻。在这一事件中，短信超越了地域、时间和电脑终端设备等的限制，几乎做到了与新闻事件同步，成为一种全新的新闻传播方式。在互联网刚刚兴起的时候，其独特的传播方式成就了其"第四媒体"的光环。如今，以个人移动终端为平台、以人机之间互动为传播方式、以海量信息和高度普及的通信网络为依托的手机短信开始迈向"第五媒体"的宝座。

短信得以荣登"第五媒体"的宝座缘其惊人的发展速度。早在 1992 年，短信就已经在英国诞生，但由于早期商业运作模式的失败，短信落地却未能生花。直至 1999 年，日本的 DoCoMo 公司推出基于 HTML 技术，与互联网联姻的移动通信模式——I-mode 模式，短信才逐步显示其市场号召力。

而在中国，由于中国移动借鉴了国外成功的运营模式，在 2000 年末推出"移动梦网计划"之后，短信市场被迅速点燃。2000 年，全国手机短信的发送量是 10 亿条，2001 年达到 189 亿条，2002 年达到爆炸性的 900 亿条，而据专家预计，2003 年超过 1 500 亿条。短信这种"火箭式"的发展速度，或许是连短信技术的发明者都难以料到的，而且，随着手机的普及和用户对短信的认可，第五媒体的发展必将越来越快，"拇指经济"将成为社会经济形态中的美丽一景。

拇指经济是体验型的经济，流行与消费是其核心表征，这主要是从它满足社会需求的角度而言，如果从生产供给的环节来说，打造流行便是拇指经济行为的主体。在这种经济行为中，营销推广环节往往要比产品与服务的生产提供更加关键，因为，流行就是一种趋势，一种经由人为传播而带动的大众兴趣爆发点，如何将好的业务产品、优质的服务成功地介绍给移动通信用户，让他们在消费体验中感受流行，进而传播流行，这既是营销的哲学，也是传播的哲学。

拇指经济的概念出现于 2003 年，却流行于 2004 年。在这里是对移动通信公司的手机短信业务的一种形象称谓，因为手机编辑收发短信要用拇指来操作才能得以实现。

在当今社会生活中，人们的生活越来越离不开手机，如今手机已远远超出点对点的语音通信功能，而具有了媒体传播的性质，短信特别是微信导致传播者和接收者距离消失，人们用拇指敲击出了一个沟通的新时代，而手机短信业务尤其微信等也成为通信领域一个新的重要经济增长点，被人们形象地称之为"拇指经济"。

（五）家庭生育经济学

瑞典皇家科学院曾将 1992 年诺贝尔经济学奖授予美国芝加哥大学经济学教授贝克尔（Gary S. Becker）博士，因为他将经济理论扩展到人类行为的研究。例如，他把经济学中的"供求定律"应用于父母是否生育子女的问题。如果子女能够提早工作，那么养育子女的费用就会减少，这也是传统的农业社会的多子女大家庭多于城市的主要原因。虽然在发展中国家农村文化落后，但农民也不自觉地运用了经济规律。如果母亲的时间越来越值钱，那么为了养育子女不去工作因而付出的代价就会增加。所以能够找到待遇优厚的工作岗位的妇女越多，每一家庭子女人数就越少，这就是发达国家生育率下降的原因。按照传统观念，经济学是研究经济关系和各种经济活动的科学，包括政治经济学、经济史和工业经济、农业经济等，但贝克尔博士打破了这种传统观念的束缚，率先将经济学的研究领域扩大到了对人类行为的研究，这不能不说是一大突破，它使经济学得到了新的发展。

（六）趣味经济学

复利的奇迹：A. 今天一次性给你 10 亿元。B. 今天给你 1 元，接下来连续 30 天每天都给你前一天两倍的钱。你选哪个？很多人选了 A。可是我们告诉你，选 B 的结果是 21.47 亿元。这道题目告诉我们，不要期望一夜暴富，起点哪怕低到仅有 1 元钱，但只要你每天多努力一点，每天进步一点，就能创造一个意想不到的奇迹。

情感经济学：如果你有 6 个苹果，请不要都吃掉，因为这样你只吃到一种苹果的味道。若把其中 5 个分给别人，你将获得其他 5 个人的友情和好感，将来你会得到更多，当别人有了其他水果时，也会和你分享。人一定要学会用你拥有的东西去换取对你来说更加重要和丰富的东西。放弃是一种智慧，分享是一种美德。

在经济学家眼中，爱情是一种具有互补效用的非耐用消费品，是实现人们幸福感的众多消费品之一。所谓"互补效用"，就是说某一产品单独存在时，价值不会太高。当另一产品出现时，彼此的价值会同时提升。以笔为例，如果只有笔而没有纸，就没有人会用笔。有了纸后，笔和纸的价值就会同时提升。

人生经济学：①身体是固定资产；②年龄是累计折旧；③爱情是无形资产；④暗恋是坏账；⑤缘分是营业外收入；⑥结婚是合并报表；⑦爱人是应付账款；⑧生活是持续经营；⑨吵架是营业损失；⑩衣服是包装费；⑪回忆是财务分析；⑫离婚是破产清算；⑬再婚是资产重组；⑭反思是内部盘点。

如何让钱进得快些：夜市有两个米线摊位，摊位相邻，座位相同。一年后，甲赚钱买了房子，乙仍无力购屋。为何？原来，乙摊位生意虽好，但刚煮的米线很烫，顾客要 15 分钟吃一碗。而甲把煮好的米线在凉开水里泡 30 秒再端给顾客，温度刚好。为客户节省时间，钱才能进得快些。

其他非传统经济学方兴未艾，包括裙摆经济学：女性裙子越短，经济越热；油价经济学：石油价格越高，要么经济过热，要么政治局势紧张，等等。

胡文祥还进一步拓展了经济学的研究对象与范围，除美女经济学、拇指经济学、眼球经济学、注意力经济学、体验经济学、粉丝经济学、移动互联网经济学和家庭生育经济学外，还包括太阳经济学、月亮经济学、行星经济学，等等，这些非传统经济学研究大大丰富了人类经济学知识宝库。

五、社会力学及心理力学

科学是人们关于规律认识的体系，研究是关于现象的解释过程。社会科学和自然科学既然都叫"科学"（只是对象不同而言，并无严格之界限，恩格斯曾经明确地指出：绝对的分明和无条件的界限是不存在的），那么许多研究方法应该是相通的、普适的，可惜的是人们人为地给它们贴上"社会科学"和"自然科学"的标签，这样分类过去虽然有利于各学科分门别类的研究，但今天却大大阻碍了科学方法原理的普遍运用，不利于学科相互渗透和横向联合以及深入发展。

早在 20 世纪 80 年代，胡文祥翻阅并研究了一些社会科学的资料和专著，总感到缺些什么，综观社会科学研究总的概况，明显看到，除了统计方法、定量方法近来已用于社会科学研究外，在自然科学研究中扮演重要角色的许多方法学基本上没有应用于社会科学。

贝克尔博士将社会科学中经济原理应用到人类行为研究上，取得了令人瞩目的成就；鲍林、海特勒和伦敦等将量子力学应用到化学分子，建立了量子化学方法研究化学键的本质；我国科学家李四光将力学应用到地质研究领域，创立了地质力学；拉格朗日用数学分析方法建立了分析力学，等等，但这都限于从社会科学到社会科学或从自然科学到自然科学之研究。胡文祥将自然科学的方法包括数学、物理学、化学、计算机科学、生物学等扩展到社会科学研究中，并取得了初步的结果。

（一）社会力学

下面仅述这个方面的一个尝试。例如，将物理学中的力学（包括经典力学、量子力学、热力学和统计力学等）分析方法应用于社会科学研究之中，产生了经济力学、政治力学、心理力学、军事力学、宗教力学、社会力学等一系列新学科（群），给人们带来社会科学研究的新思路。

与自然界里一样，在人类社会中到处存在一事物与另一事物之间的相互作用这就是"社会力"的概念，它与物理学中力的概念是类似的。研究"社会力"的作用规律就形成了社会力学，这是现有文献甚至人们的头脑中还不曾有的新概念。

如同一个系统能量变化与空间位移的比值为牛顿力 $F = dE/ds$ 的概念一样，$F = dE/dt$ 可称为爱因斯坦力，$F_心 = dE/dp$ 可称为心理力，dp 为心理（变化）位移之微分，$F = dE/dw$ 可称为社会力，dw 为社会制度的变化（位移），当然也可以是政治制度、军事制度等的变化，这时的力可称为政治或军事力。用这样的微分方程（包括非线性方程）可以建立自然科学与社会科学统一的力学体系，这个大统一力学可为解决当今自然与社会的很多难题提供基础和参考。

社会力学是一新学科群，用一本专著也难以论述完整。这里仅简述其中的几个定律，并用简单的代数方程表示，至于其微分方程等其他更复杂形势包括非线性方程及有关的基础、论证、实例就不一一说明了。

社会力学（经济力学）第一定律和第二定律：

$$\Delta\left(F_{生产力}+C\cdot F_{生产关系}\right)=m\cdot a \tag{3-1}$$

式中，Δ 为生产力和生产关系的改变程度，m 为传统惯性，a 为社会前进的加速度，C 为比例系数。此公式更完善一点是在左边加上环境力项。

式（3-1）告诉我们，当生产力和生产关系不发生改变时，社会以较恒定的速度前进（第一定律）。当生产力和生产关系之力增加时，社会加速前进（第二定律）。式（3-1）还反映了马克思主义关于生产力、生产关系影响社会发展的基本原理，当生产关系不适应生产力的发展阻碍经济腾飞时，比例系数 C 为负值，就会减慢社会发展，就需要变革生产关系。

当然环境力项的影响在许多情形下不容忽视。影响较大的罗马俱乐部增长极限的观点也许是对环境力项的过渡渲染而造成的。

社会力学第三定律，变革阻力公式

$$F=K\cdot m\cdot\Delta X \tag{3-2}$$

式中，ΔX 为一定时间内的改变程度，K 为比例系数。从这一公式可以看到：一定时间内改变程度愈大，传统习惯势力愈大，变革的阻力就愈大。我们应当响应邓小平同志的号召："胆子再大一点，步子再快一点，摸着石头过河"，勇于改革、锐意创新。不断总结经验、克服困难和阻力，把各项事业推向前进。变革阻力公式是人们践行变革的行为指南。

式（3-1）和（3-2）分别与牛顿力学定律和胡克弹性力学定律相似，这也是称之为社会力学的理由之一。

社会力学第四定律也是一条哲学力学定律，即精神对物质的反作用力等效于某个物质对精神的作用力。式中，C 为比例系数。

$$F_{神}=C\cdot F_{物} \tag{3-3}$$

社会力学第五定律，执行力与兼容性成正比。

$$F=C\cdot G \tag{3-4}$$

宋江文比不过萧让，智比不过吴用，勇比不过刘唐，武比不过林冲，凭啥能领导梁山和梁山上的 108 条好汉？其中一大原因显然是宋江拥有容人之量、识人之能、驭人之技。正因如此，他领导下的梁山 108 将才会相对王伦、晁盖，达到了空前的鼎盛。

社会力学第六定律，无数无穷小力之和会形成一个非常巨大之力。

$$F=\sum f_{无穷小} \tag{3-5}$$

在哲学上，无数次要矛盾之和超过主要矛盾之影响，就如同在高等数学中，非高阶无数无穷小之和可以超过某个确定的量一样。

在社会生活中，除了家庭、爱情之外的人与人之间的关系等次级效应对人一生有着重要影响，甚至影响正常的家庭生活和工作质量。众所周知，与同事相处时间可能超过夫妻及家庭成员相处的时间，人的思想和行动是相互影响的，受"环境"影响特别明显。俗话说："近朱者赤，近墨者黑"，就是这个道理。胡文祥在这里的言论并不是反对抓主要矛盾，恰恰相反，是要重视主要矛盾。他在这里所要强调的是，不能忽略众多的作用方向相近的次要矛盾，因为这些次要矛盾之合力往往超过了主要矛盾之影响。在化学上：分子内的次级相互作用（取代基电子效应、空间效应、范德华作用等）和分子间的相互作用（氢键效应、分子间范德华相互作用、偶极作用、色散作用、溶剂效应、微环境效应等）大大影响分子的物理性能和化学性质；药物与受体的相互作用也多为次级相互作用，一些分子的生物效应也主要由次级力决定，如蛋白质、核酸的空间构象主要由氢键和分子间力等决定；最新的三维定量药物设计方法（3D – QSAR）如比较分子场方法（CoMFA）就是建立在非键相互作用基础上的。可以这样说，现代化学包括理论药物设计学和理论分子生物学等的研究重点是次级的相互作用，这就是次级相互作用的重要意义之所在。次级相互作用具有三个显著特点：加和性（代数和）；广泛性（化学、物理学、生命起源和进化、社会科学等各个领域均存在次级相互作用）；局部的易变性、流动性，但整体接近一个常量。因此，研究社会发展规律（社会学的任务）就不可能不涉及政治、经济、军事、心理、宗教（尤其是政治、经济）等诸多方面。

社会力学第七定律，矛盾密度与人口密度成正比。

比如说：城市的矛盾大于农村，内陆的大于沿海的（尽管沿海城市人口多，但一面相对于大海，大海的广阔空间稀释了人口密度）。质朴的人之间矛盾小于狡诈人之间的矛盾。

社会力学第八定律，战争的残酷性正比于物种进化发达程度。

生物里面，最可爱的是植物。因为它们之间较少有战争，你什么时候见过三个大枣跟三个花生打起来了？它们也不以大欺小，你什么时候见到一个西瓜在揍一个苹果？它们不拉帮结伙，不刻意跟谁走得太近，也不刻意疏远谁，如果不是人类强行把一挂葡萄和一串荔枝放到一个水果盆里，它们宁肯一辈子都不见面。

动物比植物就恶劣一些了。狮子追逐斑马，蛇吞食青蛙，猫抓老鼠，老鹰捉小鸡之类，大家已司空见惯。但是，动物们只是为了活命，强大的一方，饱腹拉倒，不会一口气把所有天敌都咬死。据说一只老虎吃饱了，再扔多少东西它都不会要；弱势的一方，自认倒霉，也不会天天想着报仇。它们信奉弱肉强食，却不强调仇恨。你什么时候见一群羊开会准备报复一只狼（动画片不算数）。

人类就更恶劣了。株连九族、斩草除根、父债子还、血债血偿，都是人类的规则。他们不仅疯狂攫取，而且鸡毛蒜皮的小事都会记一辈子，让仇恨一代代延续……

对于文明社会（同一物种情形）来说，战争的残酷性反比于文明程度。但这一条定律不是很绝对，即使是发达国家，战争打红眼的时候残酷性就增加了，在这种情况下，战争的残酷性与文明程度表面上没什么关系。

（二）心理力学

心理学是介于自然科学与社会科学之间的一门学科，心理学的生理本质研究，涉及神经递质生化药理学，这属于自然科学的范畴；而心理学的社会行为研究，这属于社会科学的范畴。因此，要透彻研究心理学，自然科学与社会科学相关领域研究者必须紧密合作、大力协同、刻苦钻研，才能得到比较深刻的认识。

所谓心理力学，就是用力学分析的方法来研究心理这一复杂现象形成的交叉学科，目前处于初期的探索阶段，离成熟还有相当一段距离。

1. 心理力学第一定律

从纯理论上讲，随着生产效率的提高，人们的工作时间可以变得越来越少，会用更多的时间去享受生活。但是，事实上没人这样做。科学进步并没有缩短 8 小时工作制和延长休息日。

美国的《心理科学》杂志发表的一项研究试图解释原因：人总有一种根深蒂固的本能，会去努力赚取远超自己所需的东西，哪怕这种不平衡会令人"不快乐"。如果借助胡文祥的心理力学理论来解释，能不能把这种根深蒂固的本能，看作是惯性力，在惯性力的作用下，人类一直想工作着，这可以称为心理力学第一定律，也称心理惯性定律。

科学家们构建了一个实验来探索物质积累对人的诱惑。在第一阶段，受试者需要在一台带耳机的电脑前坐 5 分钟，选择听一段悦耳的音乐或是一段烦人的白噪音（一种很吵耳的沙沙声），如果你能听完特定时长的白噪音，便可获得一块巧克力。一部分受试者被告知，只需要听较短时间的白噪音就能得到巧克力，这部分人被称为"高收入者"，而另一部分"低收入者"则需要听较长时间的白噪音，才能获得一块巧克力——听白噪音象征努力工作，而巧克力则意味着"工资"。"高收入者"被设定成工作效率更高的人，"低收入者"则反之。

第二阶段，科学家告诉受试者，要当场吃掉获得的巧克力，吃不掉的将被收回。

结果，"高收入者"平均赚取了 10.74 块巧克力，虽然事实上他们只能吃掉 3.75 块。研究者这样形容这种情况："这是一种'盲目的积累'，明知道是浪费精力，但人们一旦开始，就停不下来。"

由于规则的缘故，"低收入者"并未赚得超出自身需要的巧克力，但他们也在努力地听白噪声，听的总时长和"高收入者"并无差别。

当然，在现实的世界里，人们赚取的是钱而不是巧克力，也没有工作时间的限制，但研究表明，即使知道明确的界限（吃不完的巧克力不能拿走），人们依然会努力赚取自己根本用不完的物质，钱就更不用说了。

2. 心理力学第二定律

在一定条件下，心理承受能力正比于生存能力。这条胡文祥归纳的心理力学定律能够圆满说明老人与儿童的相似性。这可称为心理力学第二定律。

将老人与儿童性格进行比较研究，发现有许多惊人相似之处。例如，小孩一受批评就哭，一受表扬就乐；老人更不能容忍批评，不能容忍反对意见，特别顾面子。他们的心理承受能力较小，主要是他们的生存能力较小之故。人到老年，生存能力衰退，心理承受能力也随之降低。生存能力愈强，心理承受力也就愈大，反之亦然，互为因果。有些人受到的冲击超越了其心理承受力，则会采取异常行动。有些人能经受各种磨难、痛苦，充分显示了他（她）强大的生命力（生存能力）。但是如果一位老年人，无论居住在大城市还是在偏僻的山村，心中始终有一种追求（无论是名、利或别的因素），并遇到较少的心理压力，先天性或后天性疾病又较少，加上有良好的生活习惯，该老人一定会长寿。反之，如果退休后，自己感到已无所作为，又没有很好的消遣方式，失落感十分严重，就会显出一副老态龙钟的模样，难以健康长寿。胡文祥在《比较学导论》一文中，从老人与小孩融洽相处，进一步讨论了"相似相好"原理、"同行相斥"、"相似相斥"和"相异相合"规则，以及宇宙全息律、重演律等。

3. 心理力学第三定律

心理力学第三定律，有点类似于牛顿力学的第三定律，即作用力与反作用力定律，心理的反作用力，不同于物理的反作用力，物理的反作用力与作用力始终是数量相等、方向相反；心理的反作用力往往大于作用力，只有极少数情况下小于作用力，要想建立心理反作用力的定量方程，尚需时日。

4. 心理力学第四定律

打哈欠效应。胡文祥博士在 20 世纪末发现了打哈欠效应，并写入 2003 年解放军出版社出版的《心理战与反心理战》一书中。该效应具体说来是：坐在小轿车里，有一人打哈欠，必然有另外一个人跟着打哈欠。从心理学角度讲，可能是某种心理传递在起作用。心理力的传递作用规律，可称为心理力学的第四定律。

科学家认为，一个哈欠就可以判断伴侣之间是否存在问题。英国《每日邮报》2014 年 3 月 27 日报道，意大利的科学家发现，如果你打了个哈欠，而伴侣没有迅速跟着打，那可能说明你俩的关系没有以前亲密了。

打哈欠是神经科学领域内的一个丰富研究主题，许多动物都会打哈欠，但对于它们来说，这只是一种反射现象。而对于人类而言，打哈欠是会传染的。有人打哈欠之后，其他人也会跟着打哈欠。

意大利的研究人员选取了来自四个大洲的 100 多名男女志愿者，分别在他们上班、在餐馆吃饭、患者候诊室候诊时的情况进行了观察。其中一个志愿者打了个哈欠，研究人员观察其身边半径 3 米的范围内是否有人在 3 分钟内跟着打哈欠。

分析结果显示，这种传染性没有种族和性别之分，但如果两个人关系密切，打呵欠时会很快地从第一个人传给第二个人。尤其家人、朋友和熟人之间打哈欠最有可能互相传染，熟人之间打哈欠的传染时间比陌生人打哈欠的传染时间短很多。

（三）十大心理现象

1. 鸟笼逻辑

挂一个漂亮的鸟笼在房间里最显眼的地方，过不了几天，主人一定会做出下面两个选择之一：把鸟笼扔掉，或者买一只鸟回来放在鸟笼里。这就是鸟笼逻辑。过程很简单，设想你是这房间的主人，只要有人走进房间，看到鸟笼，就会忍不住问你："鸟呢？是不是死了？"当你回答："我从来都没有养过鸟。"人们会问："那么，你要一个鸟笼干什么？"最后你不得不在两个选择中选一个，因为这比无休止的解释要容易得多。鸟笼逻辑的原因很简单：人们绝大部分的时候是采取惯性思维。可见在生活和工作中培养逻辑思维是多么重要。

2. 破窗效应

心理学的研究上有个现象叫作"破窗效应"，就是说，一个房子如果窗户破了，没有人去修补，隔不久，其他的窗户也会莫名其妙地被人打破；一面墙，如果出现一些涂鸦没有清洗掉，很快地，墙上就布满了乱七八糟、不堪入目的东西。一个很干净的地方，人会不好意思丢垃圾，但是一旦地上有垃圾出现之后，人就会毫不犹疑地丢，丝毫不觉羞愧。这真是很奇怪的现象。心理学家研究的就是这个"引爆点"，地上究竟要有多脏，人们才会觉得反正这么脏，再脏一点也无所谓，事情究竟要坏到什么程度，人们才会自暴自弃，让它烂到底。任何坏事，如果在开始时没有阻拦掉，形成风气，改也改不掉，就好像河堤，一个小缺口没有及时修补，就可以出现崩坝，造成无法挽回的损失。

犯罪其实就是失序的结果。纽约市在20世纪80年代的时候，真是无处不抢，无日不杀，大白天走在马路上也会害怕。地铁更不用说了，车厢脏乱，到处涂满了污言秽语，坐在地铁里，人人自危。但后来纽约的市容和市誉提升了不少，一个已经向下沉沦的城市，竟能死而复生，向上提升。一位犯罪学家阐释，原来纽约市用的就是过去书本上讲的破窗效应的理论，先改善犯罪的环境，使人们不易犯罪，再慢慢缉凶捕盗，回归秩序。

当时这个做法虽然被人骂为缓不济急，"船都要沉了还在洗甲板"，但是纽约市还是从维护地铁车厢干净着手，并将不买车票白搭车的人用手铐铐住排成一列站在月台上，公开向民众宣示政府整顿的决心，结果发现非常有效。警察发现坏人果然不会在比较干净的场合犯罪，又发现抓逃票很有收获，因为每七名逃票的人中就有一名是通缉犯，二十名中就有一名携带武器，因此警察愿意很认真地去抓逃票。这使得歹徒不敢逃票，出门不敢带武器，以免得不偿失、因小失大。这样纽约市就从最小、最容易的地方着手，打破了犯罪环结（chain），使这个恶性循环无法继续下去。

3. 帕金森定律

英国著名历史学家诺斯古德·帕金森通过长期调查研究，写出一本名叫《帕金森定律》的书。他在书中阐述了机构人员膨胀的原因及后果：一个不称职的官员，可能有三条出路，第一是申请退职，把位子让给能干的人；第二是让一位能干的人来协助自己工作；第三是任用两个水平比自己更低的人当助手。这第一条路是万万走不得的，因为那样会丧失许多权利；第二条路也不能走，因为那个能干的人会成为自己的对手；看来只有第三条路最适宜。于是，两个平庸的助手分担了他的工作，他自己则高高在上发号施令，他们不会对自己的权利构成威胁。两个助手既然无能，他们就上行下效，再为自己找两个更加无能的助手。如此类推，就形成了一个机构臃肿，人浮于事，相互扯皮，效率低下的领导体系。

4. 责任分散效应

1964年3月13日夜3时20分，在美国纽约郊外某公寓前，一位叫朱诺比白的年轻女子在结束酒吧间工作回家的路上遇刺。当她绝望地喊叫："有人要杀人啦！救命！救命！"听到喊叫声，附近住户亮起了灯，打开了窗户，凶手吓跑了。当一切恢复平静后，凶手又返回作案。当她又叫喊时，附近的住户又打开了电灯，凶手又逃跑了。当她认为已经无事，回到自己家上楼时，凶手又一次出现在她面前，将她杀死在楼梯上。在这个过程中，尽管她大声呼救，她的邻居中至少有38位到窗前观看，但无一人来救她，甚至无一人打电话报警。这件事引起纽约社会的轰动，也引起了社会心理学工作者的重视和思考。人们把这种众多的旁观者见死不救的现象称为责任分散效应。

对于责任分散效应形成的原因，心理学家进行了大量的实验和调查，结果发现：这种现象不能仅仅说是众人的冷酷无情，或道德日益沦丧的表现。因为在不同的场合，人们的援助行为确实是不同的。当一个人遇到紧急情境时，如果只有他一个人能提供帮助，他会清醒地意识到自己的责任，对受难者给予帮助。如果他见死不救会产生罪恶感、内疚感，这需要付出很高的心理代价。而如果有许多人在场的话，帮助求助者的责任就由大家来分担，造成责任分散，每个人分担的责任很少，旁观者甚至可能连他自己的那一份责任也意识不到，从而产生一种"我不去救，由别人去救"的心理，造成"集体冷漠"的局面。如何打破这种局面，这是心理学家正在研究的一个重要课题。

5. 晕轮效应

俄国著名的大文豪普希金曾因晕轮效应的作用吃了大苦头。他狂热地爱上了被称为"莫斯科第一美人"的娜坦丽，并且和她结了婚。娜坦丽容貌惊人，但与普希金志不同道不合。

当普希金每次把写好的诗读给她听时。她总是捂着耳朵说："不要听！不要听！"相反，她总是要普希金陪她游乐，出席一些豪华的晚会、舞会，普希金为此丢下创作，弄得债台高筑，最后还为她决斗而死，使一颗文学巨星过早地陨落。

在普希金看来，一个漂亮的女人也必然有非凡的智慧和高贵的品格，然而事实并非如此，这种现象被称为晕轮效应。所谓晕轮效应，就是在人际交往中，人身上表现出的某一方面的特征，掩盖了其他特征，从而造成人际认知的障碍。在日常生活中，"晕轮效应"往往在悄悄地影响着我们对别人的认知和评价。

比如有的老年人对青年人的个别缺点，或衣着打扮、生活习惯看不顺眼，就认为他们一定没出息；有的青年人由于倾慕朋友的某一可爱之处，就会把他看得处处可爱，真所谓"一俊遮百丑"。晕轮效应是一种以偏概全的主观心理臆测，其错误在于：第一，它容易抓住事物的个别特征，习惯以个别推及一般，就像盲人摸象一样，以点代面；第二，它把并无内在联系的一些个性或外貌特征联系在一起，断言有这种特征必然会有另一种特征；第三，它说好就全都肯定，说坏就全部否定，这是一种受主观偏见支配的绝对化倾向。

总之，晕轮效应是人际交往中对人的心理影响很大的认知障碍，我们在交往中要尽量地避免和克服晕轮效应的副作用。

6. 霍桑效应

心理学上的一种实验者效应。20世纪二三十年代，美国研究人员在芝加哥西方电力公司霍桑工厂进行的工作条件、社会因素和生产效益关系实验中发现了实验者效应，称霍桑效应。实验的第一阶段是从1924年11月开始的工作条件和生产效益的关系，设为实验组和控制组。结果不管增加或控制照明度，实验组产量都上升，而且照明度不变的控制组产量也增加。另外，还实验了工资报酬、工间休息时间、每日工作小时数和每周工作天数等因素，也看不出这些工作条件对生产效益有何直接影响。

第二阶段的试验是由美国哈佛大学教授梅奥领导的，着重研究社会因素与生产效率的关系，结果发现生产效率的提高主要是由于被实验者在精神方面发生了巨大的变化。参加试验的工人被置于专门的实验室并由研究人员领导，其社会状况发生了变化，受到各方面的关注，从而形成了参与试验的感觉，觉得自己是公司中重要的一部分，从而使工人从社会角度方面被激励，促进产量上升。

这个效应告诉我们，当同学或自己受到公众的关注或注视时，学习和交往的效率就会大大增加。因此，我们在日常生活中要学会与他人友好相处，明白什么样的行为才是同学和老师所接受和赞赏的，我们只有在生活和学习中不断地增加自己的良好行为，才可能受到更多人的关注和赞赏，也才可能让我们的学习不断进步，充满自信！

7. 习得性无助实验

习得性无助效应最早由奥弗米尔和西里格曼发现，后来在动物和人类研究中被广泛探讨。简单地说,很多实验表明,经过训练,狗可以越过屏障或从事其他的行为来逃避实验者加于它的电击。但是,如果狗以前受到不可预期(不知道什么时候到来)且不可控制的电击(如电击的中断与否不依赖于狗的行为),当狗后来有机会逃离电击时,他们也变得无力逃离。而且,狗还表现出其他方面的缺陷,如感到沮丧和压抑,主动性降低,等等。

狗之所以表现出这种状况,是由于在实验的早期学到了一种无助感。也就是说,它们认识到自己无论做什么都不能控制电击的终止。在每次实验中,电击终止都是在实验者掌控之下的,而狗会认识到自己没有能力改变这种外界的控制,从而学到了一种无助感。

人如果产生了习得性无助,就会出现一种深深的绝望和悲哀。因此,我们在学习和生活中应使自己的眼光再开阔一点,看到事件背后的真正的决定因素,不要使自己陷入绝望。

8. 证人的记忆

证人,在我们的认识里,通常都是提供一些客观的证据的人,就是把自己亲眼看到、亲耳听到的东西如实地讲出来的人。然而,心理学研究证明,很多证人提供的证词都不太准确,或者说是具有个人倾向性,带着个人的观点和意识。证人对他们的证词的信心并不能决定他们证词的准确性,这一研究结果令人感到惊讶。心理学家珀费可特和豪林斯决定对这一结论进行更深入的研究。为了考察证人的证词是否有特别的东西,他们将证人的记忆与对一般知识的记忆进行了比较。

他们让被试者看一个简短的录像,是关于一个女孩被绑架的案件。第二天,让被试者回答一些有关录像内容的问题,并要求他们说出对自己回答的信心程度,然后做再认记忆测验。接下来,使用同样的方法,内容是从百科全书和通俗读物中选出的一般知识问题。和以前发生的一样,珀费可特和豪林斯也发现,在证人回忆的精确性上,那些对自己的回答信心十足的人实际上并不比那些没信心的人更高明,但对于一般知识来说,情况就不是这样,信心高的人回忆成绩比信心不足的人好得多。

人们对于自己在一般知识上的优势与弱势有自知之明,因此倾向于修改他们对于信心量表的测验结果。一般知识是一个数据库,在个体之间是共享的,它有公认的正确答案,被试者可以自己去衡量。例如,人们会知道自己在体育问题上是否比别人更好或更差一点。但是,目击的事件不受这种自知之明的影响。例如,从总体上讲,他们不大可能知道自己比别人(例如,在记忆事件中的参与者头发颜色方面)更好或更差。

9. 虚假同感偏差

我们通常都会相信，我们的爱好与大多数人是一样的。如果你喜欢玩电脑游戏，那么就有可能高估喜欢电脑游戏的人数。你也通常会高估给自己喜欢的同学投票的人数，高估自己在群体中的威信与领导能力，等等。你的这种高估与你的行为及态度有相同特点的人数的倾向性就叫作"虚假同感偏差"。有些因素会影响你的这种虚假同感偏差强度：当外部的归因强于内部归因时；当前的行为或事件对某人非常重要时；当你对自己的观点非常确定或坚信时；当你的地位或正常生活和学习受到某种威胁时；当涉及某种积极的品质或个性时；当你将其他人看成与自己是相似时。

10. 罗森塔尔效应

美国心理学家罗森塔尔等人于 1968 年做过一个著名实验。他们到一所小学，在一至六年级各选三个班的儿童进行煞有介事的"预测未来发展的测验"，然后实验者将认为有"优异发展可能"的学生名单通知教师。

其实，这个名单并不是根据测验结果确定的，而是随机抽取的。它是以"权威性的谎言"暗示教师，从而调动了教师对名单上的学生的某种期待心理。8 个月后，再次智能测验的结果发现，名单上的学生的成绩普遍提高，教师也给了他们良好的品行评语。

这个实验取得了奇迹般的效果，人们把这种通过教师对学生心理的潜移默化的影响，从而使学生取得教师所期望的进步的现象，称为"罗森塔尔效应"，习惯上也称为皮格马利翁效应（皮格马利翁是古希腊神话中塞浦路斯国王，他对一尊少女塑像产生爱慕之情，他的热烈而诚挚的爱慕之情最终使这尊雕像变为一个真人，两人相爱结合）。

教育实践也表明：如果教师喜爱某些学生，对他们会抱有较高期望，经过一段时间，学生感受到教师的关怀、爱护和鼓励；常常以积极态度对待老师、对待学习以及对待自己的行为，学生更加自尊、自信、自爱、自强，诱发出一种积极向上的激情，这些学生常常会取得老师所期望的进步。相反，那些受到老师忽视、歧视的学生，久而久之会从教师的言谈、举止、表情中感受到教师的"偏心"，也会以消极的态度对待老师、对待自己的学习，不理会或拒绝听从老师的要求；这些学生常常会一天天变坏，最后沦为社会的不良分子。尽管有些例外，但大趋势却是如此，同时这也给教师敲响了警钟。

六、经济力学与经济热力学

社会力学的第一、二、三定律也是经济力学的定律，经济体制的变革和经济的发展也遵循这3个定律。此外，价值规律还可用波动方程描述。马克思在政治经济学中关于两大生产部类之间的关系，甚至《资本论》和其他经济学著作中描述的主要经济关系和规律，都可以用力学统计方程来表达。

马克思说，经济基础决定上层建筑，这是很有道理的。一切其他社会现象都有其经济学原因。但是这并不能理解为相同经济基础的人都应有相同的意识形态。相同经济基础的人考虑和处理问题的方法、层次有许多类似性，但也因个体差异而有很大区别。这种个体差异来源于历史的、其他的社会和自然因素，有时随机涨落（非平衡态热力学、非线性、混沌）也起了很大作用。这如同吃相同食物的人，不可能聪明程度（进化）都一样，也不可能都考虑完全相同的问题，以及用相同的方法和技术不一定能得到完全相同的结论（尤其是推论）等。

用力平衡的观点还可以建立经济危机方程。只有当社会产品满足方程

$$X_{生产} - Y_{消费} - Z_{储备} = 0 \qquad (3-6)$$

时，社会经济才处于稳定运转状态。当这一方程得不到满足时，则会产生社会经济危机。从这一方程可知生产过剩或严重欠缺都会产生经济危机。

在意识形态领域，这一方程原则上也是适用的。这里的产品指精神产品，X 包括外来思想文化、传统文化的常规产品和新文化运动产品。这一方程得不到满足时，则产生民族精神危机。从这一讨论中，可以引申出一条对应原理（有别于物理学中玻尔的经典力学与量子力学对应原理），即精神产品（现象）与物质产品（现象）一样，遵从形式相似的运动方程。这充分显示了物质与精神的统一性。正如列宁所指出的那样，物质世界的统一性体现在描述其运动的微分方程的惊人的相似性之中。例如麦克斯韦的电磁场统一方程，库仑力与万有引力方程的相似性，以及胡文祥曾研究过的物理、化学许多重要公式本质的相似性、化学的统一性及分子药理学的统一性等，其联系性和统一性是世界的最根本特征。方程（3-6）及对应原理充分揭示了物质与精神世界的统一性。在以往的教科书中这种统一性只是抽象的说教，现在可以体现在同一具体的数学方程中。这可为今后的哲学研究提供一条有效新途径。

（一）经济学家不"经济"之因

经济学家往往因创立一个新的经济理论而名扬天下，但让他们自己去赚钱或指导赚钱，却适得其反，常常亏得血本无归，这里仅举5个例子。

① 二战后的美国有个奇特的现象，每当华盛顿的总统经济顾问委员会主席一职因种种原因空缺时，便是美国经济发展最好的时候，无论从就业

率、经济发展率、贫困率哪个指标来看，都很不错。而一旦主席的宝座有屁股占着时，经济就开始往下滑。像哈伯·斯坦和查尔斯·舒尔兹这样的一代经济学大侠任职期间，贫困率却以2%左右的可怕速度增长。

② 1975年，经济学家库普曼斯与列奥尼德·康托罗维奇共同获得当年的诺贝尔经济学奖，他们的获奖论文是《资产分配的最优理论》，这两位专家号称根据他们的理论投资就会无往而不利。当时有好事的记者问："既然这个理论这么厉害，你们有没有想过，用这笔奖金来证实这个伟大的理论呢?"二老捋着胡子自豪地答道："我们正准备如此"。不过，很快他们就用自己的"无敌理论"把得到的奖金亏光了。

③ 无独有偶，1997年，美国经济学家默顿和斯科尔斯以期权定价理论获得诺贝尔经济学奖，二人摩拳擦掌，组建了投资公司，不幸的是，用他们自创的全世界最牛的理论进行期货市场交易时，却屡战屡败，直至关门。

④ 在胡佛时代，经济学界威望最高的莫过于欧文·费雪，他当时的地位如日中天。不过总统本人似乎对他很不感冒，从没让他进入过顾问班子。总统的顾虑是有远见的。在1929年美国大股灾到来前夕，费雪还喝着可乐振臂高呼："股价将达到某种持久的高峰状态。"这有点像中国股市6 000点时那些"股神"的忽悠："黄金十年才开始，股指万点不是梦。"在那场股灾中，数以千计的人跳楼自杀，欧文·费雪几天中损失了几百万美元，顷刻间倾家荡产，从此负债累累，直到1947年在穷困潦倒中去世。

⑤ 20世纪80年代，有个经济学家不甘寂寞，准备在股票市场上小试牛刀。他与朋友合开了一家公司，专门向人提供股票投资的建议以及代理股票买卖。结果客户不是被套牢就是割肉，亏的哭爹喊娘，而他自己的收入连租金和水电费都不够支付，在赔了几百万美元之后只好惨淡收场，从此专心做经济理论及宏观经济趋势的研究工作，后来他进入了美联储——他的名字是艾伦·格林斯潘。

综观上述，有人就把经济学说成是"江湖骗术"。例如，小阿尔弗雷德·马拉伯是《华尔街日报》的财经专栏作家，他在这行混了几十年后，忽然感慨道："经济学说好听点儿是一门伪科学；说得不好听，就是纯属瞎掰。"马拉伯这么说是有道理的，在经济学界这个"江湖"中，三山五岳门派林立，如供给学派、货币学派、理性预期学派、凯恩斯主义、新自由主义，等等。对同一"病症"，各门派常常开出截然不同的"方子"，如果对象是个活人的话，早被他们"医死"几十遍了。如果是武林选盟主倒也简单，大家扑上去干上一架就立见高下。裘千丈再能忽悠，也经不起欧阳锋一巴掌……可惜经济学没这么豪爽，只能靠嘴皮子争个高低。

我们认为，不能这样绝对地否定经济学，不能因为经济学家不会赚钱，就全盘否定经济学。用经济力学的观点来分析经济学家不会赚钱就比较容易理解。

早在20世纪80年代初期，胡文祥就创立了经济力学，用经济力学如牛顿力学或现代力学如量子力学的方法来研究分析经济现象，会得到许多规律性的新认识。这一理论建立之初，并没有引起足够的重视和获得广泛的应用。

经典经济力学认为，要赚钱，关键是投资方向、方法和执行力问题，作用于前、后、左、右、上、下等六个典型方向的经济力（包括社会力、政治力等）是一个矢量，作用于经济行为后，得到一个正的加速度，就能加速赚钱；得到一个负的加速度，就能加速亏钱，用数学方程表示为（牛顿力学第二定律）

$$F_上 + F_下 + F_左 + F_右 + F_前 + F_后 = m \cdot a \qquad (3-7)$$

理论行并不等于实践也行，许多经济学家不会综合考察经济社会政治各种力的相互作用，其执行力往往合力为0或负数，不亏钱才怪呢！

从量子经济力学观点来看，经济学家总结的规律是大概率事件，是统计规律，并不能保证小概率事件不会发生，经济学家去具体操作经济项目，运用自己总结的规律，碰上大概率事件赚钱了，这不足为奇，也不会引起多大注意；倘若碰上小概率事件正好发生，就只会亏本，因为是经济学家，这一亏本令人印象就更加深刻了。

经济学家常常是被世人嘲讽的对象，这样不太公平。在某些时候，他们的作用超乎我们的想象。当我们在电影中看到詹姆斯·邦德（代号007）这个万人迷，为了获取情报飞檐走壁无所不能时，也许不会想到，那些戴着眼镜、看着统计数据的经济学家们，获得情报的能力可能要远远超过詹姆斯·邦德。例如，第二次世界大战时期，英国情报机关的"詹姆斯·邦德们"汇报，1943年德国每月能生产100万个轮胎。不过经济学家可不这么看，他们是这样估算的：假设虏获和毁损的德国轮胎占总产量的0.3%，再假设前5大轮胎厂的产量超过全国总供应量的70%，就可以计算出德国的轮胎产量每月约18.61万个，结果战后调查的实际数据是17.55万个。类似的估算还有坦克、飞机、枪械、V型飞弹等武器装备。比如坦克，"詹姆斯·邦德们"经过出生入死，得来的情报是在1942年8月，德国坦克的产量是1 550辆，经济学家却说只有327辆。这次"詹姆斯·邦德们"又输得很难看，因为战后调查的实际数字为342辆。经济学家们的精确推算还有很多，比如他们计算，德国和苏联开战，军队每推进 200 公里，就需要额外的 3.5 万次卡车运输，换句话说，运送物资到前线的能力，每天会减弱 1 万吨。这表明到 1942 年，东线的德军战斗力会明显下降。战后证明，这项评估基本正确。

当然，德国的经济学家也不是吃素的，第二次世界大战时德国的战时经济处聚集了顶尖的经济学家，他们推算情报的能力也相当了得。比如战时经济处曾推断到 1944 年 3 月 31 日为止，根据租借法案各国向俄国提供的客车和卡车等总数是 20 200 辆。实际数是 20 793，误差只有 0.6%。战时经济处授权准许任何从俄国坦克底下取回黄铜号码牌的士兵享受休假，德国经济学家约尔丹博士将这些号码同发动机、炮筒和底盘上的顺序号码穿插起来，推算出 T－34 型坦克的年产量是 16 500 辆，最后证明这个数据相当精确。经济处根据约尔丹计算的坦克产量，加上根据租借法案进口的坦克，结合坦克从工厂到港口需要的时间，以及红军坦克兵力编制表，一次又一次估计出苏联部队的实力，甚至精确到俄军哪一天会得到新的坦克再次发动进攻。可见经济学家在经济情报方面是高手，因此不能总是负面地看待经济学家。

（二）经济热力学

李家胜编译的材料说，富人总是能变得更富，而穷人总还是那么穷——虽然这是一个看上去有点残酷的结论，但事实似乎的确如此，以美国为例，在这个人人崇尚天分和勤奋的国家里，1979 年，全国最富有的 1% 的人群拥有的财富总和是最贫穷的 20% 人群所有财富 33.1 倍；到了 2000 年，这一倍数攀升到了 88.5 倍。贫富差距在迅速地扩大，不同社会阶层之间的鸿沟不但没有愈合的迹象，反而在日益加深。

最近，美国马里兰州立大学的维克多·雅克温克教授对美国居民 1983 年至 2001 年的收入数据进行了分析，发现美国最富有的人群大约占全国总人口的 3%，他们占有着国家的大部分财富，且他们的财富分布呈现出简单的幂律模式，即经济学中著名的帕累托曲线；而余下 97% 人口的收入分布曲线，与热力学中用来描述气体原子能量分布规律的曲线基本吻合。维克多教授还发现，如果把通货膨胀的因素考虑在内，那 97% 的弱势群体的总收入水平一直没有太大变化，但那 3% 人群的总财富在 1983 年到 2000 年间却上涨了近 5 倍！

这一现象不仅仅出现在美国，一些来自其他国家的研究数据也印证了维克多的发现。这一结果表明，社会中确实存在着两个不同的经济阶层，其中富裕阶层变得越来越富，而另一阶层却始终贫穷。

政治学家、社会学家、经济学家从社会制度、经济规律等多个角度分析了这种贫富差距的原因，孰优孰劣，争论不断。也许，用科学的方法来解释社会问题，会有更加严谨明确的答案。现在，就让我们来看看物理学家对此是如何解释的吧。

气体热力学表明，在热平衡状态下，气体原子的能量呈现出指数分布的规律，而要改变这种平衡状态则需要很大的能量。维克多教授认为，既然 97% 人口的收入分布同气体原子能量分布非常相似，那么要改变这一经济阶层的财富状况就同样相当困难了。于是这 97% 人口的经济阶层始终保持贫穷，总财富几乎没有什么变化。与之相对应的富裕阶层——3% 人群的总财富却在不断的、以加速度增长。因而，两个经济阶层的贫富差距在不断的拉大，随着时间的推移，会越来越大。

维克多教授所做的上述类比是很有道理的，因为在从前传统的经济学模型中，人总是被看作理性的动物，而现在，生态物理学家们开始发现，在整个人类社会的大系统中，每个个体的行为其实都受到很多不确定因素的影响，所有不确定因素的最终综合作用结果是随机的——就像气体原子在不规则运动中所受的合力一样。人们在随机的相互关系中交换金钱，就像原子在随机碰撞中交换能量一样。这种相似性还表现在金钱就像能量——能够储存，但基于能量守恒定律，它们既不会无端出现，也不会无故消失，只是被重新分配了而已。

不过，在维多克教授的统计分析中，那 3% 富裕阶层中的财富分配和增长规律并未得到解释，他似乎把他们排除在整个系统之外了。在金钱守恒的系统之外，是传统经济学分析的领域，在这里，财富被不断的创造出来，人类的财富总额是不断增加的。

维多克教授的结论似乎有些消极，它暗示了政府的无力——想要通过施行某种"公平政策"来平均分配财富几乎是十分困难的。事实上，在市场经济中，所有想要人为地重新分配财富的做法可能都违背了自然规律。

这就是我们曾经研究过的经济热力学，经济社会中金钱的交换就像气态原子的能量交换一样，大多数贫穷阶层的财富分布如同气体原子能量麦克斯韦分布状态。此外，社会经济活动的熵也如同气体原子体系的熵一样是向着自然增大的方向发展的。

用类似信息学或热力学的方法来研究社会现象称为社会信息学或社会热力学。这方面胡文祥已在《比较学导论》一文中作了一些论述。在政治、经济、社会、军事等领域，"力"的作用总是普遍存在的。用力学进行比较学研究，用"力"作用分析的方法，可以发现许多简明的重要规律，可望建立社会科学与自然科学统一的崭新体系，这对社会的发展和变革具有重要的指导意义。许多方法原理无论在自然科学还是在社会科学或思维科学都有一定的普适性。哪怕是在不同学科和不同领域中一大类复杂性现象也有其惊人的相似性，它们有着共同的规律，这是值得人们重视和应该思考的问题。

特别值得指出的是，上述讨论描述还多用线性方程语言，随着非线性科学的飞速发展，这些方程均应该写成非线性形式。事实上，即使对于物理系统，只在极少数情况下有线性关系，经济和社会系统远比物理系统复杂，各种经济变量之间的关系写成线性关系是太粗略的近似值，传统的随机型数学模型，即线性或对数线性方程加随机项的数学模型面临严重挑战，这势必将动摇古典经济学的根基。现代非线性科学的研究表明，非线性系统产生的状态极为丰富，可以是平衡态、周期状态和混沌态，这与纷繁复杂的经济和社会现象十分合拍。因此，非线性科学方法将是社会科学和自然科学的根本方法。

恩格斯曾经指出：自然界的统一性在于其物质性，在于描述其现象的微分方程的惊人的类似中。的确如此，正如协同论的创始人哈肯指出的那样，激光模、热力学相变及生物分子进化等截然不同的自然现象均可以用相同类型序参量方程来描述。尽管探求大统一理论还存在巨大困难，但科学家们已在上述思想指导下，完成了电磁场统一论和弱电统一论等理论体系，建起了一座座认识自然、改造世界的伟大丰碑。

爱因斯坦终生追求的目标是想将四种自然力：强力（核力）、弱相互作用（弱力）、电磁力和引力统一在一个方程中，由于难度十分巨大，终未能完成这一伟大事业。尽管自然界复杂多变、博大精深，但我们坚信它的统一性，它可能统一于物质、统一于能量、统一于信息、统一于描述其相互协同作用的非线性数学方程的类似性。万物统一论，这是包括伟大的科学巨匠爱因斯坦在内的一大批科学家终生追求的目标，尽管离这一目标还相当遥远，但许多仁人志士已经踏上了这一具有巨大吸引力的荆棘丛生之途。

时光在流逝，生命在进化，人类的历史远未结束，人类的故事不过刚刚开始！人类社会在各种力之合力推动下，也一定向着更加美好的方向发展。

七、社会生物学

从生物学规律和原理来阐释社会现象所形成的集合可称为社会生

物学。

　　许多学者用达尔文进化论来理解社会现象，形成了社会达尔文主义。

　　诺贝尔奖得主普里高津曾经分析过生物群落的可分性，他以一群蚂蚁为例，该群蚂蚁可分为勤、懒两亚群，若将勤劳的亚群去掉，懒群中又有一部分蚂蚁勤劳起来，于是仍有勤、懒两亚群存在。胡文祥认为人类社会也类似，古今中外，许多历史事件尤其是领导集团不断分化、变成"敌对"双方（双方往往没有本质的差别，只是思维方法不同而已，有时不是真正的敌人，只是假想敌而已）之现象，可用生物群落的分化原理来理解。至于生物群落为什么具有永久的可分性，迄今为止还没有得到很好的阐明，可能是因为"分化"有利于自然选择，有利于生存和自身权威的延续。

　　生物的社会性及人类社会的生物性，自 20 世纪 70 年代以来一直是很热门的研究领域。

（一）莫里斯规律

　　苔斯蒙德·莫里斯、爱德华澳·威尔逊等是社会生物学研究的先驱。莫里斯曾指出，人类居然能熬过令人头晕目眩的技术进步时代，在许多结构上多多少少仍保留原始的样式，服从动物行为的基本规律。尽管人们处在一个超刺激的社会环境中，但反接触行为及时间和精力的限制将每个人的交际人数控制在一定水平之下。为了确信这一点，你可以拿起 100 个不同类型的城市居民的通讯录，数一数记在上面的友人，你会发现，几乎所有这些人都认识差不多数量的人，这个数量与原始部落里的成员数相差无几。这也就是说，甚至在现代的社会交往中，人类也遵循了古时候祖先的基本生物规则：现代交往人数≈原始部落里的人数≈动物单群里的个数。生物体系的组织性和人类社会的组织性也许可用耗散结构理论来帮助阐明。

（二）邓巴定律

　　础德编译的材料说，罗宾·邓巴是牛津大学研究认知与进化的人类学家，1992 年，他根据自己对灵长类动物的研究结果，提出了著名的"社会脑假说"。假说认为，与其他动物相比，灵长类动物似乎选择了一条特立独行的演化策略：待在一个相对稳定的种群中彼此协调。而在这种共同生活的过程中，灵长类个体需要与种群内的每个其他个体建立起某种长期的"社交关系"。而负责处理复杂与抽象思维的大脑新皮质在整个大脑中所占的比例越大，个体能处理的"稳定人际关系"就越多，于是平均种群就越庞大。邓巴一共收集了 38 种灵长类的数据，狒狒的种群平均数量不过 50 上下，这意味着狒狒的大脑新皮质只足以让它维持 50 个互动频繁的"猴脉"。

人类的种群大小是多少呢？邓巴估算的结果是 148，这就是著名的"邓巴数"。1 万多年前的新石器时代，一个部落的平均人数约为 150。1086 年，征服者威廉一世统计出的英格兰村落平均居民数约为 150。邓巴先前的研究显示，人的大脑新皮质大小有限，提供的认知能力只能使一个人维持与大约 150 个人的稳定人际关系。也就是说，人的好友圈子不会超过 150 人，对于超过这个数量的人，人们顶多能记住一些人的相貌和名字，但对对方的了解却极为有限，也无法通过自身的努力来促进双方的关系。

（三）通过社交网站能扩大社交范围吗

2008 年，Facebook 统计了用户平均的朋友数——你猜是多少？130 上下，依然十分接近邓巴数。可见，虽然科技日新月异，我们的大脑新皮质容量倒没有随之飞跃发展。

美国 Facebook 内部社会学家卡梅隆·马龙通过统计研究发现，Facebook 社区用户的平均好友人数是 130 人。研究表明，人们可能拥有 1 500 名社交网站"好友"，但只能在现实生活中维持约 150 人的"内部圈子"。在个人好友的名单中，人们经常联系的好友却非常少而且相对稳定。好友之间联系得越活跃、越紧密，这个群体的人数就越少、关系越稳定。

（四）人类密友数量及最佳学术交流人数

邓巴发现，不管是在古代还是现代，150 人始终是最常见的群体规模。不管是"好友"上千的社交网站用户，还是只有零星"好友"的人，他们在实际生活中的密友数量并无明显差别。研究显示，男性平均有 4 至 5 名密友，女性则平均有 5~6 名密友。邓巴给"密友"的定义是每周至少碰面一次，需要帮助时可以提供建议和情感上的支持。

调查结果显示，如果你有了另一半，那么两个好朋友就会被迫离开你的挚友圈子。邓巴教授认为，少了两个挚友是因为恋爱占去了很多时间。他说："我想可能是有了另一半的人，注意力都集中在恋人身上，没有机会与原先的挚友联系，因此有些人就脱离了挚友圈。"

英国《独立报》曾援引邓巴在英国科学节上的发言报道："当一个人展开一段恋情时，其核心朋友圈会从平均 5 人减至 4 人（其中包括恋人）。当脑中铭记着那个新进入你生活的人（恋人）时，意味着你必须放弃两名密友。我们刚发现这一点，这有点让人吃惊。"

我们初步统计结果也表明：无论通信多么发达，社交活动多么频繁，翻开您的电话本，您交往最密切的朋友也不过百十来人，这与原始部落的人数差不多，这是由社会生物学规律支配的。尤其令人感兴趣的是，学术交流讨论会人数控制在 150 人左右，效果最好。胡文祥多次主持或举办的全国或国际学术会议人数也在 150 人左右，收到了良好的效果。

八、定量社会学

马克思曾经指出：一门学科只有发展到可以用数学定量描述的程度，才算是比较成熟的学科。社会科学影响因素十分复杂多变，定量化描述存在相当大的困难和挑战。尽管如此，我们也要迎难而上。胡文祥曾经提出的经济力学和社会力学就是这个方面的一个尝试，试图用力学关系方程来描述复杂的经济社会现象。这里，用定量社会学的概念来探讨一些问题，供大家参考。

（一）幸福指数方程

幸福感是一种心理体验，它既是对生活的客观条件和所处状态的一种事实判断，又是对于生活的主观意义和满足程度的一种价值判断。它表现为在生活满意度基础上产生的一种积极心理体验。而幸福感指数，就是衡量这种感受具体程度的主观指标数值。"幸福感指数"的概念起源于30多年前，最早是由不丹国王提出并付诸实践的。20多年来，在人均 GDP 仅为 700 多美元的南亚小国不丹，国民总体生活得较幸福。"不丹模式"引起了世界的关注。

每个人，都在争取一个完满的人生。然而，世界上没有绝对完满的东西。太阳一到中间，马上就会西斜；月圆，马上就会月亏。所以，有缺憾才是恒久，不完满才叫人生。其实，最好的境界就是花未全开、月未圆满。肯低头，就永远不会撞门；肯让步，就永远不会退步。求缺的人，才有满足感；惜福的人，才有幸福感。

修得胸中雅量，蓄得一生幸福。人生，要面对自己、他人和自然万象。自己是最大的对手，他人会影响你的生活，万象是无法超越的存在。心宽之人，承认自己有弱点，明白他人没义务向着自己，懂得顺应天道。故而不为失败懊恼，不为失去悲伤，不为成功而自傲，顺其自然，随缘自在。

近年来，美国、英国、荷兰、日本等发达国家都开始了幸福指数的研究，并创设了不同模式的幸福指数。

如果说 GDP、GNP 是衡量国富、民富的标准，那么，百姓幸福指数就可以成为一个衡量百姓幸福感的标准。百姓幸福指数与 GDP 一样重要，一方面，它可以监控经济社会运行态势；另一方面，它可以了解民众的生活满意度。可以说，作为最重要的非经济因素，它是社会运行状况和民众生活状态的"晴雨表"，也是社会发展和民心向背的"风向标"。

人们普遍认为：幸福指数，是体现老百姓幸福感的、是无须调查统计的、是挂在人民群众脸上的"指数"。

文献上、网络中描述幸福指数的方法很多，中央电视台还安排了专门的幸福度调查节目，能不能来点简单的数学方程描述之？幸福指数（Y）等于感觉值（F）除以期望值（W）。

$$幸福指数 = 感觉值/期望值 \qquad (3-8)$$

用字母表示就是：$Y = F/W$。与此相反的是痛苦程度指数（P），等于欲望值（D）减去实力值（S）。

$$痛苦指数 = 欲望值 - 实力值 \qquad (3-9)$$

用字母表示就是：$P = D - S$。

从上述方程可以看出，要减轻痛苦，就要降低欲望值，增加实力值。要增加幸福感，就要提高感觉值，降低期望值。虽然，影响幸福感的因素很多，但幸福感主要和感觉、期望、欲望和实力等几个主要因素相关，不单纯由钱的多少、权力的大小来决定。

（二）雅俗度指数

子龙同志是上海滩上胡文祥的一位朋友，两人见面常探讨许多社会历史问题，并取得了诸多共识。例如，太平天国败于内讧，清朝败于腐朽，袁世凯总统不贪财说明他有一定抱负，等等。子龙同志还提出雅俗程度与金钱的关系：离金钱越近越俗，离金钱越远越雅，雅到极致就是善，不择手段的搞钱就是恶俗。胡文祥用数学方程来表达这一观点：雅度（E）正比于与金钱的距离（ΔS）。

$$E = K\Delta S \qquad (3-10)$$

如果很有钱又想雅，就要加大系数 K 的比重，K 如何注释？仁者见仁、智者见智。

（三）牛皮系数

吹牛已经成为社会的普遍现象，如何定量描述吹牛的程度，是一个值得探讨的问题。不妨用牛皮系数（C）来衡量之，它与吹出值成正比，与实测值成反比。

$$C = M/E \qquad\qquad (3-11)$$

如果 C = 1，表明没有吹牛，比较实事求是。这个值大于 1 小于 10，这是小型吹牛，如果大于 10 小于 1 000，这属于中型吹牛，大于 1 000 者为大型吹牛。反之，如果 C 小于 1，也可称谦虚系数或蒙蔽系数，此时，事实比说出来的要大。

在政治社会学里，对政府有利的事，民主政府的牛皮系数属于小型，过大容易导致政府垮台；专制政府的牛皮系数常为中型，个别情况下达到大型。对政府不利的事，民主政府的牛皮系数一般在 0.1~1 之间，过小容易被媒体揭发；专制政府一般在 0.1 以下。

在微观社会学里，人一生的牛皮系数也是随不同阶段而发生变化的，一般青少年时期，尤其是恋爱期间，这个系数比较大一些。

九、经验规则与自然效应

许多学者发现，描述人类社会行为的一些经验规则和自然界的一些效应，可以用来阐明许多复杂的社会现象。胡文祥认为善于运用这些规则和效应，就可能在领导企业进步和创新社会管理等工作中取得成就。

1. 蝴蝶效应

20 世纪 70 年代，美国气象学家洛伦兹在解释空气系统理论时说，亚马逊雨林一只蝴蝶翅膀偶尔振动，也许两周后就会引起美国得克萨斯州的一场龙卷风。

蝴蝶效应是说，初始条件十分微小的变化经过不断放大，对其未来状态会造成极其巨大的差别。有些小事可以糊涂，有些小事如经系统放大，则对一个组织、一个国家来说是很重要的，就不能糊涂。

2. 青蛙现象

把一只青蛙直接放进热水锅里，由于它对不良环境的反应十分敏感，就会迅速跳出锅外。如果把一个青蛙放进冷水锅里，慢慢地加温，青蛙并不会立即跳出锅外，水温逐渐提高的最终结局是青蛙被煮死了，因为等水温高到青蛙无法忍受时，它已经来不及或者说是没有能力跳出锅外了。

青蛙现象告诉我们，一些突变事件，往往容易引起人们的警觉，而易置人于死地的却是在自我感觉良好的情况下，对实际情况的逐渐恶化，没有清醒的察觉。

3. 木桶理论

组成木桶的木板如果长短不齐，那么木桶的盛水量不是取决于最长的那一块木板，而是取决于最短的那一块木板。所以，木桶理论又称短板效应。

此外，还有"木桶斜放理论""木桶盛沙理论""木板密合理论""铁桶理论""木板互补理论""大木桶理论""木盒理论""箍桶理论"等各种修正版，在管理学领域发挥不同的作用。

4. 鲇鱼效应

以前，沙丁鱼在运输过程中成活率很低。后有人发现，若在沙丁鱼中放一条鲇鱼，情况却有所改观，成活率会大大提高。这是何故呢？原来鲇鱼到了一个陌生的环境后，就会"性情急躁"，四处乱游，这对于大量好静的沙丁鱼来说，无疑起到了搅拌作用；而沙丁鱼发现多了这样一个"异己分子"，自然也很紧张，加速游动。这样沙丁鱼缺氧的问题就迎刃而解，沙丁鱼也不会死了。

5. 鳄鱼法则

其原意是假定一只鳄鱼咬住你的脚，如果你用手去试图挣脱你的脚，鳄鱼便会同时咬住你的脚与手。你愈挣扎，就被咬住得越多。所以，万一鳄鱼咬住你的脚，你唯一的办法就是牺牲一只脚。

譬如在股市中，鳄鱼法则就是：当你发现自己的交易背离了市场的方向，必须立即止损，不得有任何延误，不得存有任何侥幸。

6. 羊群效应

头羊往哪里走，后面的羊就跟着往哪走。羊群效应最早是股票投资中的一个术语，主要是指投资者在交易过程中存在学习与模仿现象，"有样学样"，盲目效仿别人，从而导致他们在某段时期内买卖相同的股票。

7. 刺猬法则

两只困倦的刺猬，由于寒冷而拥在一起。可因为各自身上都长着刺，于是它们离开了一段距离，但又冷得受不了，于是凑到一起。几经折腾，两只刺猬终于找到一个合适的距离：既能互相获得对方的温暖而又不至于被扎。刺猬法则主要是指人际交往中的"心理距离效应"。

8. 手表定律

手表定律是指一个人有一只表时，可以知道现在是几点钟，而当他同时拥有两只表时却无法确定。两只表并不能告诉一个人更准确的时间，反而会使看表的人失去对准确时间的信心。

手表定律在企业管理方面给我们一种非常直观的启发，就是对同一个人或同一个组织不能同时采用两种不同的方法，不能同时设置两个不同的目标，甚至每一个人不能由两个人来同时指挥，否则将使这个企业或者个人无所适从。

9. 破窗理论

前文已经提到破窗理论或效应。一栋房子如果窗户破了，没有人去修补，隔不久，其他的窗户也会莫名其妙地被人打破；一面墙，如果出现一些涂鸦没有被清洗掉，很快的，墙上就布满了乱七八糟、不堪入目的东西。一个很干净的地方，人们不好意思丢垃圾，但是一旦地上有垃圾出现之后，人就会毫不犹疑地丢垃圾，丝毫不觉羞愧。

10. 二八法则

19 世纪末 20 世纪初意大利的经济学家巴莱多认为，在任何一组东西中，最重要的只占其中一小部分，约 20%，其余 80% 尽管是多数，却是次要的。社会约 80% 的财富集中在 20% 的人手里，而 80% 的人只拥有 20% 的社会财富。这种统计的不平衡性在社会、经济及生活中无处不在，这就是二八法则。

二八法则告诉我们，不要平均地分析、处理和看待问题，企业经营和管理中要抓住关键的少数；要找出那些能给企业带来 80% 利润、总量却仅占 20% 的关键客户，加强服务，达到事半功倍的效果；企业领导人要对工作认真分类分析，要把主要精力花在解决主要问题、抓主要项目上。

11. 保龄球效应

保龄球投掷对象是 10 个瓶子，你如果每次击倒 9 个瓶子，最终得分 90 分；而你如果每次能击倒 10 个瓶子，最终得分 240 分。社会记分规则就是这样：只要你比别人稍微优秀一点，能再多坚持一会儿，就赢得更多机会。这种机会叠加就是人生效应的逐级放大，最终造成人与人之间的巨大落差。

12. 马太效应

马太效应（Matthew Effect），是指好的越好、坏的越坏、多的越多、少的越少的一种现象，广泛应用于社会心理学、教育、金融以及科学等众多领域。名字来自于《新约·马太福音》中的一句话。在《圣经·新约》的"马太福音"第二十五章中说道："凡有的，还要加给他叫他多余；没有的，连他所有的也要夺过来。"社会学家从中引申出了"马太效应"这一概念，用以描述社会生活领域中普遍存在的两极分化现象。

《道德经·七十七章》："天之道，损有余而补不足；人之道则不然，损不足以奉有余。"其实老子看明白的更早，也更透彻，顺便把坏处也指明了。

1968 年，美国科学史研究者罗伯特·莫顿（Robert K. Merton）提出这个术语用以概括一种社会心理现象："相对于那些不知名的研究者，声名显赫的科学家通常得到更多的声望即使他们的成就是相似的,同样地,在一个项目上,声誉通常给予那些已经出名的研究者"。罗伯特·莫顿归纳"马太效应"为:任何个体、群体或地区,在某一个方面(如金钱、名誉、地位等)获得成功和进步,就会产生一种积累优势,就会有更多的机会取得更大的成功和进步。

此术语后为经济学界所借用,反映赢家通吃的经济学中收入分配不公的现象。

马太效应,所谓强者越强,弱者越弱,一个人如果获得了成功,什么好事都会找到他头上。大丈夫立世,不应怨天尤人,人最大的敌人是自己。态度积极、主动执着,那么你就赢得了物质或者精神财富,获得财富后,你的态度更加强化了你的积极主动性,如此循环,你才能把马太效应的正效果发挥到极致。

13. 彼得原理

彼得原理是管理心理学的一种心理学效应,指在一个等级制度中,每个职工趋向于上升到他所不能胜任的地位,管理学家劳伦斯·彼得 1969 年出版《彼得原理》。

14. 帕金森定律

前文已经提到帕金森定律,鉴于它的"热门"性,这里再详细介绍一下。1958 年,一本仅有 130 页左右的小书在英国问世,几十万册很快一销而空。《笨拙》《新政治家》等报刊纷纷著文评论,在社会舆论界引起小小的轰动。以后连续多次再版,在世界各地广为流传。这本 50 多年以前出版的书,至今对于我们了解英国仍有一定意义。

这本小书是英国著名的政治学家和历史学家诺斯古德·帕金森(Northcore Parkinson)写的小品杂文集《帕金森定律》(Parkinson's Law)。作者在书的前言里开宗明义,以诙谐的语调声明此书有别于正规的教材。教材讲述的社会是理所当然的世界,内容是谁也得罪不了的。而《帕金森定律》是经过对现实生活长期的调查所得出的总结,它揭露了社会上诸多不合理的现象。

《帕金森定律》主要以 20 世纪 50 年代的英国为背景,通过对政治制度、政府机构的组成、人员的设置,以及机关企业的工作制度和工作方法的描述,深刻地剖析并无情地鞭笞了当时盛行的官僚主义与腐朽庸俗作风。作者文笔辛辣,言辞简练,冷嘲热讽,时而把真事当作假的故事来说,时而又把假设的情节煞有介事地当作真的来讲。

定律一:冗员增加原理。官员数量增加与工作量并无关系,而是由两个源动因造成的。每一个官员都希望增加部属而不是对手（如"投票"）；官员们彼此为对方制造工作（如行政审批：工商、税务、审计、公安，既得利益驱使）。

定律二：中间派决定原理。为了争取中间派的支持，双方颇费心机进行争取，特别是双方势均力敌的情况下。所以，不是竞争对手而是中间派成了主角。中间派包括对决定的内容不十分清楚的人、意志薄弱的人、耳朵不大灵光的人等。

定律三：鸡毛蒜皮定律。大部分官员由不懂得百万、千万元而只懂得千元的人组成，以至于讨论各种财政议案所费的时间与涉及的金额呈反比，即涉及的金额越大，讨论的时间越短，反之时间则越长。鸡毛蒜皮的事情则花费很多时间。

定律四：办公场合的豪华程度与机关的事业和效率呈反比。事业处于成长期的机关一般没有足够的兴趣和时间设计完美无缺的总部。所以，"设计完美乃是凋零的象征"，"完美就是结局，结局就是死亡"。

定律五：鸡尾酒会公式。会议与鸡尾酒会（饭局）同在。把会场从左到右分为 A－F 六段，从进门处到最远端分为 1～8 八段，则可划分出 48 个区域；假定酒会开始的时间为 H，且最后一名客人离开的时间是最初一名客人进场后 2 小时 20 分钟，则，重要人物都会在 H＋75 至 H＋90 的时间在 E/7 区域集合，最重要的人物自然会在其中。

定律六：嫉妒症（分三个阶段）。在嫉妒症流行的机关里，高级主管辛苦而迟钝，中层干部钩心斗角，底层人员垂头丧气而不务正业。

第一阶段，出现了既无能又好嫉妒的人物，即患上了"庸妒症（平庸而嫉妒）"；第二阶段，这些庸妒症患者不幸进入或原本就在高层，尽一切可能手段排斥比自己强的人，拒绝提升能力强的人；第三阶段，机关仿佛被喷了"农药DDT"，凡才智者一概不得入内，机关病入膏肓，此时的机关已经无药可救了。

定律七：退休混乱（60 岁现象）。一般退休的年龄是 R，在前 3 年（R－3）人的精力会开始减退；问题在于如何挑选合适的接替者，工作表现越优秀，任职时间越长，越难寻得合适的接替者，而在位者总会设法阻止职位较低的人接近自己的职位，以致不得不延长自己的退休时间。

15. 孕妇效应

又叫视网膜效应，指当自己拥有一件东西或一项特征时，就会比平常人更会注意到别人是否跟我们一样具备这种特征。就像当人怀孕了就更容易发现孕妇，开着奔驰车的人也更容易看到路上的奔驰。

卡耐基先生很久以前就提出一个论点，那就是每个人的特质中大约有80%是长处或优点，而20%左右是我们的缺点。当一个人只知道自己的缺点是什么，而不知发掘优点时，"视网膜效应"就会促使这个人发现他身边也有许多人拥有类似的缺点，进而使得他的人际关系无法改善，生活也不快乐，你有没有发现那些常常骂别人很凶的人，其实自己脾气也不太好？这就是"视网膜效应"的影响力。

以上15种效应和以下19个方面的经验规则，可以用来阐明许多复杂的社会现象。

16. 素养

蓝斯登原则：在你往上爬的时候，一定要保持梯子的整洁，否则你下来时可能会滑倒。

提出者：美国管理学家蓝斯登。

点评：进退有度，才不至进退维谷；宠辱皆忘，方可以宠辱不惊。

卢维斯定理：谦虚不是把自己想得很糟，而是完全不想自己。

提出者：美国心理学家 H. 卢维斯。

点评：如果把自己想得太好，就很容易将别人想得很糟。

托利得定理：测验一个人的智力是否属于上乘，只看脑子里能否同时容纳两种相反的思想而无碍于其处世行事。

提出者：法国社会心理学家 H. M. 托利得。

点评：思可相反，得须相成。

17. 统御

鲦鱼效应：鲦鱼因个体弱小而常常群居，并以强健者为自然首领。将这条首领鲦鱼脑后控制行为的部分割除后，此鱼便失去自制力，行动也发生紊乱，但其他鲦鱼却仍像从前一样盲目追随。

提出者：德国动物学家霍斯特。

点评：① 下属的悲剧总是领导一手造成的。

② 下属觉得最没劲的事，是他们跟着一位最差劲的领导。

雷鲍夫法则：在你着手建立合作和信任时要牢记我们语言中：

① 最重要的八个字是：我承认我犯过错误。

② 最重要的七个字是：你干了一件好事！

③ 最重要的六个字是：你的看法如何？

④ 最重要的五个字是：咱们一起干！

⑤ 最重要的四个字是：不妨试试！

⑥ 最重要的三个字是：谢谢您！

⑦ 最重要的两个字是：咱们。

⑧ 最重要的一个字是：您。

点评：记住经常使用，它会让你事半功倍。

洛伯定理：对于一个经理人来说，最要紧的不是你在场时的情况，而是你不在场时发生了什么。

提出者：美国管理学家 R. 洛伯。

点评：如果只想让下属听你的，那么当你不在身边时他们就不知道应该听谁的了。

18. 沟通

斯坦纳定理：在哪里说得越少，在那里听到的就越多。

提出者：美国心理学家 S. T. 斯坦纳。

点评：只有很好地听取别人的，才能更好地说出自己的。

费斯诺定理：人有两只耳朵却只有一张嘴巴，这意味着人应该多听少讲。

提出者：英国联合航空公司总裁兼总经理 L. 费斯诺。

点评：说得过多了，说的就会成为做的障碍。

牢骚效应：凡是公司中有对工作发牢骚的人，那家公司或老板一定比没有这种人或有这种人而把牢骚埋在肚子里的公司或老板要成功得多。

提出者：美国密歇根大学社会研究院。

点评：① 牢骚是改变不合理现状的催化剂。

② 牢骚虽不总是正确的，但认真对待牢骚却总是正确的。

避雷针效应：在高大建筑物顶端安装一个金属棒，用金属线与埋在地下的一块金属板连接起来，利用金属棒的尖端放电，使云层所带的电和地上的电逐渐中和，从而保护建筑物等避免雷击。

点评：善疏则通，能导必安。

19. 协调

氨基酸组合效应：组成人体蛋白的 8 种必需氨基酸，只要有一种含量不足，其他 7 种就无法合成蛋白质。

点评：当缺一不可时，一就是一切。

米格 - 25 效应：前苏联研制的米格 - 25 喷气式战斗机的许多零部件与美国的相比都落后，但因设计者考虑了整体性能，故能在升降、速度、应急反应等方面成为当时世界一流。

点评：所谓最佳整体，乃是个体的最佳组合。

磨合效应：新组装的机器，通过一定时期的使用，把摩擦面上的加工痕迹磨光而变得更加密合。

点评：要想达到完整的契合，须双方都做出必要的割舍。

20. 指导

波特定理：当遭受许多批评时，下级往往只记住开头的一些，其余就不听了，因为他们忙于思索论据来反驳开头的批评。

提出者：英国行为学家 L. W. 波特。

点评：总盯着下属的失误，是一个领导者的最大失误。

蓝斯登定律：跟一位朋友一起工作，远较在父亲之下工作有趣得多。

提出者：美国管理学家蓝斯登。

点评：可敬不可亲，终难敬；有权没有威，常失权。

吉尔伯特法则：工作危机最确凿的信号，是没有人跟你说该怎样做。

提出者：英国人力培训专家 B. 吉尔伯特。

点评：真正危险的事，是没人跟你谈危险。

权威暗示效应：一化学家称，他将测验一瓶臭气的传播速度，他打开瓶盖 15 秒后，前排学生即举手，称自己闻到臭气，而后排的人则陆续举手，纷纷称自己也已闻到，其实瓶中什么也没有。

点评：迷信则轻信，盲目必盲从。

21. 组织

奥尼尔定理：所有的政治都是地方的。

提出者：美国前众议院院长奥尼尔。

点评：只有能切身体会到的，群众才认为那是真实的。

定位效应：社会心理学家曾做过一个实验：在召开会议时先让人们自由选择位子，之后到室外休息片刻再进入室内入座，如此五至六次，发现大多数人都选择他们第一次坐过的位子。

点评：凡是自己认定的，人们大都不想轻易改变它。

艾奇布恩定理：如果你遇见员工而不认得，或忘了他的名字，那你的公司就太大了点。

提出者：英国史蒂芬·约瑟剧院导演亚伦。

艾奇布恩点评：摊子一旦铺得过大，你就很难把它照顾周全。

22. 培养

吉格勒定理：除了生命本身，没有任何才能不需要后天的锻炼。

提出者：美国培训专家吉格·吉格勒。

点评：水无积无辽阔，人不养不成才。

犬獒效应：当年幼的藏犬长出牙齿并能撕咬时，主人就把它们放到一个没有食物和水的封闭环境里让这些幼犬互相撕咬，最后剩下一只活着的犬，这只犬称为獒。据说十只犬才能产生一只獒。

点评：困境是造就强者的学校。

23．选拔

近因效应：最近或最后的印象对人的认知有强烈的影响。

提出者：美国社会心理学家洛钦斯。

点评：结果往往会被视为过程的总结。

酒井法则：在招工时用尽浑身解数，使出各种方法，不如使自身成为一个好公司，这样人才自然而然会汇集而来。

提出者：日本企业管理顾问酒井正敬。

点评：不能吸引人才，已有的人才也留不住。

美即好效应：对一个外表英俊漂亮的人，人们很容易误认为他或她的其他方面也很不错。

提出者：美国心理学家丹尼尔·麦克尼尔。

点评：印象一旦以情绪为基础，这一印象常会偏离事实。

24．任用

奥格尔维法则：如果我们每个人都雇用比我们自己都更强的人，我们就能成为巨人公司。

提出者：美国奥格尔维·马瑟公司总裁奥格尔维。

点评：如果你所用的人都比你差，那么他们就只能做出比你更差的事情。

皮尔卡丹定理：用人方面一加一不等于二，搞不好等于零。

提出者：法国著名企业家皮尔·卡丹。

点评：组合失当，常失整体优势，安排得宜，才成最佳配置。

25．激励

马蝇效应：再懒惰的马，只要身上有马蝇叮咬，它也会精神抖擞，飞快奔跑。

点评：有正确的刺激，才会有正确的反应。

倒U形假说：当一个人处于轻度兴奋时，能把工作做得最好。当一个人一点儿兴奋都没有时，也就没有做好工作的动力了；相应地，当一个人处于极度兴奋时，随之而来的压力可能会使他完不成本该完成的工作。

世界网坛名将贝克尔之所以被称为常胜将军，其秘诀之一即是在比赛中自始至终防止过度兴奋，而保持半兴奋状态。所以有人也将倒U形假说称为"贝克尔境界"。

提出者：英国心理学家罗伯特·耶基斯和多德林。

点评：① 激情过热，激情就会把理智烧光。

② 热情中的冷静让人清醒，冷静中的热情使人执着。

26. 调研

特伯论断：在数字中找不到安全。

提出者：美国经济学家 W. S. 特伯。

点评：数字是死的，情况是活的。

摩斯科定理：你得到的第一个回答，不一定是最好的回答。

提出者：美国管理学家 R. 摩斯科。

点评：刨根得根，问底知底。

27. 预测

罗杰斯论断：成功的公司不会等待外界的影响来决定自己的命运，而是始终向前看。

提出者：美国 IBM 公司前总裁 P. 罗杰斯。

点评：只想随波逐流，难有理想彼岸。

萨盖定律：戴一块手表的人知道准确的时间，戴两块手表的人便不敢确定几点了。

提出者：英国心理学家 P. 萨盖。

点评：若选错误参照，必无正确比较。

隧道视野效应：一个人若身处隧道，他看到的就只是前后非常狭窄的视野。

点评：① 不拓心路，难开视野。

② 视野不宽，脚下的路也会愈走愈窄。

28. 目标

巴菲特定律：在其他人都投了资的地方去投资，你是不会发财的。

提出者：美国股神巴菲特。

点评：① 善于走自己的路，才可能走别人没走过的路。

② 特色不特，优势无优。

古特雷定理：每一处出口都是另一处的入口。

提出者：美国管理学家 W. 古特雷。

点评：上一个目标是下一个目标的基础，下一个目标是上一个目标的延续。

29. 计划

列文定理：那些犹豫着迟迟不能做出计划的人，通常是因为对自己的能力没有把握。

提出者：法国管理学家 P. 列文。

点评：如果没有能力去筹划，就只有时间去后悔了。

弗洛斯特法则：在筑墙之前应该知道把什么圈出去，把什么圈进来。

提出者：美国思想家 W. P. 弗洛斯特。

点评：开始就明确了界限，最终就不会做出超越界限的事来。

30. 参谋

波克定理：只有在争辩中，才可能诞生最好的主意和最好的决定。

提出者：美国庄臣公司总经理詹姆士·波克。

点评：无摩擦便无磨合，有争论才有高论。

韦奇定理：即使你已有了主见，但如果有 10 个朋友看法和你相反，你就很难不动摇。

提出者：美国洛杉矶加州大学经济学家伊渥·韦奇。

点评：① 未听之时不应有成见，既听之后不可无主见。

② 不怕开始众说纷纭，只怕最后莫衷一是。

31. 决策

福克兰定律：没有必要做出决定时，就有必要不做决定。

提出者：法国管理学家 D. L. 福克兰。

点评：当不知如何行动时，最好的行动就是不采取任何行动。

王安论断：犹豫不决固然可以免去一些做错事的机会，但也失去了成功的机遇。

提出者：美籍华裔企业家王安博士。

点评：寡断能使好事由好变坏，果断可将危机转危为安。

32. 执行

格瑞斯特定理：杰出的策略必须加上杰出的执行才能奏效。

提出者：美国企业家 H. 格瑞斯特。

点评：好事干实更好，实事办好更实。

吉德林法则：把难题清清楚楚地写出来，便已经解决了一半。

提出者：美国通用汽车公司管理顾问查尔斯·吉德林。

点评：杂乱无章的思维，不可能产生有条有理的行动。

33. 信息

沃尔森法则：把信息和情报放在第一位，金钱就会滚滚而来。

提出者：美国企业家 S. M. 沃尔森。

点评：你能得到多少，往往取决于你能知道多少。

塔马拉效应：塔马拉是捷克雷达专家弗·佩赫发明的一种雷达，它与其他雷达的最大不同是不发射信号而只接收信号，故不会被敌方反雷达装置发现。

点评：善藏者人不可知，能知者人无以藏。

34. 监督

小池定理：越是沉醉，就越是抓住眼前的东西不放。

提出者：日本管理学家小池敬。

点评：自我陶醉不易清醒，自以为是不喜批评。

赫勒法则：当人们知道自己的工作成绩有人检查的时候会加倍努力。

提出者：英国管理学家 H. 赫勒。

点评：只有在相互信任的情况下，监督才会成为动力。

十、《梦的解析》书评

（一）弗洛伊德与《梦的解析》

美国全国图书馆协会前主席、伊利诺斯大学图书馆馆长罗伯特·唐斯总结出 16 本影响世界历史进程的书，他将其主要内容简编在一起，即为《改变世界的书》，常常译为《影响世界历史的 16 本书》，关于人类史方面有 10 本，尼科洛·马基雅维利的《君主论》，托马斯·潘恩的《常识》，亚当·斯密的《国富论》，托马斯·马尔萨斯的《人口论》，亨利·大卫·索罗的《不服从论》，斯托夫人的《汤姆叔叔的小屋》，卡尔·马克思的《资本论》，阿弗雷德·马汉的《海军战略论》，哈尔福德·麦金德的《地缘政治论》，阿道夫·希特勒的《我的奋斗》；关于科学史的有 6 本，尼古拉·哥白尼的《天体运行论》，威廉·哈维的《血液循环论》，伊萨克·牛顿的《自然哲学的数学原理》，查理·达尔文的《物种起源》，西格蒙德·弗洛伊德的《梦的解析》，阿尔伯特·爱因斯坦的《相对论》。这虽是罗伯特·唐斯的个人观点，但在当时仍然具有一定的代表性。影响历史进程的著作还有：《圣经》、18 世纪末克劳塞维茨的《战争论》、1748 年孟德斯鸠的《论法的精神》、1789 年法国的《人权宣言》等。

弗洛伊德与他的《梦的解析》对历史（包括心理学、文学艺术在内）的发展确实起到了重大的推动作用。在所有学科中，心理学是最神秘莫测、最深奥难理解的一门学科。物理或化学的理论可以在实验室里加以证明，可是，同样的实验手段对于心理学就不适用了。因此，20 世纪以来，围绕着精神分析理论开展的激烈争论就不足为怪了。下面的评论是我们的一家之言，仅供参考。

奥地利心理学家、精神病医师、精神分析学派创始人西格蒙德·弗洛伊德对现代思想的影响是无与伦比的。在探索人类思维的领域里，他提出的理论已成为我们日常生活不可缺少的组成部分，实际上每个领域——文学、艺术、宗教、历史、教育、法律、社会学、犯罪学、人类学甚至自然科学，都离不开他的学说。他毕生致力于精神医学的研究，发现了人类思维的规律；提出存在于潜意识中的性本能是人的心理的基本动力，是影响个人命运、决定社会发展的永恒力量；最终解开了梦与精神疾病之谜，他是现代精神病理学的奠基人。

弗洛伊德1856年5月6日出生在捷克斯洛伐克摩拉维亚的一个只有五千人的小镇弗赖堡。他的父亲是犹太人，经营羊毛生意，家境殷实。他四岁随父母到维也纳，他的童年基本上是在那里度过的。弗洛伊德是老大，母亲特别宠爱他。他母亲活到95岁，弗洛伊德回忆说："作为母亲的掌上明珠，那个孩子从小就养成一种征服者的气质，相信自己会成功，结果真的成功了。"

弗洛伊德在青少年时期受过严格的文化基础训练，拉丁文和希腊文使他对古典文学和考古学产生了浓厚的兴趣。此外，他还熟练地掌握了法语、英语、西班牙语和意大利语。在学校，他的成绩总是名列前茅。学校曾奖给他一本名叫《动物的生命史》的书，这本书诱发了他对自然科学的兴趣和对达尔文进化论的敬慕。他感到，"达尔文的理论给人类带来了希望：使我们能出乎寻常地加深对世界的认识。"1872年9月，弗洛伊德正准备报考大学。他先选了法律专业，认为它能开启通往政界的大门。但不久又改变初衷，转向自然科学，决定报考医学院，这是他人生道路上的一个重要转折点。

1873年秋，弗洛伊德考入维也纳大学医学系。1881年春毕业，获得医学博士学位。为了攒钱结婚，弗洛伊德放弃了留校工作的机会，来到医院当临床医生。业余时间坚持研究神经学和脑解剖学。

弗洛伊德人生道路上的另一转折点是1884年获得奖学金，来到巴黎沙比特里尔这个欧洲最著名的神经病理学研究中心，投师精神病专家沙考医生。两年后，弗洛伊德回到维也纳，开了一家私人诊所。接着，与一位叫玛莎·伯奈斯的德国籍犹太少女结婚。在沙考医生的悉心指导下，又经过亲自实践，弗洛伊德逐步发现，对歇斯底里的认识，是开启人类思维之箭的钥匙。起初，他使用催眠术诱导病人说出在清醒时不能回忆出的往事或内心深处的秘密。不久，他产生了一种新的臆测：可能存在一种比催眠术更加有效的方法，可以使病人在清醒时道出遗忘已久的事情，减缓精神病患者的病痛。

于是，这时期弗洛伊德就把研究重点放在潜意识和本能上。初步的研究结果表明，人的心理大部分由潜意识构成，在潜意识流中存在着各种本能和欲念，一般情况它们都被压抑在潜意识流里。精神分析方法就是通过"自由联想"，引发人的潜意识，疏导人的本能冲突，以探访思维深处，使病情得到缓解。

在弗洛伊德之前，潜意识还是一块未被发现的新大陆，一块未被开垦的处女地，一个被科学暂时遗忘的角落。尽管不少人视弗洛伊德为偏执狂，但是他却以顽强的精神在这一新领域里追求着、耕耘着、探索着。经过长期的观察、实验和治疗实践，弗洛伊德终于在19世纪末、20世纪初创立了精神分析理论。

弗洛伊德是当代最多产的科学家之一。他提出的新概念、新观点、新理论散见在他发表的大量专著如《精神分析引论》和论文以及1895年他与约瑟夫·布劳尔合著的《歇斯底里的研究》里，但弗洛伊德本人偏爱的、较集中地反映他学说的是1900年出版的《梦的解析》（又译《释梦》），这被称为一部影响世界历史进程的著作。

弗洛伊德曾说："在精神世界里和在物质世界里一样，每件东西都有某种原因，只要耐心地、敏锐地去寻找，就一定可以发现。"《梦的解析》正是这一执着的追求的结果。在书中，弗洛伊德通过分析自己的一个梦，提出以下的看法：每个梦代表一个希望的完成；当人们入睡时，潜意识排除障碍，浮现成梦；在梦境里，潜意识占支配地位，意识活动降为从属地位；了解潜意识活动，才能探访到人的内心世界；他的"潜意识理论"不仅适用于神经官能症患者，而且也适用于健康的人。他指出，精神分析理论与精神病学有联系，同时又有区别。精神分析理论是精神病学的一个分支，通常只是以治疗精神错乱的疑难病症为研究对象。美国有一份调查资料表明，在4 000名精神病理学专家中只有300名是精神分析理论专家。

弗洛伊德在《梦的解析》里还把人的心理活动分为三个层次：本能、自我、超自我。第一层次特别强调性本能，这种本能近于原始动物状态，是潜意识的，遗传性的，是人在出生时就具有的一种本能意识；同时也带有盲目性、残忍性，为了达到目的，追求欢快，一个人可不择手段，不顾后果。第二层次的自我受到现实原则的制约，要求人们清醒地认识周围世界。弗洛伊德说："自我即是本能的无理要求和外部世界的抑制因素之间的协调者。"它可以帮助使人的本能不断适应外界环境。第三层次是超越自我。这种超越自我的境界强调道德理想和行为准则，以达到人类思维和意识的最高阶段。

弗洛伊德认为，假如上述三个层次处于和谐状态，一个人便觉得合群，愉快；反之，他就感到孤独，忧郁。弗洛伊德提出的"性欲论"（libi-do）与这三个层次，特别是与本能层次有着密切关系，他认为，"性欲论"是"精神分析理论的实质所在"。人类的一切成就——文化、艺术、法律、宗教等都盖出于此。这里，弗洛伊德的"性欲"是广义而言的，泛指幼儿含拇指、哺乳、排泄、成人婚姻以及文化、艺术、音乐的追求和创造等。弗洛伊德认为，"这种性欲本性是一切创造性活动的最伟大的源泉。"强调本能欲念，特别是性本能，以为唯此才能解释神经症患者和正常人的心理行为，因此，弗洛伊德的理论也被视为研究本能的心理学。

到后期，弗洛伊德的认识有所变化，从强调本能转向注重自我，开创了自我心理学的源头。他开始摆脱用性欲说明一切心理行为的狭隘观点，承认社会、环境、现实、人际关系和文化发展对人格的重要影响，突出人的社会性。这一质的变化分别反映在弗洛伊德的三篇后期著作中：《超越唯我原则》《集体心理学和自我的分析》《自我与本我》。

1900 年以来，围绕弗洛伊德的精神分析理论曾出现过赞成派和反对派的激烈争论。他的研究成果遭人非议，他的专著一时无人问津；有人把他的理论与瑜伽术等一视同仁，1912 年出版的一本教科书将弗洛伊德的心理疗法归入"招魂术和通灵术"之列，蒙上一层神秘的色彩；还有人认为精神分析与手相术、骨相学一样，是一种伪科学；甚至他的好友和合作者约瑟夫·布劳尔、艾尔弗雷德·奥尔德勒以及卡尔·荣格后来也转而反对他，与他分道扬镳。弗洛伊德曾经十分羡慕爱因斯坦，他说，任何一个不懂物理学的人都不敢妄自评论爱因斯坦的相对论，但是所有男女老少都敢于评判他的理论，不管他们是否懂得什么是心理学。

然而，弗洛伊德并没有丧失信心，决心向传统挑战，努力在实践中完善自己的理论。他多次去意大利和美国讲学，赢得了众多的支持者。就这样，世界慢慢认识了弗洛伊德，接受了他的精神分析理论。有人说："十多年以前，有谁曾梦想过，今天的大学教授们会向男女学生讲授弗洛伊德的理论？科学家依靠它，以探求本能的奥秘；教育家希望从中找到训练年轻人的秘诀。"1914 年和 1917 年弗洛伊德曾被提名为诺贝尔奖的候选人，尔后罗曼·罗兰等艺术大师也多次努力争取过，但均未成功。弗洛伊德自嘲地说："我已经两次看见诺贝尔奖从我面前闪过，但我知道，这种官方式的承认根本不适合我的生活方式。"

英国的一位精神病理家是这样评论弗洛伊德的："60 多年的变化和发展，丝毫没有减弱弗洛伊德的影响和地位。他开拓了潜意识的领域。他帮助人们认识了自身，并懂得如何完善自己。当然，后人将以新的经验修正或发展弗洛伊德提出的许多观点和概念。你可以这么说，他们正在写一本精神病理学的'新约全书'，但是弗洛伊德完成了'旧约全书'，是弗洛伊德做了该学科的奠基工作。"

著名科学家亚历山大·雷德·马丁说："不管承认与否，现今所有的精神病医院心理医疗中心都运用弗洛伊德精神分析的基本理论，……他不仅启迪了医学界，而且推动着所有社会科学学科的发展。"

确实，弗洛伊德的理论对文学艺术的影响是引人注目的。英国作家罗伯特·汉密尔顿称弗洛伊德为"当代文学艺术领域的一位伟大的开拓者"。伯纳德·沃托热情地赞扬他说："没有任何科学家像弗洛伊德那样对文学产生过如此深远、如此广泛的影响。"

弗洛伊德的晚年正值希特勒纳粹党发难之时。1933 年 5 月的一天，5 000 多名佩带纳粹标志的暴徒在柏林歌剧院门前焚烧了 2 000 多本包括爱因斯坦和弗洛伊德的代表作在内的进步书籍。事后，弗洛伊德说："人类进步真大，如果在中世纪，他们早就把我连书带人烧掉了"。不幸的是，数月后，他的五个姐妹中有四个惨死在纳粹集中营。

弗洛伊德近 80 岁时身患绝症——口腔癌。他的晚年生活更是命运多舛，十分不幸。1938 年，纳粹德国并吞了奥地利，弗洛伊德危在旦夕。在美国总统罗斯福的干预下，在亲朋好友的帮助下，德国政府迫于舆论的压力，终于允许弗洛伊德携家离开德国。弗洛伊德全家来到英国，受到英国和其他国家热情的欢迎和照顾。慰问信函和电报每天似雪片般飞到伦敦，有的封皮只写着："伦敦 弗洛伊德"几个字，但也能准确无误地送到弗洛伊德的住处。弗洛伊德成为人民心中正义、科学和友谊的象征。

1939 年初，弗洛伊德的病情恶化，癌细胞已严重扩散。他以顽强的毅力维持着微弱的生命的火花，直到临终前几星期，他还坚持为病人看病，做精神分析。同年 9 月 23 日弗洛伊德与世长辞。伦敦为弗洛伊德举行隆重的悼念仪式。著名科学家 A. G. 坦斯利在为英国皇家学会撰写的讣告里是这样评价弗洛伊德的理论贡献的："只要我们想起，弗洛伊德是在探索一个前人从未触及过的领域——人类思维的领域，并且他的理论由于这个领域长期视为森严壁垒的禁区而被人忽视，我们就可以认识到，弗洛伊德的理论具有多么伟大的变革意义。"也就是说，弗洛伊德的精神分析学说是否正确、是否完善，是值得商榷的；但他敢于创新的精神是永垂不朽的。

（二） 乙酰胆碱是梦的分子生理学基础

胡文祥博士领导的课题组，对梦的研究初步结果表明：抗胆碱药物在治疗肠胃病、有机磷农药中毒、戒毒、改善微循环等方面有重要生理作用，特别是这类药物有可能阻断梦的进行。

人类关于梦的传说和解释甚多，多数带有唯心色彩。20世纪的头一年，伟大的精神分析心理学创始人弗洛伊德出版了被誉为影响世界历史进程的一部著作《梦的解析》，提出了潜意识、本能论及"梦是愿望的达成"等一系列新概念、新观点，开创了关于梦的心理学研究之先河。但只有对梦进行科学的生理学和药理学研究，才能排除唯心论的干扰，阐明梦的本质。

现代科学研究表明，梦是人类睡眠过程中出现的一种必不可少的复杂的生理现象。入睡后约一个半小时，大脑将被脑电流唤醒，中脑、脑桥和延髓开始连珠炮一般发射高压脉冲，释放的化学物质像波浪一样被拍打进前脑，这时便开始做梦了。一整夜能经历约4次这样快波睡眠和慢波睡眠相互交替的过程。梦是快速眼球运动中精神图像（心理学称为"意像"）的集合。快速眼球运动的生理特征是眼球运动快、脑电波振幅低且频率快、呼吸和心跳不规则、颈部和四肢肌肉张力下降、处于麻痹状态，如果这时候把睡眠者叫醒，他们往往说正在做梦。

2～3周龄的婴儿就出现了快速眼球运动；所有的鸟类和哺乳类（食蚁兽除外）都有快速眼球运动现象。按照达尔文的进化论，这些生物来自共同的祖先，因此快速眼球运动是人类在进化过程中接受的遗产，梦这种精神活动可以追溯到1.35亿年以前。

心理活动必然有其生理活动的物质基础。乙酰胆碱可能是制造梦的物质材料。在脑干中已知至少有两种神经元控制睡眠。有些科学家认为，一种神经元利用乙酰胆碱进行沟通信息的工作，在快速眼球运动睡眠中，这种神经元的开关是打开的；另一种神经元利用去甲肾上腺素和5-羟色胺发出信号，在快速眼球运动期间，这种神经元处于"关闭"的状态。此时胆碱能神经元释放出乙酰胆碱，万炮齐发、把电信号送到大脑皮质这个高级的思想和视觉活动中心，当它接收到这些信号后，借助以前储存在记忆库中的信息去翻译解释这些信号，同时把它们编织成梦的故事。由于存贮在记忆库中的信息多数是近期获得的，故梦往往也成为近期所遇事情、所思考问题的非逻辑组合（依此可以解释许多梦境的来源），所以俗语常说"日有所思，夜有所梦"。

一项动物实验有助于说明乙酰胆碱很可能就是制造梦的材料。如把乙酰胆碱的类似物注射到猫的脑干中，猫就进入快速眼球运动睡眠状态。运用这种假说，还能解释为什么我们做梦时只能"看"到千奇百怪的画面，却闻不出香、臭等气味，尝不出酸、甜、苦、辣等味道。在快速眼球运动期间强烈发射出的是视觉神经元，而不是嗅觉神经元和味觉神经元。由于大脑皮质收到的信号来自脑干而不是来自外部世界，这些混乱的信号非逻辑的组合就产生了奇怪的情节。在快速眼球运动睡眠时，控制运动的神经元发射得非常快，发射的频率和数量与白天动作差不多，因此梦中常出现追赶、打斗、从高处掉下来的场面。胡文祥推测：倘若与运动有关的系统在睡眠时与胆碱能神经系统偶联仍然十分密切，则可能出现梦游现象；若完全无偶联关系，则可能出现别人追赶、自己想跑却怎么也跑不动的现象。

乙酰胆碱可能激动 M 和 N 受体。在休息和睡眠期间副交感神经系统活动时，即发生生理性的 M 受体兴奋，乙酰胆碱与 N 受体（通道蛋白）结合后，受体构象改变，通道打开，Na^+ 大量涌入细胞内，导致膜的去极化。而当细胞在静止状态时，其阳离子通道是关闭的，膜内外的电势差约 -70mV。一旦通道蛋白与乙酰胆碱结合，即可使阳离子进入细胞内而造成膜的去极化。这种电信号可以方便转变为光信号而影响视觉神经元，因为物理学上光电转换是最容易实现的过程之一，这就是为什么快速眼球运动时强烈发射的是视觉神经元。

为什么梦往往记不住？一般醒后 15 分钟梦的内容就会烟消云散，这是因为梦是储存在短期记忆库中的，而能够把信息"打印"在长期记忆库的化学物质是去甲肾上腺素和 5 - 羟色胺，做梦时它们恰恰处于关闭状态。

胡文祥认为，对梦进行科学研究，不但能解除睡眠失常者的苦恼，有助于解开记忆之谜，使人类更好地了解自己，而且还可能在心脏病因噩梦而猝死以及梦游症等的预防治疗中，适当运用某些抗胆碱能药物，可望达到良好的效果。N 受体激动可影响血压，心脏 M 受体调节心率减慢和心收缩力降低，其主要作用部位在心房、窦房结和窦室节，心脏 M 受体的过度兴奋能引起心律失常、房室传导阻滞、最终导致心跳停止。这就是我们提出抗胆碱药预防治疗心脏病患者因噩梦而猝死的根据之一。我们初步结果曾显示 8021 等有关抗胆碱药可以阻断噩梦，而且进一步推测：能进中枢神经系统、具有较强抗 N 样作用的抗胆碱能药物阻断梦的效果较好；药理学研究有可能帮助更加清晰地阐明生理过程。我们的有关设想和有关研究工作曾得到了一些专家学者的支持。20 世纪 90 年代，我们研制成功了补钙和改善睡眠类保健食品——航天牌眠尔康胶囊，获得国家和国防发明专利以及国家药品食品监督管理局批准文号，其中含有人类松果体分泌的松果体素（又名褪黑素），负责调节生物钟。如果说将梦从神话迷信中解放出来变成科学的心理学、生理学研究工作是一次飞跃的话，那么从梦的生理学到药理学研究将是另一次飞跃，因为考察药物对梦的影响过程可以大大帮助阐明梦的生理学。当然梦与记忆等是很复杂的生理现象，可能与多种神经递质系统及其他系统有关，需要多部门协同攻关，方可阐明梦的本质。

这里顺便指出的是，最近统计表明，我国每年死于各种冠心病的患者超过 100 万，其中猝死于睡眠之中的人数达 30%，也就是说每年有超过 30 万的心脏病患者在梦中逝去，心脏病人往往在凌晨 4 点左右发病猝死，睡眠呼吸暂停综合征可能是主要原因之一，另一个最可能的原因就是做噩梦！每年 3 月 21 日是世界睡眠日，失眠和睡眠呼吸障碍均可危害心脑血管系统，是心脑血管系统疾病的高危因素，全球每天有 3 000 多人在夜间死亡。因此，关注睡眠、做好美梦、关爱心脏，应该成为当今世界最响亮的保健箴言。

这里我们不妨猜一个谜语：世界上什么东西是最大的、又是最小的，最明亮的、又是最黑暗的，最甜美的、又是最酸苦的，最好的、又是最坏的，最公的、又是最私的，语言文字中的一切形容词都是描述她的感受，一切音乐都是描述她的旋律，答案就是心理。从梦的解析深入到心理研究，又用心理学研究结果来更好地进行梦的解析、精神分析和其他心理创伤的治疗和康复。我们曾经研究过心理承受力与生存能力之间的微妙关系，提出过"心理力学"新概念，同时还提出过"社会力学""政治力学""经济力学"等概念，取得了一些有意义的结果。

在研究部队官兵心理健康问题的过程中，胡文祥提出了两门新的分支学科，一是环境心理学，即研究自然环境（包括太阳活动、地球气候、空气质量等）与社会环境对人类心理的影响；二是分子心理学，即从分子水平上研究人类心理变化的生理生化本质。例如，遇到危险情况会产生两种情形：兴奋和害怕，主要分子机理是遇到危险情况人体会分泌更多的肾上腺素，当促进多巴胺生成时，则产生兴奋心理状态，当血清促进素分泌增加时，则产生恐惧心理状态。运用这两门新分支学科来研究特种人员心理状态，必将促进这一领域心理防护的深入开展。迄今为止，太空梦的研究还是一片空白，尚需更多科学家致力于这一领域的研究。

十一、精神神经递质统一论

无论世界多么纷繁复杂，但我们坚信世界具有统一性，究竟她统一于物质？统一于能量？统一于信息？统一于描述其相互作用的数学方程的类似性？万物统一论（包括引力、电磁力、弱力和核力等四种力的统一），这是包括伟大的科学巨匠爱因斯坦等一大批科学家终身追求的目标，尽管离这一目标还相当遥远，但许多仁人志士已经踏上了这一具有巨大吸引力的荆棘丛生之途。统一论思想横跨了哲学、社会科学和自然科学等诸多学科领域，爱因斯坦等伟大科学家探讨的是物理世界的统一论，胡文祥运用统一论的思想，曾经建立了物理化学重要公式的统一基础（见协同组合化学专著）；从20世纪80年代末90年代初研究胆碱能神经系统分子药学时，就开始探寻精神世界的统一论。

物理学研究的一个主要目标就是：了解自然界如何以一种统一的方式发生奇妙的变化。过去一些最伟大的成就已向着这个目标步步靠近：伊萨克·牛顿于17世纪实现了地面物体的力学和天体力学的统一；詹姆斯·克拉克·麦克斯韦于19世纪实现了光学和电磁理论的统一；阿尔伯特·爱因斯坦于1905到1916年间实现了时空几何和引力理论的统一；此外，化学和原子物理亦因量子力学在20世纪20年代诞生而统一起来。

爱因斯坦花费其生命的后30年致力于统一场论的研究，未获成功；统一场论旨在使广义相对论（爱因斯坦自己创建的时空与引力理论）和麦克斯韦的电磁理论相统一。后来，实现统一的工作取得了某些进展，但却是在另一个方向上。当前关于基本粒子和基本力的理论（所谓粒子物理的标准模型）已经实现电磁相互作用和弱相互作用的统一（弱作用力是导致放射性过程及恒星中中子与质子相互转化的力）。标准模型对于强相互作用——即把夸克束缚在质子和中子内部以及把质子和中子束缚在原子核内部的力——做出了单独然而相似的描述。

在现有的技术下，加速器的直径与被加速的粒子获得的能量成正比。要建立起电磁力、弱力、核力和引力四种力的大统一论，需要把粒子加速到 10^{16} – 10^{18} GeV 的能量，这样就需要一台直径达几光年的加速器。即使有人能找到其他某种办法来把巨大的能量集中在单个粒子上，在这样高的能量下有关的过程的发生率也将太慢，不能产生有用的信息。但是，尽管我们不能直接研究 10^{16} – 10^{18} GeV 能量下的过程，我们可以利用下面这种相当大的可能性：这些过程将在我们能够达到的能量范围内产生某些可以通过实验辨认出来的效应，因为这些效应超出了标准模型的允许范围。

把各种不同现象统一在一个理论内，很早以来就是物理学的中心问题之一，粒子物理学的标准模型成功地描述了自然界的四种已知力中的三种

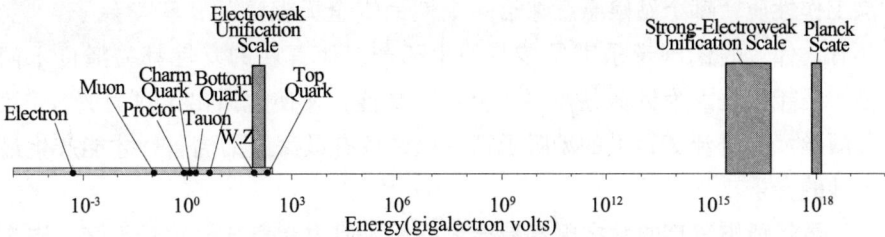

图2-1　大统一论的能量图

(The energy diagram of the grand unified theory)

层次问题可以衡量我们的无知程度。实验（黄色条带）已经探索了最高为200GeV左右的能量，并揭示了大小不同的各种粒子质量（红色圆）以及相互作用能量尺度（绿色），标准模型已对这些做了描述。问题在于另外两种能量尺度（即强相互作用－弱相互作用在 10^{16} GeV 附近统一的能量尺度及量子引力特有的普朗克尺度，在 10^{18} GeV 左右）存在巨大的空白

THE HIERARCHY PROBLEM is a measure of our ignorance. Experiments (yellow band) have probed up to an energy of about 200 GeV and have revealed an assortment of particle masses (red) and interaction energy scales (green) that are remarkably well described by the Standard Model. The puzzle is the vast gap to two further energy scales, that of strong - electroweak unification near 10^{16} GeV and the Planck scale, characteristic of quantum gravity, around 10^{18} GeV.

注：本图的彩图见本书第294页。

（电磁相互作用、弱相互作用及强相互作用），但尚未与广义相对论（支配引力和时空性质的理论）实现最终的统一。虽然，距离物理学的大统一目标还相当遥远，但是，人们绝不会放弃往这一目标前进的努力，尤其是给予精神世界的统一论许多期盼。

胡文祥在研究神经系统与神经递质的时候，就意识到：无论是天才还是精神病患者，均与神经递质信号传导系统上下调及其相关体系异常有关，这是一个惊人的观点。

最典型的人物例子是诺贝尔经济学奖获得者、纳什均衡理论的提出者约翰·纳什，他从小就是一位数学天才，后来又是精神分裂症患者，精神病不发作时，他是一位天才的研究者，一旦发作，就是一个典型的精神病患者。好莱坞以他为原型创作了一部经典的电影《美丽的心灵》，在全球反响很大。这可以用胡文祥提出的精神神经现象的递质统一论得到阐明。

再例如，德国哲学家叔本华，这位悲剧大师从小就没有女人缘，年轻时与母亲决裂，从此他的一生便在痛恨女人中度过。叔本华曾因为受不了女裁缝的吵闹，而将其推下楼梯并致其残疾，所以，他对女性的论断也极其偏执。作为欧洲最富有的"流浪汉"、瑞典伟大的化学家、发明家诺贝尔，喜爱的姑娘不是早逝就是另嫁他人。也许是因为他不断试验炸药的危

险工作性质，哪个姑娘愿意嫁给一个性命安全无保障的"科学疯子"呢？还有，伟大的德国音乐家贝多芬一生孤苦，他喜欢的女性都另择良木而栖，可能正是因为贝多芬在感情上不断受挫，才使他谱出了《月光》《致爱丽丝》这样流芳百世的动听乐章。也许只有最深刻的痛苦，才能产生最美妙的音乐。

虽然孤僻清高的性格更容易导致抑郁，但也常意味着独具天赋，许多天才的杰出人士，常常患严重抑郁症而自杀身亡，WHO 和美国哈佛大学公共卫生学院预测：到 2020 年，抑郁症将成为造成人类死亡和残疾的第二大疾病。

精神病疾患还没有引起我国的高度重视，事实上比想象的要严重得多。2009 年 6 月，世界著名医学杂志《The Lancet》即《柳叶刀》上发表了一篇名为"2001～2005 年中国四个省精神障碍患病率、治疗及相关残疾：一项流行病学调查"的论文，这份由 WHO 自杀预防研究与培训合作中心执行主任菲利普斯（Michael Phillips）及其团队合作的报告中所披露的调查数据，也被业界认为是中国国内首次大样本调查研究精神障碍患病的范例。调研小组对中国四省 96 个城市和 267 个农村抽样点的 6 万余成人调查显示，国人多种精神疾病现患率高达 17.5%，推测全国有 1.73 亿成人有精神疾病，其中 1.58 亿从未接受过任何医疗服务，而全国重性精神病患人数已超过 1 600 万，精神疾病引起的疾病负担已经远大于心血管疾病和肿瘤等，这类疾病已成为危害人们健康最重要的"元凶"；中国的心境障碍和焦虑障碍患病率女性要高于男性，40 岁及其以上的人要多于 40 岁以下的人，男性使用酒精所致障碍的患病率是女性的 48 倍，农村居民比城市居民有更多的抑郁障碍和酒精依赖；在这些可以诊断为精神病的人中，24% 由于疾病已经中度或重度残疾，仅有 8% 的曾经寻求专业人员的帮助，5% 曾经找过精神卫生专业人员。

抗抑郁常用药之一是百忧解，主要是通过抑制中枢神经对递质 5 - 羟色胺的再吸收，来用于治疗抑郁症和其伴随之焦虑、治疗强迫症及暴食症。这表明精神疾病及其治愈均与神经递质有关，学习和记忆也与另一类神经递质乙酰胆碱等上下调有关，这是胡文祥提出递质统一论的基础。

人的生老病死乃至整个生命过程的调控与人体的内源物质的存在和变化息息相关。其中，神经递质是人体内种类最多，分布最广，含量最丰富的一类内源性物质。从胚胎形成到出生后的生长、发育、认知功能和性功能的形成、神经传导、信息传递到全身各器官、系统的成熟和行使功能，无不与神经递质密切相关。例如，情绪活动、睡眠、精神分裂症、药物依赖症、重症肌无力、有机磷中毒症、阿尔茨海默病、脑血管病或脑卒中、癫痫、兴奋性毒性等无不与神经递质功能紊乱有关。再如，大多数脑卒中患者在恢复期易患抑郁症，均与 5 – HT 受体功能异常有关，这是用百忧解药物治疗基本上能缓解这类抑郁症的原因。

首先意识到梦与精神病现象之间存在密切关联，是精神分析学创始人、奥地利维也纳犹太籍伟大的心理医生西格蒙德·弗洛伊德（Freud S）的天才发现。胡文祥在 1996 年获得军队科技进步二等奖项目"胆碱能药物的分子力学研究"总结报告、继之在 2003 年科学出版社出版的《协同组合化学》一书中论述了梦与神经递质乙酰胆碱之间的关系，开创了精神神经递质统一论先河。

根据唯物论，所有心理现象一定有其生理物质基础，我们发现这一物质就是神经递质。依据精神神经递质统一论，可建议对精神病患者的综合疗法：或用心理疗法（如精神分析），或用环境改变物理疗法，或用相关神经递质药物（如 5 – 羟色胺受体再摄取抑制剂百忧解）并辅之其他类药物（如罗拉、佐匹克隆等改善睡眠药物），或者心理、生理、物理三种疗法合理组合，一定能收到良好的治疗效果。

神经痛是最困扰人类的一种病痛，其治疗方法在医学上仍然具有极大的挑战性，目前在临床上用于缓解神经痛的药物多为主治如癫痫、抑郁等病的药物，后来发现可缓解神经痛才用于治疗这些疾病。这在很长一段时间内是无法理解的现象。现在用神经递质统一论就能很好地阐明。

在胡文祥看来，梦、潜意识、心理活动、学习记忆、成瘾性、致幻性、帕金森氏症、阿尔茨海默病、抑郁症、神经症、神经痛、精神病和天才思维等复杂精神现象的背后，一定蕴藏着某种统一性。他们的生理物质基础是相似的，都与神经递质上下调及其体系异常密切相关，就像哈肯创建协同论时想到：热力学相变如水的蒸发与激光的形成相类似，可用序参量的相似数学方程来描述。我们相信精神神经现象也存在这种相似的统一性。

顺便指出的是，上述精神神经递质统一论与弗洛伊德杰出理论不同之处是显而易见的。弗洛伊德认为：性的冲动，广义的或狭义的，都是神经症和精神病的重要起因，更有甚者，这些性冲动对人类心灵最高文化的、艺术的和社会的成就做出了巨大的贡献。他天才地想将人类的杰出文艺成就与精神疾病统一起来解释，从这一点上来讲，他应是探索精神世界统一论的先驱。但是，众所周知，性的分子基础是由人体中的荷尔蒙即性激素来决定的，与我们的神经递质决定论是全然不同的两个理论体系，而且我们统一的范围更大。尽管如此，两者追求精神世界统一论的目标是相似的。

胡文祥一直倡导运用概率论、拓扑论、量子论、相对论、控制论、系统论、信息论和协同论等来研究化学和生命科学及其相关领域的复杂现象，试图探寻其某些统一的理论基础，尤其是在比较论、组合论和统一论三个方面取得了许多进展。单就统一论方面而言，我们踏着伟大先驱欧几里得从几条公理出发创立平面几何学和爱因斯坦探讨四种物理力统一性的足迹，缓步前行。从 20 世纪 70 年代末期开始至 90 年代中期，胡文祥先后建立了物理化学重要公式的统一基础，光、催化作用、取代基效应和离子极化作用等能量改变论，各类有机磷酸酯[31]PNMR 化学位移统一计算方程，作用于蛋白受体的药物分子骨架的四原子规则，胆碱能受体分子药理学模型，广义电子等排原理，以及上述论及的精神世界的神经递质统一论，为推动相关领域的发展提供了重要参考，不断丰富了人类知识宝库。今后，我们还要沿着统一论的足迹，勇往直前！

第四章

军事科学新视点

一、太阳活动与世界和平

人类为什么要进行战争？在什么时间容易爆发战争？这是许多人们关注的两个重要问题。第一个问题的答案是比较明确的，战争是为了自己想得到的利益以扩张、争权或保家卫国的形式而进行的激烈的暴风骤雨式的武装行动。要回答第二个问题就不那么容易了。按照辩证唯物论的观点，战争发生与否取决于当时的政治、经济、社会等各种主客观矛盾的激化程度；同时，最高决策者的生理心理状态也会对战争的发生与发展产生影响。因此，影响人类心理思想情绪的客观因素也会对战争的发生与否和发生时间产生重要影响。研究这些问题，对于制定国防战略、战备及后勤保障等政策都具有重大的现实意义。

（一）太阳活动的基本概念

所谓太阳活动就是日面光球上大量出现黑子、谱斑、光斑、日珥、辉斑等现象。太阳活动峰期，大量辐射各种射线，抛射大量物质微粒流，影响地球大气层及其磁场，致使气候变化异常，瘟疫、疾病滋生、蔓延等现象发生。

太阳是一个直径约 140 万公里的巨大火球，据估算太阳每秒向四面八方辐射的总能量约为 382 亿亿亿瓦，它的能源在于其核心部分的聚变反应（四个氢原子合成一个氦原子），太阳活动，从其自身能量角度来说，主要就是指这种核聚变反应程度的变化。人们用太阳黑子的相对数来表示太阳活动的剧烈程度。当前的每日黑子相对数，由国际天文学联合会委托苏黎世天文台汇总，发表在该台出版的《太阳活动》季刊上，中国测出的每日黑子相对数载于北京天文台出版的《太阳地理物理资料》中。

1843 年德国施瓦布发现平均每隔 11.2 年左右太阳的变化有一次高峰，即黑子相对数有极大值，同时发生在太阳各层大气中的一些其他活动，如光斑、谱斑、耀斑、日珥等也达到极盛时期，当太阳处于宁静时，黑子也随之销声匿迹。后继的研究发现，与黑子变化相伴随着的强大磁场是极性交替变化的，如果这次形成黑子活动高峰的磁场是北极，那么下一个周期高峰时将由磁南极形成黑子，即按照黑子磁极性的变化，太阳活动的周期应为 22 年（也称海耳周期或磁周）。为了表达方便，人为地规定（不是太阳活动的绝对规律）：以 1755 年开始的 11 年为第一周期，以后每隔 11 年左右为一个太阳活动周期。

关于太阳黑子出现周期的解释，目前有一种"爆发理论"，认为太阳每隔 11 年左右要发生一次磁场大爆发，涌至表面的磁流对太阳内部至表面的能量传递起着一种阻隔作用，所以就使得磁流所在区域的表面温度降低，形成黑子，也就是说黑子活动的周期是太阳"爆发"周期的表现。应当指出，由于证据不充分，现在还不能使太阳活动周期性的问题得到圆满的解释。

太阳与地球是不同类型、不同层次的天体，在质量、体积和物理状态等各方面都有巨大的差别，如表 4 - 1 所示。

表 4 - 1   太阳与地球的比较

天体	质量（g）	体积（cm³）	物理状态	运动（以银河系中心为参照点）
太阳	1.989×10^{33}	1.44×10^{33}	等离子气态球发光，有核反应	（1）绕银河系中心运动 （2）绕自身中心轴运动
地球	5.989×10^{27}	1.1×10^{27}	固液气三态并存不发光，有生物和水等	（1）随太阳绕银心运动 （2）绕太阳旋转 （3）绕自身轴旋转

其中在质量上，太阳/地球 $\approx 3.3 \times 10^5$；在体积上，太阳/地球 $\approx 1.3 \times 10^6$；在运动上，地球绕太阳旋转。地球从太阳得到的能量，相当于地球上所有发电厂发出能量的 10 万倍，而这在太阳总辐射能量中仅占 20 亿分之一，这点能量就足以使我们蔚蓝色的地球显得勃勃生机了。生物圈中一切生命活动和物质运动的原推动力主要来自太阳的辐射能，一旦辐射能发生变化，其各种运动状态必然要随之而变。根据热力学第一定律，生物圈的能量增加时，各种运动的能量也就相应的增加，表现为运动的速度和力度会增强。

由以上关系我们可以看出，无论是在运动上，还是在能量上，太阳都在支配着地球。

许多自然和社会现象都与日月星辰周而复始的运动周期性（时间周期性，以区别于结构周期性，如化学元素周期性、物质晶体点阵的周期性等）相关联。例如，潮汐、磁爆、动物的发情期、疫病的流行，人的情绪、智力、体力和创造力，女性的月经期等都具有周期性，也就是说上述现象都是时间的周期函数，理论上可用傅里叶级数表示。

$$Y = F(t) = 傅里叶级数$$

只是它们的周期长短不同，这也许有其深刻的、自然的和哲学的背景。

（二）太阳活动与世界和平

世界和平与太阳活动有关，这命题似乎有点离奇，但的确是客观事实，仔细分析也不难理解。就太阳黑子相对数而言，太阳活动是以 11.2 年为周期的。早在 1980 年胡文祥的统计就表明，近百年来太阳活动峰年及前后一二年发生的侵略战争及国内大暴动是非太阳活动时的 3～5 倍，即动乱发生在太阳活动较剧烈时期的概率大约是 70%。1980 年是太阳活动第 21 周期的峰年，次年初，就发生了苏联进兵阿富汗事件；接着又发生了两伊冲突；在此前一年，我国进行了对越自卫反击战。1991 年是第 22 周期的峰年，在此前后几年是较为动乱的时期。这次太阳周期上升段与前次同期相比，虽然太阳活动区数目居中，耀斑数目亦减少了 10%～20%，但是大黑子群多，高能耀斑和质子数目要多出 1.7 倍，这就导致了 1989 年 3 月太阳的一系列大爆发，使地球西半部近 60 次短波通信衰减甚至中断，其中有两次中断时间长达 12 小时之久；同时美国国家气象卫星一度中断向地面发送云图；美国的军事系统跟踪的几千个目标亦近乎失踪，等等。东欧剧变、海湾战争、苏联解体和南斯拉夫内战等，就在这一时期接连发生；同时，旱涝和地震也常常相伴发生。1989 年的一天，加拿大的魁北克省突然全省断电，全省 600 万人同时陷入黑暗，机器停转，电车停驶，无线电传输和导航系统全部瘫痪。原来，这是远在 1 亿 5 千万公里以外的太阳发生了巨大磁爆造成的，磁爆产生的带电粒子冲击地球，在北磁极的作用下在加拿大的魁北克上空出现了美丽的极光，90 秒后，就发生了断电事故，这场事故的损失超过 10 亿美元，造成这次灾难的源头是谁？太阳活动。

按照预计，2013 年是太阳活动峰年，果然，2014 年 1 月，美国发生了百年未遇的、罕见的冰冻雪灾，有的地方的气温甚至降到了 －50℃，超过了人类的生理极限。看来，太阳活动峰年，地球气候异常，几乎形成了规律。气候异常必然会影响到人类的心理、生理状态。第一次世界大战（1914 年）发生在太阳活动第 14 周期峰年的前一年，第二次世界大战（1939 年）发生在太阳活动第 16 周期峰年后第二年。总之，太阳活动是人类动乱的一个重要的客观因素。因此，在太阳活动峰年及其前后，我们必须更加重视国防安全和军事斗争准备工作，以应对不测之局势。

太阳活动对地球和人类生存环境产生巨大影响。例如，河流湖泊水位的涨落、全球气温的高低、洪水雨量的盈亏、地壳运动的形变，无不与太阳黑子数目的变化密切相关，而太阳耀斑的大爆发，则将引起地球电离层的扰动，直接影响短波通信及空间飞行器的发射与工作。周期性和非周期性的太阳活动异常，可能过早毁坏低轨道人造卫星。在太阳活动高峰期，夜空经常会有明亮的极光掠过，全球的无线电通信时有中断。由于太阳活动引起大量带电粒子轰击地球，可造成输电线路和通信电缆的毁坏性电流冲击。

准确地预报太阳活动对于宇航局、军事情报组织和低纬度卫星使用者及军事战略都非常重要。这样还可使空间站的工作人员及时地回收或修理科研及国家保密所必需的贵重设备。

人类行为与天体活动密切相关，因为天体也是人类所处的物质世界环境的一部分。人类的一些疾病大流行、意外大事故和暴力事件的发生，除了自身的原因外，还与太阳和月亮等天体活动有关。大地震的周期性，山洪暴发、河水猛涨的周期性，大灾害、犯罪的周期性，甚至动物发情、女子的月经周期性及生物生长发育的周期等与日月星辰周期性的运转和突变密切相关，用这种思想来剖析人类面临的问题，就会得到许多惊人的结论。

从本质上看，太阳活动峰年，人体吸收的辐射剂量异常、人们所处的环境（大气扰动、地磁变更等）异常致人暴躁、心神不安、好战好斗的情绪增长，这就是太阳活动威胁世界和平的根本原因之一，也是军事生理学、心理学和国防战略研究的重要课题。

胡文祥在此大胆地预计，2024 年是下一个太阳活动峰年，其前后的年份应该是不大安宁的。

下面略论一下太阳生物学，以期加深人们对天体活动影响地球及人类的印象。

（三）太阳生物学

对于生活在地球上的人来说，没有比太阳更重要更亲切的了，它代表着光明与希望，四季更迭、岁月流逝，一切生命活动的维持与节奏莫不与太阳休戚相关。因此，一门专门研究太阳活动直接与生物圈之间关系的边缘和交叉学科——太阳生物学逐渐兴起。

早在1915年俄国学者亚历山大·耶夫斯基就写了"太阳对地球生物圈的周期性影响"的论文，可以说是太阳生物学的奠基之作，但当时并不为人们所重视。直到近几十年，随着对生物圈中各种运动资料的积累和对太阳活动现象广泛深入的观察，人们才越来越关注太阳的周期性活动与整个生物圈千丝万缕的联系。事实上，不少学科，如天文学、地质学、生物学、医学、灾害学和社会学等都从不同角度对此问题进行了研究，但是这些研究往往只是注重某个侧面。其成果好像是一堆堆砖瓦、钢筋和水泥，还不能建成"太阳生物学"这座宏伟的科学大厦。建立"太阳生物学"的任务，就是要把有关研究的成果收集和联系起来，形成自己独特的体系，发挥出特有的新的整体效应，给现代人以科学武器，帮助人们在普遍存在的宇宙作用下，用更高层次的观点来研究全球生物圈中的活动，揭示自然界的奥秘，有效地预测、抗御和减轻灾害对人类的影响，促进社会的和平与发展。

1. 太阳活动与生物生长的关系

粮食始终是人类赖以生存的物质基础，所以研究粮食产量变化的规律有着重要的意义。从几个大国的小麦产量可以说明在太阳活动极大年附近产量增加的规律：1958年是第19周期太阳活动的极大年，我国1956～1958年的年产量比1960～1965年的高22%；苏联1956～1958年的平均产量比1960～1965年要高。1969年是第20周期太阳活动的极大年，加拿大1967～1969年的平均产量比1970～1973年的高27%。据比照，蔬菜的产量也有相同的规律，与此相应的是，历史上全球性或地区性大范围饥荒的发生也多在太阳黑子极小年附近，对此种情况，希望引起经济学家、农学家和政府农业部门领导的高度重视。

美国天文学家道格拉斯，通过广泛收集美国、英国、法国和瑞典等国的树木样品进行测定分析，他发现年轮宽度的变化有11年周期，这表明树木的生长速度有11年的变化：年轮宽时，生长较快；年轮窄时，生长较慢，在太阳峰年附近，树木生长速度达到极大值。澳大利亚科学家布雷也指出，太阳活动越强，森林的生长速度也越快。

虫害的发生和发展与环境的温度、湿度、土壤以及生物群落有非常密切的关系，还有一个因素就是天文因素。农学家兰禅拉·劳统计了1863～1936年印度北部沙漠蝗虫的资料，发现73年中共发生蝗灾7次，每次间隔 11 年，而且在太阳黑子谷年附近。值得注意的是，我国的蝗灾发生在太阳活动 11 年周期中很可能有"双波效应"。也就是说在太阳活动谷年附近也有较严重的蝗灾。经研究发现，鼠的繁殖每隔 10～11 年也有一个高峰，而且发生在太阳活动谷年附近。对于这种现象，一种看法以为耀斑的增强，X 射线或紫外辐射杀死了昆虫；另一种看法是耀斑的高能粒子强烈地改变了地面的环境条件，例如，温度、湿度和气压等，使昆虫无法适应而导致死亡。

2. 太阳活动与人类健康的关系

流感至今都是人类难以制服的"敌人"之一，科学家注意到每次流感大流行时病毒的类型虽有不同，但其流行的间隔有明显的周期性，美国科学家分析了从 1700～1979 年 280 年间的流感发生情况表明，除了 1879 年，其余 11 次流感大流行都是发生在太阳活动最强的时期。目前传染病和瘟疫流行受太阳活动牵制的结论已被科学界所接受，在一些国家中这一结论已被用于预测传染病的流行，以便及时制订预防措施。

太阳活动对人的神经系统也有所影响，这意味着在太阳活动增强时期，要想正确判断不犯错误是较不容易的。廖皓磊等分析了武汉市 36 年来机动车辆交通事故与太阳黑子相对数的相关关系，指出二者之间既有 11 年周期的正相变化规律，又有 22 年周期的负相变化规律，并对可能的机理进行了初步探讨。

另外，太阳活动对心肌梗塞、青光眼等疾病的发生也有正相的影响。最近以色列心脏病专家史托普及他领导的研究小组，经过 10 多年的观察，发现心律失常或心肌梗塞而导致心脏病患者猝死的病例数目与地磁及太阳活动密切相关，这种关联性较非心脏病者高 2 倍。史托普解释说，当太阳活动强烈时，所释放的大量高能辐射可能在数秒之内降临地球大气层，使离地面 50～400 公里的电离层气体迅速电离，后者所产生的电磁场能使地球外层的磁场出现显著的偏差，这种偏差的高低则与多项心血管系统独有的参变数有密切关联。

3. 太阳活动与通信、航天事故关系

现代生活很大程度上依赖于无线电通信，而地面上的无线电短波是依靠地球大气的电离层反射或折射来传播的。太阳活动剧烈时，太阳发出的射电辐射、紫外线、X 射线等大大增强，尤其当太阳上出现大耀斑时，还会发射出强烈的射电爆发和 X 射线爆发，这些很强的 X 射线和紫外线到达电离层后，立即引起电离层的变化，使电离层的大气分子进一步电离，造成大气中离子浓度增高，吸收电磁波性增强，这样就往往导致电波信号严重衰减甚至完全消失而造成短波通信突然中断，直接影响短波通信及空间飞行器的发射和运行。

太阳活动增强还会引起一些地区气压增加、雷暴天气频繁，使高层大气的温度和密度发生很大变化，从而引起人造卫星、空间飞行器和导弹等的运行轨道发生变化。尤其是人类现在已进入宇宙航天时代，在没有地球大气保护的空间环境中，必须要考虑太阳活动时抛出的高能带电粒子对飞行器和宇航员的严重威胁，所以宇航试验一般都选择在太阳黑子极小期间（这时耀斑也最小）进行。

前文提到的汽车相撞，还有火车脱轨、飞机失事和轮船沉没等灾害事故，均与太阳活动存在一定的相关关系。这是因为太阳等天体的活动不仅影响了客观环境，而且还影响了人类的主观精神状态。

4. 太阳活动与气象水文的关系

太阳活动时发出的大量紫外线和带电粒子进入地球高层大气时，使其局部温度增高，因而引起大气中能量的重新分配，改变高空气压场和气流场的形势，而大气的变化势必影响到对流层的天气和气候。我国一些气象台站从分析历年气温变化与太阳大耀斑出现的关系中，发现在大耀斑出现的月份，我国气温显著增高。目前气象工作者越来越重视太阳活动对气象超长期预报和中期预报的影响。

人们从资料统计中发现，地球上的降水量增减周期与太阳黑子兴衰周期一致，都是 11 年。在我国也发现太阳黑子在 11 年周期的低值年附近，常常会出现南涝北旱的天气。太阳活动对气温的影响，现在普遍认为太阳黑子活动衰弱时，地表气温下降，气候变寒冷；黑子活跃时，气候则变暖。

1931 年 7 月，我国长江和淮河流域发生特大洪水，宜昌站出现了 64 600 立方米/秒的最大洪峰流量。淹没农田 5 000 多万亩，14 万人丧生，当时中央研究院气象研究所的竺可桢博士于该年 9 月发表了一篇论文，指出此次的大洪水是大量降雨造成的，并上溯到 1909 年和 1887 年也曾发生过，有意义的是这三次大洪水的间隔均为 22 年，也就是太阳磁场变化的周期，于是竺博士在世界上第一次提出了降水与太阳活动的相关性，这个重要论断后来得到证实。1954 年长江流域再次出现特大暴雨引起的洪水泛滥（宜昌站最大流量为 66 800 立方米/秒，汉口洪峰流量达 76 100 立方米/秒），两次洪水相隔 23 年，1975 年中国又发生洪水，河南等地的汛情相当严重，冲断京广铁路达 4～6 天。据此估算下二次考验将在太阳活动第 22 周峰年过后的谷年到来，也就是在 20 世纪末的 1997 年前后（事实上 1998

年长江流域爆发了大洪水）和 2019 年左右。

黄河是我国的第二长河，它虽水量不太大（年流量 480 亿立方米，在我国各大河中仅居第 11 位），但其含沙量却居世界之首。科学家们以为，黄土及其土壤的特征、高原地区降雨集中的特点及植被和地面坡度等原因是造成黄土堆积地区严重水土流失的主要因素。为了进一步弄清黄河含沙量的变化情况，专家们对黄河中游的含沙量进行研究后发现：①1934 ~ 1988 年 55 年间，含沙量高峰年有规律地间隔出现，因此看来与人为活动的影响无关，而与某种天然作用过程有关。②将含沙量与太阳活动强度进行相关分析，发现含沙量的高峰年与太阳活动的峰年或峰年后的第一年相关，低峰年则与太阳活动的低峰年后一年相关，含沙量相差 1 倍。③55 年中黄河出现的 14 个含沙量高峰的波动周期曲线与太阳活动的周期曲线非常吻合。④值得注意的是，含沙量的高峰年与降水量、河水总流量和洪水高峰年仅部分吻合。因此导致黄河含沙量增高的原因，除了通常提到的气候、地表环境特征因素外，还存在一个强大的宇宙作用因素，即太阳活动对地球环境的影响。

5. 太阳活动与火山地震的关系

地球地下蕴藏的能量相当于全世界埋藏的煤全部燃烧后所发出的热量的 1.7 亿倍，火山的爆发就是这种地热或内能的一种释放形式。地面从太阳吸收的能量若以太阳辐射 100% 计，海洋能吸收 99.63%，大陆深色土壤吸收 85% ~ 90%，浅色土壤吸收 68% ~ 70%，陆地内部热量传导主要在分子间进行，传热深度有限，因而在同一深度热能集中，岩浆的内能增加也快，其活动频率加快、力度加强，当内能聚集到一定程度时，岩浆就会沿地壳裂缝或薄弱地带冲出地表。当太阳活动频率加大时，地层吸收的热也随之加大，火山爆发的可能性和频率就会增加。1980 年太阳黑子相对数为 154.6，该年 3 ~ 5 月，美国圣海伦斯火山连续爆发三次，大量的火山灰和含硫气体等随着烈火浓烟直冲云天，高达 1 500 米，其影响范围不只限于美国本土，而且波及欧洲甚至亚洲。

国内外关于太阳活动等对地震影响的研究已有很长一段时间，各自得出的结论也不尽相同。关于地震是否有规律、其周期长短等问题还没有达成共识。地震活动的周期比太阳活动周期还不严格、还不显著，因为地震大小不同，周期性的明显程度亦不同。《天体运行与地震预报》一书对地震的周期性有过详细讨论，并列举了全世界大小不同的许多地区的各种地震周期，在所列周期中，确实有和太阳活动相应的周期，即为 11 年或 22 年，但更多的是不能用太阳活动来解释的周期，因为太阳活动只是影响地震活动的主要因素之一。

关于太阳活动影响地震的发生，有人认为主要通过大气压力的变化来进行的。大气压力垂直方向的变化与大气压力本身相比要小两个数量级。通常很少超过 40 毫巴，此外大气在水平方向上也有水平梯度力。如果设想地壳中岩石的抗应变强度与逐渐增大的压力积累之间的对抗成熟时，只要有一个极小的力，如大气压力的突然变化，就可能使能量突然释放而形成地震。

应该着重指出的是，太阳活动周期为 11 年，或者为 22 年并不是绝对的、严格的，这只是一个平均的、概率（统计）的概念，从已有的记录来看，短的可至 7.3 年，长的竟达 17.1 年，所以机械地推算也是不科学的。

6. 月亮等其他天体运动对人类生存的影响

2007 年 8 月，在中国杭州的钱塘江边，游人观看江上的大潮时，30 多人被潮水卷入江中，11 人死亡。这是谁干的？月亮。因为没有月亮的起潮力，就不会有海洋上的潮汐，也就不会有钱塘江大潮，所以淹死了观潮的人，月球是罪魁祸首。

到底一个天体是否会对地球上的个体产生影响，按照万有引力计算公式，织女星和地球上一个人之间的引力基本相当于相距一米多的两个人之间的引力。

遥远的恒星又如何影响地球上的人呢？奥地利物理学家马赫有过这样一个假想实验：把大半桶水用绳子吊在半空，然后让它高速转动，这样水也会逐渐随水桶转动起来，在惯性离心力的作用下，水在桶壁处会升起，在桶中心会凹下——这时候，是在宇宙充满星辰的情况下，水桶和桶里的水相对于全宇宙的星辰在转动。现在假设水桶不动，全宇宙及其星辰在围绕水桶转动，按相对性原理，水桶里的水也会在桶壁升起，在中心会凹下。反过来再做一实验：假设宇宙的星辰等全部消失，只剩这桶水，让水桶自己孤立的转动——这时没有参照物，水桶就等于没转，水面就不会变化……以此类推，谁敢说全宇宙的星辰对地球上的人类没影响？

宇宙与地球之间不断地进行着能量和物质的交换，借助于 1977 年诺贝尔化学奖获得者普里高津的耗散结构理论，我们可以粗略地解释一下日地关系，天文因素对生物圈的触发作用类似于小随机涨落，虽然涨落本身的能量不大，却可以引起系统的巨涨落，即生物圈中运动的巨大变化。由于开放系统中，在分支点附近，小随机涨落的作用是不确定的，因此亦不可能要求生物圈中的变化严格按照天文因素进行，再加之其他天、地、生物圈的因素，这些周期性变化便会随时间和空间而变化。然而无论这些现象多么错综复杂，我们都应勇敢地去探索，但我们决不能因此而不相信科学，或者对客观现象不去进行科学的研究，否则，那实际上是一种新的迷信——对头脑中固有成见的盲目崇拜。

能量的观点、联系的观点、变化的观点将是我们研究太阳生物学及其他天体生物学的基本观点。可喜的是，现在世界上已有许多科学家在尝试从事有关这方面的研究，包括它的历史、成因、发生规律、评价等，以上所述的只是目前研究的几个方面。胡文祥相信日地关系，也相信其他天体包括牛郎星、织女星及北斗七星等与地球的关系中的许多重要现象也会越来越被人们所认识和应用。亚历山大·耶夫斯基在逝世前说过一句充满希望的话："辩证法告诉我们，认识任何现象只能从它与周围世界的相互关系中去寻找。在空间时代，科学应该完全阐明太阳和生物圈相互联系的本质。"

世界上（或宇宙中）的一切事物都是相互作用和相互联系的。地球属于太阳的一员，当然要受到太阳的很大影响。没有太阳光的照射地球上的一切生命都会毁灭。世界上的事物也都是一分为二的，太阳内部或表面的活动也会给地球生命带来灾难。研究太阳活动对地球的影响与研究一切自然现象一样，就是要分析现象、认识成因、总结规律、预测未来、防患未然、造福人类。

二、六维空间战

纵观人类战争发展历史，从陆战、海（海面、水下）战、空战发展到网（信息）战、心（理）战、天（太空）战和非传统战争，战争的空间或空域不断扩大，战争的形式、手段、谋略及武器装备不断翻新，战争的奇迹不断产生，构成了一幅波澜壮阔的战争画面，推进了人类历史的滚滚前行。影响战争胜负的因素有许多，包括经济条件、政府机制和武器装备等，究竟什么是战争的决定性因素呢？

毛泽东曾提出："武器是战争的重要的因素，但不是决定的因素，决定的因素是人不是物。"毛泽东深刻阐明了马克思主义战争观关于战争制胜因素的基本道理。

当今世界，新军事变革发展迅猛，信息技术改变了战争形态，高技术武器装备对战争双方力量对比产生了巨大影响。在新的形势下，人的因素特别是战斗精神的作用是任何事物也改变不了的！

纵观中国革命战争的历史，我军历来重视人的因素，特别是重视部队战斗精神的培育。革命战争年代，无论兵员数量，还是武器的先进程度，我军都无法和敌人相比。然而，我军始终所向披靡，攻无不克，战无不胜。这其中的一个重要因素，就是我军官兵有着一往无前、压倒一切敌人而不被敌人所屈服的战斗精神。只有实现发展武器装备和培育战争精神有机结合，才能不断提高打赢能力，履行好新世纪新阶段我军新的历史使命，致力六维空间战争创新，推动现代军事变革，力争打赢高技术、核生化和信息化条件下的六维或者多维空间战争和非传统战争。

（一）陆地空间战——陆战

自地球上产生人类以来，包括用石头、棍棒、大刀和长矛等进行的各种形式的争斗或战争就相伴而生。人类最早的战争形式也是最主要的战争形式就是陆地空间战，即陆战。早期战争只产生了单一军种——陆军，包括步兵、骑兵、炮兵、工兵、装甲兵等，现代陆军还包括集团军直升机大队和陆军航空兵等。20 世纪之前的人类战争史就是陆战史。

（二）海洋空间战——海战

以海洋空间为主要战场的战争就是海战，相应产生的军种为海军，现代海军包括海军陆战队和海军航空兵等。20 世纪之前的海军，如清朝的水师，战斗力都非常弱。以核潜艇、航空母舰为代表的海军现代装备遨游在地球的四大洋，影响着世界军事格局的变化。

第二次世界大战中的珍珠港事件拉开了太平洋战争的序幕，以美日中途岛海空大战等为代表的战争，展现了人类海空大战的壮丽场景。

（三）近地空间战——空战

自第二次世界大战后，近地空间战即空战在现代战争中所占的比重愈来愈大，甚至成为主要战争形式。例如，科索沃战争、海湾战争和利比亚战争，西方只采用了空战形式，没有直接参与陆战。伊拉克战争也先进行了空战，最后阶段才进行了陆战。因此说，制空权愈来愈重要。

（四）太空空间战——天战

以宇宙空间为主要战场的"天战"，即太空空间战或简称太空战。据外刊报道，美国正在加紧研制一种新式太空武器——"太空箭"，亦称"神箭"。该箭没有装药，材料是高熔点钨，箭身配有箭翎，尾翼可起到舵的作用，几十枚甚至几百枚这样的箭被分别安装在太空专用卫星轨道站上，这样不仅可以打击地面和海上任何目标，同时还可以攻击太空中的卫星、航天飞行器以及空间站。外电评论认为，随着"太空箭"等诸多太空武器的相继问世，未来以宇宙空间为主要战场、以军用航天器为主要作战力量、以夺取空间控制权为主要目的的新作战样式——"天战"，登上战争舞台的日子将不会久远。

太空战场的开辟和建立，特别是天基作战平台和天基武器系统的不断发展与完善，催生了一支新军——"天军"。在首长支持下，胡文祥筹备组建了"北京神剑天军医学科学院"。

军用卫星作为军队在太空中的"眼睛""耳目"，对部队的军事行动有着巨大的支持作用。特别是以空间站和天基武器系统组成的作战平台，是太空作战赖以依托的"制高点"。夺取太空战场的主动权，必须着眼于摧毁对方的军用卫星和太空基地，而完成这一任务，太空部队具有重要优势。

攻击地面军事目标。太空战场的一个重要使命是服务于地面战场，由于太空部队能居高临下地控制地面战场，能准确打击地面战场上的军事目标，对于推进地面战场的作战进程、取得作战胜利具有重要的作用。为此，未来太空战场，太空部队将成为运用太空武器装备对地面、海上和空中军事目标进行直接打击和破坏的重要力量。

此外，太空部队还将担负指挥、通信、导航及搜集气象资料等多种军事任务。

太空"杀手"密布。自20世纪中叶以来，美国和俄罗斯等军事强国一直致力于"以导反星""以星反星""以能反星"等反卫星武器的研究，并把其作为控制太空、夺取制天权的重要利器。反卫星武器形形色色，但从其机理看目前已经研制和正在研制的反卫星武器主要分为四种类型：核导反卫星武器，动能反卫星武器，定向能反卫星武器，反卫星卫星。

太空战法异彩纷呈。太空保障战：包括使用各种具有侦察能力的航天器，为地面部队或太空部队提供可靠的、有价值的敌方地面和太空信息；太空封锁战：封锁、拦截敌方运输火箭、航天运载工具，阻止敌方沿航天通道向太空战场增援；太空破袭战：主要是指对敌方太空战场中的卫星、空间站、轨道平台等空间武器装备进行袭击和破坏的作战行动；太空防御战：是指为保护己方在太空战场中各种军用或民用航天器的安全，而在外层空间进行的防卫性作战行动；太空突击战：是指天基作战部队利用太空战场的自然优势，运用太空武器装备对敌方地面、海上和空中的军事目标，进行直接打击和破坏的攻击作战行动；太空电子战：是利用太空战场电子战武器装备，削弱、阻止敌方使用电磁频谱，保护己方使用电磁频谱而进行的电子对抗行动。主要分为电子进攻战和电子防御战。

当今世界，一些军事大国为了满足其政治、经济和军事利益的需要，决不会放弃对太空战场的争夺。因此，未来太空战将会突破以往单纯在技术兵器方面的较量，而重点运用太空部队，采取太空破袭、太空打击、太空封锁等战法，在广阔的外层空间展开军事较量。届时，前所未有的太空大战将以崭新的形态出现在现代战争舞台。

（五）网络空间战——网战

网络空间战简称网络战争或网战，是指敌对双方运用计算机网络在作战指挥、情报侦察、武器控制、作战保障、后勤支援、军事训练、作战管理等方面，为夺取和保持战场制网权所进行的一系列作战行动，用以保护己方信息及信息系统的安全，并否定对方信息，瓦解、破坏、欺骗对方信息系统，甚至悄无声息地破坏、瘫痪、控制敌方的商务、政务等民用网络系统，从而不战而屈人之兵。

早在1991年海湾战争中，美军就对伊拉克使用了一些网络战手段。1990年，美国间谍买通伊拉克安曼机场的守卫人员，用一套带有计算机病毒的同类芯片换下了伊拉克从法国购买的一种用于防空系统的新型电脑打印机的芯片。伊拉克人毫无察觉，将带有病毒芯片的电脑打印机安装到了防空系统上。海湾战争爆发后，美国人通过无线网络激活了电脑打印机芯片内的计算机病毒，病毒侵入伊拉克防空系统的电脑网络中，使整个系统陷入瘫痪。这是世界上首次将计算机病毒用于实战并取得较好效果的战例，从而也使网络空间战初现端倪。

网络战争怎么打？细分起来，网络战争又可分两个方面：对敌方外网即互联网的攻击和对内网即军事网络的攻击。

由于互联网是开放式的网络，对其攻击比较容易，所以历次网络战争中，大多数攻击是针对互联网的，如攻击对方交通、电力、银行等系统的网络，"黑"对方政府的网页等，这种攻击可以扰乱敌方的正常社会生活秩序，造成民众的心理恐慌。

真正的网络战争是对敌方军事网络的直接攻击，这也是最致命的。

无论是对外网还是对内网的攻击，网络战争都与其他作战一样，包括进攻和防御两个方面。在网络进攻方面，主要包括三种样式：一是体系破坏，通过发送蠕虫、木马、逻辑炸弹等渗入敌方电脑，在需要的时机发送指令，对敌方服务器或者网络系统进行攻击，造成敌方指挥控制系统的瘫痪。二是信息误导，向敌方电脑与网络系统传输假情报，改变敌方网络系统功能,可对敌方决策与指挥控制产生信息误导和流程误导。三是上述两者的综合,综合利用体系破坏和信息误导,并与其他信息作战样式结合,对敌方指挥控制系统造成多重杀伤功效。

在网络防御样式方面,主要包括三种样式:一是电磁遮蔽,就是通过各种有效的技术战术手段,减小己方电磁辐射的强度,改变辐射的规律,使敌人无法侦测己方计算机设备辐射的电磁信号,从而保护己方计算机信息系统的安全。二是物理隔离,就是采取各种技术手段,防止计算机病毒侵入己方网络系统。三是综合防护,就是指采取各种措施,加强对黑客攻击和新概念武器等的防护,尽量减少己方计算机网络在敌方攻击中的损失。

网络战分为两大类:一类是战略网络战;另一类是战场网络战。

战略网络战:又有平时和战时两种。平时战略网络战是在双方不发生有火力杀伤破坏的战争情况下,一方对另一方的金融网络信息系统、交通网络信息系统、电力网络信息系统等民用网络信息设施及战略级军事网络信息系统,以计算机病毒、逻辑炸弹、黑客等手段实施的攻击。战时战略网络战则是在战争状态下,一方对另一方战略级军用和民用网络信息系统的攻击。这种战略网络战是不是战争或战争的一部分,人们的认识还不尽一致。俄罗斯方面认为,这就是战争。美、欧的很多学者则说,这要看网络战的规模与破坏程度。零星的、规模小、破坏轻的计算机网络攻击不是战争,有组织的、大规模的、破坏严重的网络攻击可以被视为战争;而在发生有火力杀伤破坏的战争的大背景下,任何规模的战略网络战都是战争的一部分。

战场网络战:战场网络战旨在攻击、破坏、干扰敌军战场信息网络系统和保护己方信息网络系统。战场网络战也分为狭义和广义两种。

狭义战场网络战是旨在攻击、破坏、干扰敌军战场信息网络和防护己方信息网络的作战行动,其主要方式或途径有:利用敌方接受路径和各种"后门",将病毒送入目标计算机系统;让黑客利用计算机开放结构的缺陷和计算操作程序中的漏洞,使用专门的破译软件,在系统内破译超级用户的口令;将病毒植入计算机芯片,需要时利用无线遥控等手段将其激活;采用各种管理和技术手段,对己方信息网络系统严加防护。广义战场网络战类似于美军1998年提出的"网络中心战",它是指将军队的所有侦察探测系统、通信联络系统、指挥控制系统和各种武器装备,组成一个以计算机为中心的网络体系,各级部队与人员利用该网络体系了解战场态势、交流作战信息、指挥与实施作战行动的作战样式。通过战场各作战单元的网络化，能把信息优势变为作战行动优势，使各分散配置的部队共同感知战场态势，从而协调行动，发挥出最大的作战效能。广义战场网络战强调以下基本点：作战行动将主要围绕计算机网络进行，网络是信息实时流动的渠道；信息既是战斗力，也是战斗力的倍增器；作战单元的网络化可产出高效的主动协同，可使指挥员以更多的方式指挥作战，增强作战的灵活性和适应性。

1. 制网权的重要意义

自互联网诞生以来，网络域名与地址的监管便由美国掌控。1998 年 9 月，互联网域名与地址管理机构（ICANN）成立，虽然 ICANN 自称是非营利性的私营公司，却是由美国商务部授权 ICANN 负责域名和互联网相关技术的国际管理，"这也就意味着美国商务部有权随时否决 ICANN 的管理权。"与此同时，美国还掌握着互联网的主动脉。不仅各个国家和地区的通信支干线都要经过美国主干线，而且美国还掌握着全球互联网 13 台域名根服务器中的 10 台，只要在根服务器上屏蔽国家域名，就可以让一个国家在网络上瞬间"消失"。

世界上还没有发生过一次势均力敌的真正意义上的全面的网络战。以往的网络战，总是一边倒的非对称战。网络战具有十分显著的效能：网络已经成为提升军队作战能力的"倍增器"，如同制海权、制空权、制天权一样，争夺制网权已逐渐演变成为美军维持军事优势的重要组成部分，在未来战争中将发挥越来越重要的作用。制陆权、制海权、制空权、制天权、制心权、制网权等究竟哪一个重要，各位军事家、政治家和科学家说法不尽相同，很有可能是它们中的两种或三种的组合是极其重要的。

网络时代，互联网和多媒体技术呈现高速增长，与之伴随的相关业务可以称之为爆炸性发展，并深入渗透到家庭和文化之中，其速度远远超过了两次工业革命时期先进技术的发展速度。互联网为人们提供了一个冲破传统地域的新的活动空间，人们在这个空间里逐渐形成新的生活方式、社会规范和思想意识，并创造出新的网络空间和文化。

金融、商贸、交通、通信、军事……随着计算机网络逐渐渗入人类社会的各个领域，越来越多的机构不得不重新布局以与技术的发展保持一致，国家的整个民用和军用基础设施都越来越依赖于网络，网络也因此成为一国赖以正常运转的"神经系统"。一旦互联网出现漏洞，事关国计民生的许多重要系统都将陷入瘫痪的状态，国家安全也岌岌可危。

2. 北约的国防部长们首谈"防火墙战争"

"北约的下一场战争可能发生在网络领域，北约在柏林墙时代保护成员国，在防火墙时代也必须准备好提供保护。"美国《华尔街日报》2013年4月2日的呼吁话音未落，北约28国的国防部长4日迎来首个以"网络防御"为主要议题的评估会。有北约高官表示，网络安全已成为北约面临的最迫切问题之一。最近一段时间，美欧等国频频将矛头指向所谓的"中国黑客"，这自然被一些媒体放到这次北约国防部长会议的"背景板"上。在强调外部威胁的同时，北约中的大国近来纷纷加强自己的网军建设。法国国防部长勒德里昂3日表示，法国将发展网络攻击能力，而不是单纯采取防御手段。这立即在法国引发"国家间相互网络攻击最终可能会演变为准战争行为"的担忧。中国网络空间战略研究所所长秦安4日对《环球时报》记者表示："如果失控，网络空间的威胁将来可能远远超过核武器，因此各国必须共同维护网络空间安全。"

3. 在防火墙时代虚拟战争同样具有破坏性

法兰西24小时电视台2013年4月4日报道称，在网络攻击加剧、许多人指责中国发动攻击的背景下，北约28个成员国的国防部长周二开会，主要议题是网络安全问题。一名不愿透露姓名的北约高官表示："网络安全挑战随时发生变化，变化速度或许超过我们目前面临的其他任何威胁，我们必须确保北约的应对能跟得上威胁的变化发展。"法新社称，新任美国国防部长哈格尔首次出席北约国防部长会议，他专门将网络安全作为北约讨论的优先议题。此前，哈格尔在新加坡香格里拉对话会上批评中国针对美国搞网络间谍活动。"北约的国防部长们首次评估网络防御，说明随着西方越来越担心基础设施和军事机密遭黑客窃取，网络安全已上升为北约面临的最重要问题之一。"路透社在解读会议所传递的信息的同时，也不忘强调一下"大背景"：美国五角大楼指责中国通过网络间谍手段推动军队现代化，北京对此则予以否认；《华盛顿邮报》近日指责中国黑客获取了二三十项美国重大武器系统的设计情报。报道称，网络攻击可破坏军用通信和关键的基础设施，在传统军事打击中让一个国家变得更加脆弱。法国《费加罗报》报道称，在北约国防部长会议上，来自俄罗斯尤其是中国的"大规模网络攻击"将成为重点讨论话题。"2013年4月23日，美国道琼斯指数7分钟内下挫150点，原因是美联社的推特账户发出白宫发生爆炸的信息。这条消息很快被证实为假消息，是自称'叙利亚电子军'的黑客组织所为。尽管道琼斯指数得以恢复，不过，此事的教训非常明显，一条推特消息竟然引发了如此重大的经济风波。"《华尔街日报》在5月2日试图通过这个例子证明黑客攻击问题的严峻。文章称，时代变化真的很大，在柏林墙时期，边界两边对峙的是坦克和意识形态；在防火墙时代，边界开放，观念自由流动，战争虚拟化，但结果却同样具有真实的破坏性。欧洲刑警组织估算每年企业因网络犯罪活动遭受的损失高达 1 万亿美元。网络攻击还是恐怖分子、活动人士和特工实施大范围破坏的廉价手段。面对这样的威胁，北约的主要任务是保护自己的内部网络。

事实上，北约加强网络防御的努力近年来从未停止。20 世纪 90 年代末北约空袭科索沃期间，塞族黑客曾发动袭击，这给北约敲响了警钟，此后北约对网络安全威胁的重视日益加强。2008 年，北约在爱沙尼亚首都塔林设立网络防御中心。路透社称，北约 2011 年批准修订版网络防御政策和加强防御的行动计划。北约还将把网络防御纳入正常规划进程，让网络防御达到像战机等其他军事实力一样的地位。从 2013 年开始，所有北约国家都推出网络防御国家政策，建立网络防御国家主管机构，并形成针对网络攻击的即时响应能力。北约网络防御的重点是保护自身信息系统，而不是开发攻击实力。

"继遭到叛军袭击后，非洲岛国 Boolea 又爆发致命的霍乱疫情。地方当局很快被击倒。在国际联军和国际援助组织的帮助下，这个国家才没有崩溃。但致命打击接踵而至：国际联军和援助组织的电脑网络遭到袭击，反应能力大大削弱。国际联军抽调 10 名网络防御部队成员，命令他们在两天内击退网络进攻。危机当中，在俄罗斯军队位于波罗的海海岸的军营，一名发起网络袭击的男子离开控制室，与来访的西方外交官和军官擦肩而过……"美国《环球邮报》披露的这个"可怕剧情"实际上是北约网络防御中心 2013 年 4 月的一个演习剧本，这场演习旨在考验北约网络部队的反应能力。

俄新社 2013 年 5 月 31 日发表题为"北约试图让网络战合法化"的报道称，位于爱沙尼亚的北约网络防御中心近期发布的一份《塔林网络战适用国际法手册》中称，对导致有形损坏的网络袭击，北约可以进行武力回应。这让俄罗斯感到担心，为此俄国防部和外交部邀请专家举行圆桌会议讨论这一问题。俄国防部代表佩斯恰年科表示，北约这一文件的目的是让网络战合法化。

4. 法国要挺进"第五战场"

虽然北约强调重在防御，不会开发攻击实力，但在北约内，大国打的并不是同样的算盘。据法国《费加罗报》报道，法国国防部长勒德里昂 2013 年 4 月 3 日在北约国防部长会议前夕宣称，法国将发展网络攻击能力。勒德里昂称，法国以往"太天真"，未能对信息时代网络安全的挑战给予充分认识，而如今认识到针对战略网络目标的黑客攻击足以威胁法国的战略安全，因此，法国不但要强化网络安全防卫能力，还要发展"可逆的网络反击技能"。法国需要在第五战场拥有完全实战能力。法国媒体认为，法国现在已经拥有 4 个战场的实战能力，分别是陆、海、空与核领域，在不久的将来会拥有"第五战场"——网络领域。

法国《北方之声报》称，法国 2012 年秋天开始在国防部架构下建立网络防御中心，法国海军上将古斯蒂耶尔 2013 年 1 月提出建立自己的网络战力量，并将网军上升到"第四维度"，即与传统的陆海空三军并列的高度。

相对于北约"老大"美国，法国已远远落在后面。早在 2010 年，五角大楼就正式组建了网络司令部。2013 年 3 月美国军方透露，网络司令部将在 2015 年秋季前组建 13 支进攻型部队，以便在遭到国外网络攻击时发动网络战。美国《空军时报》5 月 29 日报道称，美国国防部许多领域都面临预算削减问题，但网络战预算却在增加。美国陆海空三军分别有自己的网络战力，都归网络司令部指挥，该司令部预计到 2016 年将建立起 100 支网络战队伍，他们将被分为三类：一是保护军事网络安全，二是破坏敌人网络，三是协助保护美国基础设施安全。

在扩充网军的同时，西方对于"中国黑客攻击"的指责一浪高过一浪。英国《金融时报》2013 年 5 月 3 日称，美国官员指责中国黑客自 2005 年以来不断窃取企业贸易机密。网络安全已成美中关系中的首要议题。为此，奥巴马政府、美国国会议员和智库正寻求惩罚中国和其他地方黑客的方式。华盛顿正考虑对中国实体和个人采取单边贸易和其他制裁。加拿大通讯社说，加拿大防长麦凯 3 日就网络袭击向中方施压，希望中国根据互联网"规则框架"行事。

5. 必须阻止爆发全面网络战

"众多针对中国黑客攻击的指责，一方面是有些国家蓄意而为，另一方面是中国缺乏网络空间战略，没有公开建立自己的网络国防力量。"中国网络空间战略研究所所长秦安 2013 年 4 月 4 日在接受《环球时报》记者的采访时如是说。

他还说，事实上，中国饱受网络攻击，中国国家互联网应急中心的数据显示，中国遭受境外网络攻击的情况日趋严重。2013 年前 2 个月，位于美国的 2 194 台控制服务器控制了中国境内 128.7 万台主机，无论是按照控制服务器数量还是按照控制中国主机数量排名，美国都名列第一。西方国家指责中国网络威胁站不住脚。美国科技资讯网站公布的一项网络防御能力排行显示，被不少西方人视为"网络空间入侵者"的中国，自身网络防御能力并不高，在上榜的 23 个国家中仅排中下游。主要原因是中国缺乏统一的网络安全战略。

英国《卫报》报道称，中美都有动力减少黑客袭击，阻止爆发全面网络战。美国国家情报总监克拉珀此前表示，毁灭性的网络袭击是该国的最大威胁。相比之下，中国相对独立的网络基础设施不太容易遭受袭击，但这也正随着经济现代化而改变，中国分析人士担心脆弱的工业控制系统遭袭。

德国柏林工业大学网络和军事学者霍尔茨曼表示，信息化是未来战争的主要特点。一是无人机，二是网军建设。把网军纳入军事体系是未来军事的一个主要方向。但在发展能力的同时各国必须做出选择，是对着干，还是共同维护合作。前者对任何一方都不是好事，后者则需要建立互信机制。秦安表示，人类以什么方式生产，就以什么方式斗争，未来的网络空间一定是在斗争中发展，又在发展中斗争。但我们必须认识到，网络空间威胁将来可能远远超过核武器，美国一直警示的"数字 9·11"和"网络珍珠港"将给人类社会带来无法承受的损失。因此我们更希望共同维护网络空间安全。

网络战、电子战或信息战是三个相关而又不完全相同的概念，在军事科学中可以严格的区分，网络战与电子战或信息战之间有共性，也有各自范围不同之特点，在本文就以网络战代表之，不再对电子战和信息战进行赘述了。

（六）心理空间战——心战

乔治·S·佩迪在《心理战的再思考》一书中说："心理战这一概念形成于 1917 年，并在 1940 年从和平向战争的过渡中得到进一步完善。"1920年英国军事分析和历史学家 C·富勒在一篇关于坦克的专业论文中说："纯粹的心理战将最终代替传统的战争手段。那时，取得战争胜利不是依靠武器或通过战场战斗，而是依靠某一国家的意志使另一国家出现腐败现象、智能模糊、道德和精神沦丧来实现。"美国武装力量通过《实施心理战战役》条令，对心理战概念作了正式解释："心理战包括思想宣传和传递消息等措施，通过这些措施影响敌人的意识、情感和行动，由指挥部在战时为动摇敌人的士气而组织实施。"

集中优势兵力，各个歼灭敌人，这是毛泽东伟大军事思想的重要论点之一。但胡文祥博士研究后认为，在现代高技术战争中，多是非线式战场，为避免导弹袭击，不能集中优势兵力，只能集中优势火力，猛烈攻击敌人。在这种情况下，兵力配置非常分散，传统的中低技术心理战手段就很难发挥作用了，必须采用一些高技术手段。比如说，撒传单就可用智能的无人驾驶飞机进行，这种飞机可以由地面遥控，也可自行控制。根据需要和地面情况自动调整飞行高度和速度，自行躲避地面炮火。过去用无人驾驶飞机进行空中心理战宣传，多是把事先录好的录音带在飞机上放出，现在则可以随时转播地面采访到的情况，时效性更强，而且具有现场感、参与感，心理战宣传效果更好。现代心理战包括心理进攻战和防御战，战略和战术心理战，宣传、诡诈、威慑、武装、谋略、恐怖、防空和电子信息心理战等各种类型。第二次世界大战中，盟军取得最后的胜利，在某种程度上可以说是心理战的胜利。

除以上介绍的六维空间战以外，还有一些非传统的战争形式，花样不断翻新，如经济空间战、经济战和文化空间战、文化战等新概念也不断涌现，因此，未来战争将不是某一种单一的空间战，而是组合型的战争，多种空间并存、多种因素并举、多种手段并使、多种武器并用、多种策略并谋，呈现一派波澜壮阔的战争画面。

未来的战争，将是陆、海、空、天、网、心六维一体的战争，可能还得配合经济战、文化战及其他非传统战争形式。那么，哪种形式是战争的决定因素呢？是制陆权、制海权、制空权、制天权、制网权、制心权、制金权（制经济权或制金融权）？可能单一的因素都很难决定战争的胜负，而是某几种因素组合在一块，起决定作用，即制组合权决定未来战争的胜负。

未来战争是通过指挥中枢或指挥自动化系统将各种作战单元、作战要素高度融合形成作战体系而实现的多维一体化战争，并不局限于陆、海（海面、水下）、空、天（太空）、网（信息）和心（理）这六维空间，还有电磁战等其他一些作战单元或要素。

三、现代战争基本特征与集中优势火力

20世纪80年代以来发生的高技术局部战争，引起了国内外许多军事学家及有关人士的关注。高技术战争由于大量使用和充分发挥现代高技术武器装备的作用，使现代战争呈现出与历史上传统战争许多不同的特征，如大纵深、全频谱、快节奏及多维战场等，归纳起来主要有以下八个基本特点。

（一）现代高技术战争的八个基本特征

一是高新技术密集化。高技术战争中，无论是武器装备还是使用手段，其高技术含量都非常突出，广泛应用最新发展起来的各种高技术，特别是微电子、激光、红外、隐形、光纤、高速计算、人工智能、新材料，以及遥测、遥感、遥控和精确制导等高技术。这些高技术应用于各种武器系统中，使攻击力、机动能力、快速反应能力迅速得到加强，并产生质的飞跃，形成战争中敌对双方高技术密集化的竞争。

二是指挥控制自动化。高技术战争中，无论是指挥手段、控制方法，还是信息传递，其自动化程度都空前提高，C^3I 系统，即指挥、控制、通信和情报一体化系统的普遍使用，使作战效能明显提高，由于广泛应用自动化、数字化、智能化技术，电子计算机成为军队指挥控制系统的核心，使最高指挥当局与战略、战役和战术指挥官，及至单机、单舰、单车、单兵都具有识别目标、判断敌情、自动寻找、实施攻防的自适应能力，使指挥控制和军事行动的盲目性明显减少，战略战术主动性相应提高，战斗力得以大幅度增强，甚至对战争进程、战场态势变化等都产生直接重大影响。

三是系统结构整体化。高技术战争中，使用的武器装备和控制操纵人员必须互相协同、互相合作，同时又互相依赖、互相制约。一场战役、一个战术行动乃至一套武器系统的运行，都涉及诸多军兵种、诸多相关部门，是侦察系统、通信系统、指挥控制系统、攻击武器系统、后勤保障系统等各分系统连接而成的一个整体。这个整体在互相连接、紧密配合、统一协调、最佳结合的过程中有机动作，形成系统结构一体化，从而发挥整体战斗效能。

四是作战区域立体化。高技术战斗中，从战场的高度范围上看，已由陆地、海洋、空中扩展到外层空间，形成水下、水上、地面、超低空、低空、中空、高空、超高空和外层空间等多层次同时展开；从水平范围上看，已从接敌前沿一直延伸到战场全境，形成前沿阵地、后续前沿阵地乃至战略后方全面展开的态势。因此，简单说来，现代战争无所谓前方后方，因为一个导弹可以打到任何地方。现代高技术战争使"大纵深、宽正面、高立体"的战役作战理论得以实现，"空地一体战"逐步扩展为"空地海天网心六维一体战"。

五是电磁斗争复杂化。高技术战争中，软硬攻击一体化的作战策略使得争夺"制电磁权"的斗争异常激烈复杂，往往是"弹炮未打，电子先行"，交战双方都竭力首先使用电子对抗和红外、激光、光电、声电等"软杀伤"手段压制对方，使之雷达迷盲、武器失控、通信中断、指挥瘫痪，再用精确制导武器等手段实施"硬摧毁"，消灭对方有生力量。高技术战争中电磁频谱的斗争，不仅表现为干扰与反干扰，而且还反映在侦察和反侦察、制导与反制导、C^3I 与 C^3IM（反 C^3I 系统）等方面，在此过程中形成的电子斗争覆盖全部战场，而且贯穿于战争的全过程，为夺取胜利奠定了牢固基础。

六是火力摧毁精确化。毛泽东关于人民战争的思想，指导革命先辈打倒了日本军国主义和美蒋反动派，他关于"集中优势兵力各个击破"的伟大战术，让人民军队从胜利走向胜利。但在现代高技术战争中，集中优势兵力，有时会遭到毁灭性的打击，现在必须把"兵力"二字改成"火力"，即"集中优势火力"，从陆地、海上、空中向同一目标猛烈攻击，才能克敌制胜。高技术战争中，大量使用的火力摧毁兵器基本是各技术的支撑，其制导精度、机动能力和杀伤效能都有了长足发展，普遍具有全天候、全高度和全方位的"三全"攻击能力，航空兵具有"上视下射"、"上视上射"和超视距攻击能力，制导武器具有"发射后不管"的智能化能力，以及对多目标进行攻击的能力，其命中概率已普遍达到80%以上，有的甚至已达到97%左右，概率误差几乎为零，基本上实现了"指哪打哪"，形成了远程互不见面的"捉迷藏式"的战法，这样既可大面积杀伤，又可对点状目标实现摧毁，点面结合，火力攻击效能空前提高。无论是海湾战争、南联盟战争还是阿富汗战争，巡航导弹已成为美国大规模空袭作战的主力进攻武器。

七是作战方式多样化。高技术战争中，作战方式灵活，形式多样，速战速决，打完就走，往往将战略、战役、战术三者的意图融为一体，使战争的突然性、突变性急速增强，持续性大为缩短，而战争的破坏性、残酷性也随之空前增大。20世纪80年代以来的现代战争中虽没有使用核武器，但许多高技术常规兵器的威慑力同样不亚于核武器。这样，在战争中既可避免承担过大的政治风险，又可实现既定的战略目的，使军事战略、战术战法、作战样式大为改观，使传统的战争形态得到更新。

八是战争形式非传统化。近30年来，局部冲突往往呈现非传统战争形式。例如，在"9·11"事件以前，任何有想象力的恐怖小说家，都难以想象：基地组织用美国人的飞机、拉上美国人、几乎同时撞、炸美国的大楼。恐怖袭击不能算是一种传统的战争形式，应该属于非传统战争形式。另外，非战争军事行动也越来越多，抗震、抗洪、抗台风等都动员大部队参与，这些也是现代军事需要研究的重要课题。

（二）现代战争需集中优势火力

集中优势兵力，各个歼灭敌人，这是毛泽东伟大军事思想的重要论点之一。

胡文祥认为，在现代高技术战争中，多是非线式战场，无所谓前线与后方，导弹可以打到纵深目标。为避免导弹袭击，不能向经典战争那样集中优势兵力，否则就遭到灭顶之灾。这在前文已提到，在这里再强调一下。

现代高技术战争中只能集中优势火力，从陆上、海上、空中向一个目标猛烈攻击敌人，达到克敌制胜的目的。

（三）战场似商场又不同于商场

商场如战场，竞争如打仗。战争的胜负成败决战在战场；竞争的兴衰荣辱决战在商场。商场虽然不是硝烟弥漫的战场，然而"火药味"很浓；商场虽然没有血与火的考验，但存在着优胜劣汰的激烈竞争；商场虽然看不到刀光剑影的拼杀，却依然决定着企业生死存亡的命运。

商场如战场一样，狭路相逢勇者胜，勇者相逢智者胜，智勇双全无不胜。

商场又不同于战场，战场上必须有一个你死我活，一般可以用兰彻斯特方程来描述（兰彻斯特方程又称兰彻斯特战斗理论或战斗动态理论，是应用数学方法研究敌对双方在战斗中的武器、兵力消灭过程的运筹学分支）。而商场上完全可以设计共赢策略，不一定要求你死我活。因此经营策略可以参考各种兵法，克敌制胜，但不能完全照搬兵法。

当然，战场也可以"化干戈为玉帛"实现双赢。在战争形势为任何一方都没有压倒性优势获取绝对胜利的情况下，战则两伤（甚至同归于尽），和则两利。

四、《心理战与反心理战》简介

怎能预先知晓未来战场形态？如何有效破译未来战争密码？怎样运筹帷幄未来战术谋略？解放军总装备部某部胡文祥博士、孔伟硕士编著的现代军事谋略兵书《心理战与反心理战》，将给您带来比较满意的答案。此书由时任解放军总装备部后勤部政委史有来、部长苏明兴作序，解放军出版社出版发行。书一面世就受到中央军委首长和总部领导的高度重视和有关专家的广为关注。

（一）胡博士答记者问

"据说，您们编著的《心理战与反心理战》一书，被称作是心理战的权威书。这期间你们所付出的心血和汗水可想而知。那么，您对此有何评价?"记者向胡博士问道。

"不敢说是权威，但有一定的集成性。一方面，因为还没有一本很系统的心理战书籍；另一方面，该书一出版，的确引起了军内外非常大的反响。此书可以说是较为系统地、全面地设计、破解、剖析了心理战的形态和内涵，提出了一些令人启示的新观点。"胡博士如是说。

"什么是心理战?"记者问。

"心理战即运用心理学的原理原则，以人类的心理空间为战场，有计划地采用各种手段，对人的认知、情感和意志施加影响，在无形中打击敌人的心志，以最小的代价换取最大胜利。心理战往往能起到'不战而屈人之兵'的特殊效果。比如，在战场上，有时枪炮难以使对方屈服，而一张传单、一份报纸、一次广播却能使对方意志衰退，不战自降。这种精神武器就是宣传心理（空间）战。因此，心理空间战，不同于陆地空间战（陆战）、海洋空间战（海战）、近地空间战（空战）和太空空间战（天战），它是没有硝烟的战争。同时，它也不同于网络空间战（网战），它具有自身的特点。俗语说，攻心为上，攻城为下；心战为上，兵战为下。总之，现代多维战争，包括陆、海（海面、水下）、空、天（太空）、网（信息）、心（理）及其他非传统战争，夺取制心权至关重要。"胡博士用通俗的语言解释深刻的问题。

"您是怎么想到要编著《心理战与反心理战》一书的?"记者刨根问底。

胡博士略加思索后，记忆犹新地对记者说："主要原因有三点：首先，从前些年爆发的海湾战争、科索沃战争，特别是美国发动的伊拉克战争来看，心理战在现代高技术战争中的地位与作用已越来越突出。从双方实施心理战的战法来看，美国主要采取了舆论宣传、心理欺骗和心理威慑三种战法。在伊拉克战争中，美国主要采取了'加强舆论宣传，争取国际和民众支持；实施心理防护，鼓舞部队士气；进行心理反击，抵消对方心理战效果'三种措施。从双方采用的心理战手段来看，美伊作战双方都十分注重运用包括广播电视技术、计算机技术和通信技术等高新技术，通过各种信息宣传影响对方作战心态，通过信息威慑动摇对方军心，通过信息欺骗达到以假乱真、以假代真的目的。作战双方官兵既要承受高新技术武器带来的巨大压力，又要面对来自对方各方面、各层次、各渠道的心理攻击，打赢心理战可以说是取得未来军事斗争全面胜利的一个关键所在。其次，结合与第三军医大学共同指导孔伟同志攻读心理学硕士学位的过程、调研总装备部科研试验部队官兵心理状况，以及航天员、陪练员心理状态分析研究等，这些工作为写书奠定了基础。最后，我们想借此机会，呼吁尽快筹备建立我国心理战部队。同时，展开心理战与反心理战的深入研究，培训普及官兵心理战知识，为打赢未来高技术条件下的心理战贡献力量。为此，我们利用业余时间，历经三年编著出版了此书。"

据悉，胡文祥博士还撰写了《反恐技术方略》（2013年由化学工业出版社出版）和《新概念武器》以及军事医药学方面两本重要著作《阿片受体分子药学》（2014年由化学工业出版社出版）和《胆碱能神经系统分子药学》等专著，将为推进新时期军事斗争准备和反恐维和事业的发展提供重要参考。

（二）用"精神武器"打赢心理战

"提高以打赢信息化条件下局部战争能力为核心的完成多样化军事任务的能力。""十二五"规划纲要不但为新时期建设信息化军队提出了更高要求，而且对未来打赢信息化战争指明了方向。未来高技术条件下的局部战争不仅是一场高新技术武器的较量，更是一场人与人心理素质的较量。因此，加强心理战研究与建设，用"精神武器"打赢未来心理战，迫在眉睫，势在必行。

用"精神武器"打赢心理战，就要有运筹帷幄的心理素质。玉不琢不成器。在一定意义上说，心理战的胜利往往是心理素质的胜利。优秀的心理素质，其实就是不惧风险、不畏挫折、敢于面对、善于应变、综合分析、果断处置的能力和素质。特别是提高各级指挥员组织开展心理战的能力，是取得心理战胜利的重要条件。对此，要着力锻造指挥员的政治品格，磨炼意志品质，筑牢精神支柱，增强精神对抗能力；努力改善指挥员的知识结构，提高创造性思维能力，以信息的有效运作为核心，努力提高控制信息的能力，注重蓄智练谋，提高指挥员的心理战谋略水平；加强对作战对象的研究，正确把握心理战的内在联系，切实提高指挥员创新和运用针对性、综合性、主动性心理战战法的能力。

用"精神武器"打赢心理战，就要有清晰明确的定位目的。心理战目的有三个：一是最大限度地争取盟友，孤立对方，置对方于心理弱势和劣势；二是在本国家（本民族）内部赢得民心民意，形成同仇敌忾的强大气势；三是以正义之师的形象激励参战人员斗志和士气，造成官兵的战场心理优势。宣传上要主动进攻，充分分析了解敌军心理上的强点和弱点，重点对敌方军官从心理上进行瓦解；心理战的手段要与部队作战行动对敌施加的心理影响结合运用；要加强己方的心理训练，及时识破和挫败敌方的心理战。

用"精神武器"打赢心理战，就要有常用多样的制敌手段。在海湾战争中，美军曾靠心理战致使伊军 8 万多人投降。这次战争美军非常重视心理战，采取了各种心理战手段，在用导弹和飞机向伊拉克发动"硬杀伤"的第一战场之外，开辟出了用流言和虚实结合的新闻信息进行"软杀伤"的第二战场。

宣传、恐吓、威慑、欺骗、诱惑、诡诈以及收买等都是心理战的手段。其中，宣传是心理战的基本手段，往往通过无线、有线广播，散发宣传品，邮寄心战书信，实施战场喊话，宣传本国的社会制度和政治主张；有时发动谣言攻势，进行挑拨离间，策划暴动骚乱，从事破坏暗杀，来动摇和瓦解对方的军心、民心，削弱其战斗意志。第二次世界大战，盟军之所以能从诺曼底成功登陆、开辟欧洲第二战场，赢得"二战"胜利的关键战役，就是因为盟军统帅部成功地实施了心理战。胡文祥博士在《心理战与反心理战》一书中，精彩地描述了这一辉煌战绩。

用"精神武器"打赢心理战，就要建立专门精干的运筹机构。现代心理战作为一种专门的作战手段被普遍重视，是在第一次世界大战之后。第二次世界大战以来，西方一些国家和军队对心理战的研究和运用逐渐广泛地开展起来，并建立了专门的机构，研究心理战的理论，搜集心理战的情报，制定心理战破坏的政策和方法，考察心理战影响的效能，研制并改进心理战的技术器材等。20 世纪 50 年代初，一些国家和军队又相继成立了心理战学校、心理战中心、心理战局和最高决策机构心理战委员会以及专门的心理战部队等。有些国家把心理战作为总体战的一个重要环节，与军事、政治、经济、外交和文化斗争紧密结合，交互运用，取得让人难以预料的作用和效果。

（三）美国陆军心理战部队

在高新技术对现代战争产生巨大影响的今天，美军在注重研究高技术武器作战的同时，也未放松从心理上攻击对方。为更好地在未来局部战争中运用心理战，美军不断加强心理战部队的建设。日本、俄罗斯、英国、法国、德国、意大利、土耳其、丹麦、荷兰等国均建立了心理战部队，泰国、韩国等也相继建立了心理战部队。

美国陆军心理战部队的基本任务：根据美军条令规定，其心理战部队被授权在世界范围内进行心理战活动。其任务可分为两大类：一是持续不断地监视和评估心理战目标国的民众和军队的心理环境，弄清这一环境对美国制定心理战政策和采取心理战行动的影响；二是根据了解的情况制定和实施具体的心理战计划，前者通常要提出研究与评估报告，以便据此确定美国对目标国或集团实施心理战的目标。根据上述任务要求，陆军心理战部队行动具体可分为计划、实施和支援三项相互关联的心理战作战行动，即战略心理战、战役心理战及战术心理战。

战略心理战不分平时与战时，它追求从政治思想基础上破坏敌国内外政策，使美国的国家政策能顺利实施。其具体任务是：在敌国居民中煽动不满情绪；支持反对派分子和反抗现行制度的势力，赢得中间力量的同情；在敌国领导集团内部制造矛盾，培植亲信和扶持亲美组织；在社会上制造政治分裂；增强居民对美国现行政策的理解与支持。

战役心理战（一个较新的成分，专门区分出这样一个等级，反映了美国力求提高战役性行动效果的意图）是在局部地区、小国家或战区范围内实施的宣传和"辅助性"行动。其主要任务包括：战俘管理、反情报及心理战巩固性行动；通过散布假消息、歪曲事件真相，对人们的心理施加影响，从而破坏敌方军民士气；隐蔽、伪装己方军队的行动意图。

战术心理战主要针对有限地区、居民点的有限人员实施短期影响，保证美国在该地区实现政策的推行。战术心理战的基本任务是：降低敌军士气和作战能力；制造犹豫、不满和不信任情绪；实施战术伪装与欺骗；加强对居民、战俘、拘押人员的监视；抵制对方宣传。

美国陆军心理战部队包括一个现役心理战大队（也称第四心理战大队）和三个后备役心理战大队。现役心理战大队下辖12个心理战营、22个心理战连，是美军各心理战部队的核心，专备有印刷、复印设备，固定、机动电台，电视、电影器械，无线电侦听和可自动进行信息处理的通信设备。心理战大队又分为一般支援大队和直接支援大队。一般支援大队主要是执行战略心理战任务，负责在战区范围内实施侦察，为本战区内其他心理战部队编制宣传材料、提供技术器材，做战俘和占领区居民的工作；直接支援大队主要是从事战术心理战，它由数个直接支援营或直接支援连组成，负责在军、师司令部内拟制实施战术心理战的计划，并保证战役决策的实现。心理战大队所属的心理战营分为四类：一般支援营、直接支援营、战俘工作支援营和民众工作支援营。心理战连是营下属的单位，主要包括：印刷连、广播连、通信连、地区支援连、战术支援连、宣传连、心理战研究与分析连等。

美军心理战部队的作战装备主要包括10千瓦和50千瓦无线广播与电视发射设备、印刷设备、有线广播设备、机动声像处理车等，能在150公里的范围内传送电视与无线电广播信号。

美军心理作战主要包括强制性心理作战和宣传性心理作战两种样式。强制性心理作战是以军事打击等高强度作战手段，逼迫敌方改变其情感、动机、理智与行为。例如，1986年4月，美军空袭利比亚就是典型的强制性心理作战行动。通过那次空中打击，美国迫使主要恐怖分子减少了对美人员和机构的袭击。宣传性心理作战包括面对面宣传、声像宣传、听觉宣传与视觉宣传四种方式。

"三色宣传"是美军心理战的三大法宝。白色宣传，是以政府或武装力量指挥机关的名义，通过官方进行系统的破坏性宣传；灰色宣传，主要是以民间组织或私人名义实施的宣传；黑色宣传，是一种以传播谣言为核心的特殊宣传心理战方式，通常采取匿名形式散布流言蜚语，制造各种谣言或谎话。总之，"三色宣传"实质是以不同的面孔传输同一个声音，以达到分散敌对国民众注意力、瓦解敌国的民心士气的目的。

美军认为，心理战是"实现美国政治和军事目标有力的进攻性武器"。心理战部队是完成心理战任务的直接力量，这支部队建设已成为美国部队建设的重要组成部分。美军在研究"促进自由"、"沙漠盾牌"、"沙漠风暴"和"安抚"行动的基础上，提出了建设面向21世纪的陆军心理战部队的新措施。其内容主要包括：一是完善心理战部队的建设，二是扩充心理战部队人员，三是拟建立独立的心理战力量体系。

（四）制心权

有人说：这个世界是有钱人的世界；还有人说：这个世界是有权人的世界；胡文祥则认为：这个世界是有心人的世界。

军事战略家过去认为制陆权、制海权很重要，现在认为制空权、制天权重要；而胡文祥认为：现代高技术战争，制信息权重要，他进一步研究以后认为制金权（制经济权或制金融权）、制心权越来越重要。

攻心为上，攻城为下。兵战为下，心战为上。制心权将成为未来军事理论研究的重要领域。

五、《反恐技术方略》简介

（一）反恐形势不容乐观

恐怖主义，被称为"21世纪的政治瘟疫""政治艾滋病"，与人类环境恶化和资源枯竭共同被称为世界三大危害。2001年9月11日，4架美国飞机被恐怖分子劫持，其中两架撞向了纽约世贸中心双塔，一架撞向了美国国防部五角大楼，另一架则坠毁在宾夕法尼亚的密林中，由此造成了举世震惊的"9·11"恐怖袭击事件，3 000多条生命随烟尘飘散……"美国人开着自己造的飞机，把自己国家的世贸中心和五角大楼炸掉"，这是在"9·11"事件以前任何一部科幻小说或科幻影片里都想象不出来的，但恐怖主义分子却做到了。

回眸过去，国际上恐怖活动总是令人防不胜防，令反恐工作异常被动。所以，反恐维稳的重中之重依然在于"防"。如何"防"？虽然见仁见智，但更主要的是，要预防恐怖主义的产生，避免社会矛盾日益激化，更要重视"潜恐怖分子"的预防教育工作，所谓"潜恐怖分子"，是指那些最容易成为但尚未成为恐怖分子的高危人群，要高度重视这类人群的预防教育工作。特别需要加强公众的恐怖防范意识，普及反恐知识，通过开办讲座、媒体宣传、参观展览等多种途径，力争让大众都多了解一些反恐的知识和方法，一旦发生了恐怖事件，则可最大限度地减少人员伤亡、财产损失并将事件影响降至最低。

弹指一挥间，"9·11"事件已过去13年，13年间，反恐行动一刻都没有停止，各国都投入了大量的人力、物力和财力，并在多个层面上开展了积极有效的国际合作，以期共同应对恐怖主义这一"瘟疫"造成的危害。但是，恐怖主义在全球的威胁依然存在，偶尔愈演愈烈。

20世纪90年代以来，随着世界经济政治形势的发展、科学技术的进步和互联网的普及，恐怖主义的发展出现了一些值得关注的特点和趋势：恐怖活动全球化、恐怖组织军事化、恐怖分子职业化、恐怖势力合流化、恐怖动机复杂化，恐怖主义使用的手段由传统的绑架、劫持人质与暗杀等方式到使用爆炸、袭击、劫持、生化武器和网络恐怖以及它们的组合等。国际恐怖组织积极谋求利用核、化学、生物等大规模杀伤性武器或类似材料来制造高恐怖效应的恐怖活动。

不要认为第二次世界大战时人们会比第一次世界大战时要多一些先见之明。面对逼近的战争，或者在个别国家逼近的暴政，尤其是面对逼近的恐怖事件，人们同样是茫然不知所措。2011 年 5 月 1 日，基地组织头目本·拉登被美军海豹突击队击毙，美国总统奥巴马宣布反恐取得成功。而当下现实却表明，恐怖主义的嚣张并未停止，就反恐而言，改变的只是美国的政策方向和恐怖主义的形态策略；就全球安全而言，反恐形势依然严峻。

基地组织头目本·拉登被美军海豹突击队击毙后，许多美国人欢欣鼓舞，认为反恐斗争已告一段落，大家似乎可以高枕无忧了。事实上并非如此，恐怖活动仍然存在巨大威胁，偶尔十分猖獗。2013 年 4 月 15 日美国波士顿马拉松赛遭到连环炸弹袭击，造成 3 人死亡、近 200 人受伤的惨剧。原本是传统盛事的马拉松却成为亲人洒泪的伤心所在，无论是谁都会为之扼腕叹息。在哀悼死者、痛惜伤者的同时，整个世界也在关注这一事件的进展，希望能将实施爆炸的冷血分子尽早绳之以法。在敏感的时间、特殊的地点，选择人员集中场所，使用简易爆炸装置，瞄准无辜民众，制造恐怖气氛，这次连环爆炸具有恐怖袭击的所有特征。这一惨案发生的时间节点，更让美国人心理上平添几分压力和恐慌，俨然已经是又一个"心理 9·11"。4 月 16 日是美国的法定假日"爱国者日"，是为了纪念独立战争而设，对美国的政治意义不言而喻。更为重要的是，波士顿为了纪念这一假日而举办的马拉松已经持续百余年，2013 年 4 月 15 日举办的赛事，同时也有纪念几个月前发生的一起死亡 26 人的校园枪击案的意义。与此同时，由于当时朝鲜不断提升战争威胁的调门，美国民众对于来自这个神秘外敌虚实难辨的恫吓，也不免多几分关注和忧虑，无疑深深刺激了全美乃至全球各国的敏感神经。

奥巴马及美国议员收到"致命毒信"事件：2013 年 4 月 17 日上午，一封寄给美国总统奥巴马、带有致命蓖麻毒素的信件被截获，而前一天，美国国会截获的一封寄给参议员罗杰·威克的"毒信"中，也检测出了同种毒素。据介绍，蓖麻毒素是从蓖麻子中提取的最强烈的天然毒素之一，据信其毒性是氰化物的 1 000 倍。这表明化学和生物恐怖的现实威胁依然存在。

反恐维稳，任重道远，不能有丝毫的侥幸、麻痹和松懈。工业化和城市化给反恐带来了很多新问题，对于人员越集中的地方，恐怖袭击带来的危害越大，集中应急救援越困难。但是我们坚信，只要广大民众具有反恐意识，随着"克恐制胜"方法手段的不断完善，各国反恐合作机制不断健全，我们一定能够战胜恐怖主义。

由于恐怖主义的不断"变种"，恐怖手段不断翻新，有时甚至是几种恐怖方式同时使用，用单一的反恐方法已难以奏效。因此，需要多种方法同时组合运用，才能克恐制胜。同时，使用多种反恐手段反对恐怖主义袭击，进行组合反恐，才能更有效地打击、惩治恐怖主义。

（二）《反恐技术方略》内容概要

十余年来，我国国内关于恐怖主义的学术研究也取得了一定的成果，出现了一批论文和著作，提出了一些深刻的见解。由中国人民解放军总装备部原军事医学研究所所长、北京神剑天军医学科学院院长，中国军事未来研究会副理事长、首都师范大学物理有机与药物化学研究所所长、北京市特聘教授、有机药物化学与航天军事医学专家胡文祥博士任主编；中国化学会副秘书长、中国化学会公共安全化学专业委员会主任、北京微量化学研究所研究员、仪器分析专家何林涛教授，首都师范大学生命科学学院副教授刘明博士，武汉工程大学党委书记、绿色化工专家吴元欣教授，西南民族大学化学与环境保护学院院长、微波化学专家赵志刚教授，解放军总装备部后勤部防疫大队大队长、卫生防疫专家夏本立教授，中国人民大学化学系金属有机专家陈自立教授，首都医科大学药学院药物化学专家郭翔宇教授，首都师范大学政法学院心理学专家杨芷英教授，首都师范大学中国女性文化研究中心文化专家王红旗主任，北京微量化学研究所所长、化学分析专家郑九天研究员，北京微量化学研究所有机分析专家林长江副所长，青海民族大学科技处处长、化学教育专家宋萍教授等参与编著的《反恐技术方略》一书是我国关于恐怖主义学术研究的重要成果之一。作者从 2002 年开始从事反恐研究工作，同时编撰《反恐技术方略》一书，2007 年已完成初稿，原计划在 2008 年北京奥运会前出版，但由于特殊原因以致搁浅至 2013 年，在此，作者向读者致以深深的歉意。

《反恐技术方略》一书共分十三章，全面系统地阐述了反恐领域涉及的自然科学和社会科学诸多方面的方略。书的前四章是关于恐怖主义与组织、反恐情报组织和特种部队及反恐综合治理等方面的概论：第一章 恐怖主义概论，第二章 主要恐怖组织，第三章 反恐情报机构和特种部队，第四章 国际反恐合作与反恐综合治理；书的后九章是关于化学恐怖、生物恐怖、核辐射恐怖及爆炸恐怖的防范与处置以及生化反恐、网络反恐、心理反恐、经济反恐和文化反恐等各方面的专论：第五章 化学恐怖的科学应对，第六章 生物恐怖的防范与处置，第七章 核和辐射恐怖防范与处置，

第八章 爆炸恐怖的防范与处置，第九章 劫持恐怖与生化反恐研究，第十章 网络反恐，第十一章 心理反恐，第十二章 经济反恐，第十三章 文化反恐；另加两个附录和展望与后记。《反恐技术方略》总结了相关规律，提出了有关对策，尤其强调了组合反恐的重要性。

如何有效地进行反恐斗争，"克恐制胜"的有效手段和方法是什么？《反恐技术方略》一书从科学专业研究的角度，系统地从化学恐怖的防范与处置、生物恐怖的防范与处置、核和辐射恐怖防范与处置、爆炸恐怖的防范与处置、生化反恐等都一一作了阐述。作者还重点探讨了可能用于反恐的活性化合物有关研究进展，专业而又深刻地分析这一可能反恐方法手段的细节和实施效果，并且以"莫斯科剧院反恐药物战的实施"为例作了分析，从中得出了未来生化反恐的可能实施办法。

"不仅要更多的人亡，而且要更多的人看"这是恐怖主义的目的之一，这种方式对人的心理造成巨大伤害。据有关资料显示，遭受恐怖袭击时，受惊吓的人数超过受伤害人数的 10 倍甚至 100 倍或 1 000 倍以上。经历残酷灾难的梦魇后，人们失去亲朋好友，人身安全受到威胁，长期生活在恐怖的阴影中，造成严重的心理伤害。由此可见，在反恐斗争中，如何瓦解恐怖分子的斗志、巩固己方的心理防线十分重要。《反恐技术方略》以心理反恐为题展开研讨，对恐怖分子的心理分析、成因和心理特征作了详细的描述，又对恐怖分子易感人群的心理预防、与恐怖分子谈判的心理策略、恐怖分子转化的心理途径等方面提出了一些新颖实用的观点。

恐怖活动对很多国家的政治和社会安定及人民生命财产安全都造成了极大威胁，全球面临严峻复杂的反恐形势，各国仅凭自身之力很难达到彻底根除恐怖主义的目的。一国或几国采取单纯的军事和武力打击手段同样也不能彻底地解决恐怖主义问题。反恐需要在联合国框架下，各国通过联合协调的方式，全面考虑恐怖主义产生的根源、存在的客观条件等多方面因素，通过正确舆论引导与宣传，唤起民众广泛关注，提高全民反恐防恐意识。在民众、社区、国家、国际等不同层面上采取全面、综合的反恐治理措施与手段，唯此，才能彻底、有效地消除恐怖主义及其危害。

早在 2002 年，胡文祥博士和他的科研团队就开始着手考虑反恐项目的研究工作和反恐专著的编撰工作，2005 年开始与北京微量化学研究所等单位合作，起草《反恐技术方略》编写大纲，并着手撰写，2007 年初稿完成。2007 年中国化学会第一届"公共安全领域中的化学问题"全国学术研讨会在深圳召开，主持会议的胡文祥博士初遇于柏林同志，商讨了双方合作的有关途径。2010年夏治强、于柏林、朱晓行、朱振泰、李铁虎和赵钦等专家编写了《反核化生爆恐怖 威胁 防范 处置》一书（化学工业出版社出版），在征得该书全部作者的同意并授权后，对原书部分内容进行了较大规模的增删和调整，使其成为《反恐技术方略》的一部分。在此，对他们的贡献表示诚挚的感谢！

这本书的编著，得到了中央军委和总部首长的热忱关怀、得到了中国化学会公共安全化学委员会及首都师范大学领导的大力支持，在此表示衷心的感谢和崇高的敬意！《反恐技术方略》的出版，凝聚了编著专家委员会和其他许多专家及化学工业出版社领导和编辑老师的心血，在此向这些专家和领导也表示衷心的感谢！在编著过程中还参考了一些文献资料，正是因为这些参考资料才使得本书更加完善，在此，也向那些作者们表示诚挚的谢意！由于时间仓促，加上编著者知识所限，疏漏在所难免，恳请广大读者批评指正！

"拓展公共安全方略前沿论坛暨《反恐技术方略》新书首发式"于2013年11月28日在总后司令部第一招待所陆军厅成功举行，这是贯彻落实党的十八届三中全会精神的一次重要活动。15名省部级军职领导、31名厅局级师职干部、新书部分在京作者及党、政、军、群各界共120余名代表出席了本次会议。国务院参事张纲院士、总政杜汝波将军、总后王德文将军、总装石世印将军、总装宣传部刘江海原副部长、化工工业出版社潘正安总编辑及新书作者代表何林涛副局长和胡文祥院长等领导和专家在会上做了重要讲话和学术报告，会议取得了圆满成功，各界反响热烈。

（三）坚定反恐必胜信念

反恐工作是一项系统的社会大工程，除了加强反恐专业建设、控制媒体渲染恐怖气氛、加强反恐综合治理等之外，还要加大力度，加大投入，广泛地开展"克恐制胜"方法手段的技术研究工作，研制相关装备，带动相关产业的发展，从社会、经济、文化、政治、心理和专业技术及策略等诸多方面展开反恐方法和技术研究，建立专业和兼职的研究队伍，实行有效的研究政策，加快研究成果的转化，为"克恐制胜"储备方法、技术、手段和装备。

改革开放以来，中国的综合实力不断提升，人民的生活更加平安幸福。在我们耳旁，常常回荡着《走进新时代》的优美旋律，我们唱着东方红，翻身做主站起来，我们讲着春天的故事，改革开放富起来。我们唱着科学发展观，唱着以人为本，唱着和谐社会的颂歌，让全国人民平安起来、快乐起来、幸福起来。响应习近平的号召"空谈误国，实干兴邦"。困难面前有我们，我们面前无困难。流血流汗不流泪，掉皮掉肉不掉队。我们要树雄心立壮志，让平安幸福的钟声在北京响起，在大江南北、长城内外响起，在中华大地960万平方公里陆地和300多万平方公里海域的每个角落都响起。这就是我们的梦想，我们梦想着全国老百姓远离恐怖、远离痛苦，拥有健康、拥有快乐、拥有幸福。千贵万贵平安最贵，千好万好快乐最好，千美万美幸福最美，千福万福健康是福。

因此，反恐斗争，要从现在做起，人人做起，要从娃娃抓起！恐怖主义和反恐斗争，与每一个人的生活息息相关。反恐无止境，任何侥幸和松懈都是不可取的。必须不断加固反恐的全球防线。与此同时，要立足于本，从消除政治、经济、社会和文化的冲突上，铲除严重的社会不公平现象，遏制恐怖主义之魔。当前世界风云变幻，施行反恐，更需要把握方式、方法和方向。《反恐技术方略》一书作者希望该书能给专业或是非专业人士的读者朋友带来帮助和启示。希望我国民众能够提高防范意识，未雨绸缪，提高自身素质，防患于未然。在全球反恐形势严峻的当代社会，每个人都应该了解恐怖主义的相关知识，为全国乃至全球反恐事业贡献自己的力量。

（四）全民皆兵　反恐维稳

2011年8月，时任国务委员、公安部部长、国家反恐怖工作协调小组组长的孟建柱在乌鲁木齐召开的全国反恐怖工作会议上强调，要认真贯彻落实胡锦涛等中央领导同志的重要指示精神，清醒认识当前反恐形势的严峻性、复杂性和长期性，切实增强忧患意识、责任意识，切实履行维护稳定的第一责任，以更坚定的决心、更有力的措施，坚决打击防范暴力恐怖犯罪活动，维护社会大局稳定，保障群众生命财产安全。

孟建柱深刻阐述了反恐形势的严峻性、反恐意义的重要性和反恐任务的紧迫性。因此，各级党委、政府和全国各族人民要高度重视，认真深入贯彻落实全国反恐怖工作会议和第三届全国公共安全化学会议精神，以更严的要求、更高的标准、更大的作为，全民皆兵，取得反恐维稳工作的新胜利。

全民皆兵，反恐维稳，第一是认识要强化。只有坚决打击防范暴力恐怖活动，才能维护国家安全稳定和世界安宁和平。因此，各级党委、政府和专业机构及全国各族人民要高度重视，充分认识反恐工作的重要性，认真履行职责职能，在反恐工作中当先锋做模范。同时，反恐工作又是全民的事情，要破除"反恐是专业机构、政府部门、武装部队的任务与百姓无关"的思想，要强化反恐意识，树牢反恐理念，破除惧恐思想，真正实现"全民知反恐、不惧恐、会反恐"的目标。《反恐技术方略》一书倡导，反恐要从娃娃抓起，让娃娃从小就知恐、反恐、不惧恐，努力形成"全民皆兵，人人反恐"的良好氛围。反恐工作还要加强协同合作。在政府、研究机构、专业反恐队伍和公众之间架起桥梁，更要加强国际交流与合作，协同作战，形成合力，集中优势"火力"，共同打击恐怖主义。

全民皆兵，反恐维稳，第二是队伍要强大。要建立专业和兼职及与情报信息相结合的反恐队伍，提高完成多样化反恐任务的能力。一是要建设队伍精干、政治合格、训练有素、预案完善、反应快速、具有我国特色的公安武警解放军协同作战的反恐专业队伍，在维护国家安全稳定、经济社会发展中发挥"尖刀""拳头"作用；二是要建设精明强悍、反应灵敏、信息灵通、智勇双全的情报信息队伍。情报准，反恐胜。要真正做到反恐未动，情报先行，不断增强反恐维稳的针对性、主动性和预见性；三是要建设精通反恐知识、掌握反恐本领的民兵预备役参加的非常强大的应急骨干队伍，一旦有事，发挥优势，冲锋在前，出其不意，全面歼恐。

队伍要强大，训练是关键。这就要按照多样化反恐斗争任务需要，加强应急训练和多种能力培养，不断提高专业水平和应急素质。同时，还要按照"快速动员、快速集结、快速机动、快速投入战斗"的要求，组织公安、武警及现役部队和民兵开展联合反恐演练，使反恐的目标真正落到实处。

全民皆兵，反恐维稳，第三是反恐手段要强硬。要像胡文祥博士和他的科研团队那样，加大投入，积极开展"克恐制胜"科学方法、手段、技术的研究工作，研制相关装备，带动相关产业的发展，并加快研究成果的转化，发挥高新科技手段在反恐维稳中的积极主动作用。除此之外，还必须借鉴国外反恐经验，引进一切高科技手段，努力为维护国家安全、社会稳定、确保人民群众生命财产安全提供有力的高新技术保障。

全民皆兵，反恐维稳，第四是机制要长效。反恐斗争要获得强大的效果，就必须建立健全反恐维稳的长效机制，形成维护稳定的强大震慑力和持久性。加强突发事件处置机制建设，建立健全联合指挥体系和分级响应机制，做到哪里有恐怖活动哪里就有联合打击的有效手段和精干队伍；建立健全社会管理创新工作机制和建立健全社会治安打防管控机制，加大社会治安静态和动态管控力度，突出抓好社会管理中的热点难点焦点问题，不断提高社会管理的能力和水平。这些工作做细做实做好了，对于反恐维稳工作将产生重大而深远的影响。

（五）克恐制胜　科技先行

在第三届全国公共安全化学大会开幕式上，执行主席胡文祥博士致辞说：

盛夏的山东半岛、蓬莱海滨繁花似锦，风景宜人。我们相约来到蓬莱仙境，深入交流讨论公共安全领域中的化学问题。

2011 年是"十二五"规划开局之年，又是人类首次载人航天 50 周年纪念和我国首次载人航天 8 周年纪念，今年下半年我国将发射神舟八号宇宙飞船和天宫一号目标飞行器即太空实验室雏形，实现交会对接，明年后年将发射神舟九号和十号宇宙飞船……随着载人航天事业的飞速发展，我国社会经济将进入新一轮的高速发展时期，按照改革开放总设计师邓小平同志的伟大构想，再过 10 年至建党 100 周年，我国将建成惠及 14 亿人民的全面小康社会，再过 38 年至建国 100 周年，我国将建成中等发达的社会主义现代化强国，发展前景十分诱人。

但是，我们公共安全领域又面临着十分严峻的形势，随着我国社会主义市场经济的深入发展，各种利益复杂交织，各种矛盾日益凸显，新一代独生子女宽容度下降较明显，因为小事引发暴力冲突的可能性不断增加；"藏独""疆独"分子十分活跃，给祖国边疆的安全形势带来严重挑战。2011 年 5 月 1 日，恐怖大亨奥萨马·本·拉登（1957 ~ 2011），被美军突袭击毙；近几年，新疆连续发生暴力恐怖犯罪案件，国家反恐怖工作协调小组 2011 年 8 月 4 日召开全国反恐怖工作会议，会议强调，坚决把暴力恐怖分子的嚣张气焰打下去。在国际国内反恐及公共安全形势发生深刻变化的背景下，召开全国公共安全化学会议是非常及时、非常必要、非常重要的。

在这一时代背景下，在伟大的中国共产党 90 诞辰和人民军队 84 周年建军节的热烈庆祝气氛中，举国上下正在掀起学习贯彻落实胡锦涛总书记"七一"重要讲话精神新高潮，在中国化学会、北京微量化学研究所、防化研究院、中国人民公安大学和首都师范大学等单位领导的大力支持下，在各位专家、代表的帮助下，今天我们顺势召开了第三届全国"公共安全领域中的化学问题"学术研讨会（以下简称"全国公共安全化学会议"）和中国化学会公共安全化学专业委员会成立大会。

早在 2005 年 3 月的某一天，中国化学会副秘书长兼办公室主任方智、北京微量化学所研究员何林涛、防化研究院科技部孙玉波部长、中国人民公安大学王彦吉校长和首都师范大学特聘教授胡文祥博士等几位专家、领导碰了面，商榷能否在中国化学会框架范围内，主办全国性的学术研讨会，探讨一下公共安全领域中的化学问题，为 2008 年奥运会的安全保卫工作，为重大活动的安保、重大事件的平息提供有效科技手段，为维护社会和谐稳定做贡献。为了实现这一构想，我们几家单位在中国化学会领导白春礼院长和姚建年院士等的支持下，商定采取实际步骤落实这一激动人心的构想。2006 年 9 月在长春，中国化学会第 25 届年会设立"公共安全中的化学"分会，由中国人民公安大学牵头主持；2007 年 11 月第一届全国"公共安全领域中的化学问题"学术研讨会在深圳召开，由防化研究院牵头；2010 年 3 月第二届三亚会议，由北京微量化学研究所牵头；2011 年 8 月轮换到首都师范大学物药所牵头在美丽的蓬莱举行会议，我们四家单位始终密切合作，保证了每次会议圆满成功。

2010 年年底，中国化学会办公室和我们四家单位就在北京微量化学研究所举行了第三届会议的第一次筹备会议，之后就正式发出第一轮征文通知，其后又多次磋商第三届会议的筹备工作，在 2011 年 3 月的一次会议中确定了 8 月中旬在山东蓬莱召开第三届会议。有关领导又专程赴蓬莱考察场地，受到蓬莱市人民政府有关领导的盛情接待。整个 7 月我们会议筹备组就全面投入了大会各方面的筹备工作。

参会专家代表和随行人员共 180 余人，他们来自公安系统、安全系统、解放军防化系统和军事医学系统、高等院校、中科院及其他研究院所及基层等 70 多个单位，比历届参会的人数都多，显示了公共安全化学领域越来越受到人们的关注，特别是化学领域科研工作者的青睐。中国工程院院士、知名防化专家、总装备部少将陈冀胜研究员，中国科学院院士、知名环境分析专家、中国科学院生态环境研究中心江桂斌研究员等应邀到会作大会报告。国务院有关部门领导也十分重视，国务院参事张纲同志亲临大会指导，国家反恐办熊德生局长因赴深圳保障大运会不能到会，杨伟明处长、部先永处长到会指导，国家安全部、国家公安部和解放军总装备部等国家和军队的机关也派有关领导莅临大会指导，山东省蓬莱市和河南省舞钢市人民政府等地方政府也派领导参加会议。

本次会议筹备组收到论文 200 余篇，经过 6 月 19 日至 20 日在北京怀柔国防部维和中心举行专家审稿会审定，7 月 20 日和 27 日分别组织部分专家到出版社校对，共收录 172 篇论文入会议论文集，其中 3 篇优秀论文被推荐到中国化学会会刊之一、SCI 收录期刊《分析化学》杂志上发表，论文集的名称仍然为《公安安全中的化学问题研究进展（第二卷)》，目的是与 2010 年 3 月第二届三亚会议论文集相衔接，该论文集可称为第一卷，

第一卷、第二卷都由中国人民公安大学出版社正式出版。在论文集编辑过程中，王彦吉教授、何林涛研究员、孙玉波研究员、李文君同志、刘明同志和出版社等单位领导和专家付出了辛勤劳动，在此表示衷心的感谢！

特别值得学习和倡导的是，防化指挥工程学院在短时间内投稿73篇，录用71篇，居全国各单位之首。表明该校科研管理部门和专家学者很重视全国公共安全化学会议。

报到当天晚上，我们召开了中国化学会公共安全化学专业委员会成立大会。同时，作为本次会议的预备会议。经过5年的酝酿和筹备工作，全国公共安全化学专业委员会终于成立了。

今天开幕式之后，安排了48篇报告，今天安排了15个大会报告，上午5个，下午10个；明天上午开始分3个组进行分组报告，每组报告11篇，共计33篇。第一组：公安领域中的化学问题，第二组：反恐和防化领域中的化学问题，第三组：食品安全、环境分析等的化学问题及其他新技术研究。

只有确保公共安全，人民才会有仙境般的生活，国家才会有和谐稳定的局面，世界才会有和平美好的未来。克恐制胜，科技先行。因此，我们希望各位代表要把本次学术交流的成果转化为我们实际工作创新的效果，同心同德、群策群力、开拓创新、不断进取，为推动公共安全化学领域的发展，为维护社会稳定和国家长治久安做出新的更大贡献。

谢谢大家。

六、《新概念武器》简介

当前军事革命牵动着各国尤其是大国政府和军方的每一根神经，引起高度关注。由胡文祥博士等主编的《新概念武器》拟于2015年正式出版。该书是为适应当前国际军事变革和我军武器装备现代化建设要求而编著的，具有较大的现实意义。全书共分8章，第一章 化学型新概念武器，第二章 生物型新概念武器，第三章 物理型新概念武器，第四章 太空型新概念武器，第五章 自然型新概念武器，第六章 信息型新概念武器，第七章 社会型新概念武器，第八章 其他型新概念武器，这些不同物理特性的新概念武器，在未来战争中将起到重要作用，发挥预想不到的效果。

这里重点介绍化学型和物理型中的部分非致命性武器。

当前，随着全球反恐、世界维和、打击海盗等形势的日益严峻，非致命武器以其特有的军事效益和作战效能，成为世界各国竞相铸造的科技利剑。非致命武器是指为达到使人员或装备失去功能而专门设计的武器系统。按作用对象，非致命武器可分为反装备和反人员两大类。目前，外国发展的用于反装备的非致命武器主要有超级润滑剂、材料脆化剂、超级腐蚀剂、超级粘胶及动力系统熄火弹等。非致命武器近年已经发展成为武器装备领域的热点。这里按作用对象，将非致命武器分为反装备和反人员两大类，同时展望了这类武器在反恐中的应用前景。

（一）按作用对象分类

1. 反装备非致命武器分类

超级润滑剂

超级润滑剂是采用含油聚合物微球、聚合物微球、表面改性技术、无机润滑剂等做原料复配而成的摩擦系数极小的化学物质。主要用于攻击机场跑道、航母甲板、铁轨、高速公路、桥梁等目标，可有效地阻止飞机起降和列车、军车前进。

超级润滑剂类非致命武器

材料脆化剂

材料脆化剂是一些能引起金属结构材料、高分子材料、光学视窗材料等迅速解体的特殊化学物质。这类物质可对敌方装备的结构造成严重损伤并使其瘫痪。可以用来破坏敌方的飞机、坦克、车辆、舰艇及铁轨、桥梁等基础设施。

超级腐蚀剂

超级腐蚀剂是一些对特定材料具有超强腐蚀作用的化学物质。设想一下，对坦克手来说，刀枪不入的复合装甲在这种腐蚀剂的作用下变软该是多么可怕的事情。

超级粘胶

超级粘胶是一些具有超级强黏结性能的化学物质。国外正在研究将它们用作破坏装备传感装置和使发动机熄火的武器，以及将它们与材料脆化剂、超级腐蚀剂等复配，以提高这些化学武器的作战效能。

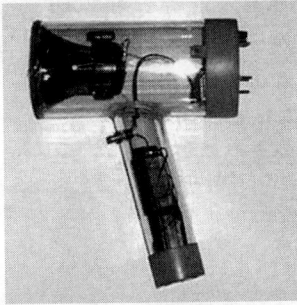

超级粘胶类非致命武器

2. 反人员非致命性武器分类

它可使敌方战斗减员，给敌方造成沉重的伤员负担。目前国外正在研究的反人员非致命武器主要有化学失能剂、刺激剂、黏性泡沫等。据说，有一种速冰枪，打在人身上，致人迅速冻成冰，而失去动弹能力。

化学失能剂

化学失能剂分为精神失能剂、躯体失能剂，它能够造成人员的精神障碍、躯体功能失调，从而丧失作战能力。最近，国外又在研究强效镇痛剂与皮肤助渗剂合用，它能迅速渗透皮肤，使人员中毒而失能。严格说来，这也是化学毒气的一种，不过不取人性命而已。

刺激剂

刺激剂是以刺激眼、鼻、喉和皮肤为特征的一类非致命性的暂时失能性药剂。在野外浓度下，人员短时间暴露就会出现中毒症状，脱离接触后几分钟或几小时症状会自动消失，不需要特殊治疗，不留后遗症。若长时间大量吸入可造成肺部损伤，严重的可导致死亡。

黏性泡沫

黏性泡沫属于一种化学试剂，喷射在人员身上立刻凝固，束缚人员的行动。美军在索马里行动中使用了一种"太妃糖枪"，可以将人员包裹起来并使其失去抵抗能力。它可以作为军警双用途武器使用，目前美国已开发出了第二代肩挂式黏性泡沫发射器。

（二）按作用机理分类

化学失能类

通过化学失能剂驱赶目标或使目标失能，通常是使用化学催泪剂。最常用的催泪剂是 CN（苯氯乙酮）、CS（邻氯苯亚甲基丙二腈）和 OC（辣椒油树脂）。

CN 是一种能够引起上呼吸道刺激的催泪物质，可以造成皮肤刺激。平均来说，它能使人失能大约 3 分钟。CN 是德国化学家 Graeber 于 1869 年发现的，其大多数用途已经被 CS 代替。

美国陆军早在 1959 年就把 CS 制作成标准的骚乱控制剂。"CS"一词来自两位科学家 B. B. Carson 和 R. W. Sloughton 的姓，因为是他们于 1928 年第一次制备了这种催泪剂。1968 年华盛顿特区骚乱期间，美国第一次把 CS 用于民事执法。尽管 CS 是一种有效的骚乱控制剂，平均使人失能 5 ~ 10 分钟，但是在城市环境里它的去污染和交叉污染是一很大问题。

OC 是辣椒油树脂的缩写。它是一种将红辣椒干燥磨成粉后获得的食物产品。OC 在与诸如矿物油、蔬菜油、豆油或水之类的乳化剂混合后，可以充当一种刺激剂用各种喷射器喷射来安全地控制暴力人员或危险动物，恢复和维持治安。

现在，由于越来越多地使用 OC，CN、CS 正在逐渐被取代。PepperBall 辣椒粉射弹就是近年来新研制的一种 OC 防暴武器。

美国研究将镇静剂用作控暴新武器。宾夕法尼亚州立大学应用研究实验室承担了联合非致命性武器处的技术项目，一份研究报告的标题为"使用镇痛剂作为非致命性技术的优点与限制"。据说已确定了大批候选药物（见表 4 - 2），包括苯二氮䓬类药物如安定，大脑血清素选择性摄入抑制剂如百忧解，鸦片衍生物如吗啡、芬太尼、卡芬太尼，后者被兽医用于大型动物的镇静剂。

表 4 - 2　用作非致命性武器有高度潜力的化合物

药物类别	通用名称	药物作用
苯二氮䓬类药物	地西泮（安定）	镇定作用——经常被用来治疗焦虑、失眠、癫痫
α_2 - 肾上腺素受体激动剂	盐酸右美托咪定（普利斯德）	镇静作用——经常与麻醉剂合用
多巴胺 D3 受体激动剂		镇静作用——经常被用来治疗精神病以及吸食可卡因和苯环己哌啶（"天使粉"，一种麻醉药和致幻剂）人员的戒断症状
血清素选择性摄入抑制剂	盐酸氟西汀（百忧解）	
舍曲林（左洛复）	镇静作用——经常被用来治疗抑郁症和强迫症	

药物类别	通用名称	药物作用
血清素5－羟色胺1α受体激动剂	盐酸丁螺环酮	焦虑缓解——不会引起镇静作用
阿片受体激动剂	吗啡	麻醉作用——经常作为镇痛剂使用，产生镇静和快感
精神抑制性麻醉药		催眠作用——快速诱导失忆
复方精神抑制性麻醉药	芬太尼（莫斯科剧院人质危机中使用的药物），氯胺酮（俗称滥用致幻剂和"约会强暴"药物）	安定作用——诱导状态，其反射作用和肌肉张力保持不变，但病人平静、镇静、精神分离、冷漠
促肾上腺皮质激素释放因子受体拮抗剂	肽类激素	镇静作用——用于缓解焦虑和压力，尤其是在发作之后
胆囊收缩素β受体拮抗剂		可能引起或抑制恐慌，取决于所用化合物

动能打击失能类

一般通过射弹来实现。借助发射动能来打击目标使其失去反抗能力。橡皮子弹和塑料子弹是人们最熟悉的动能打击射弹。近年来开发了各种各样的射弹，如豆包弹（装有铅砂的包）、痛球弹、环翼射弹等，具体可分为下列5类：

- 橡皮子弹和塑料子弹
- 各类射弹
- 电击失能

电击失能是指通过释放高压低电流电击使目标失能。电击武器目前大致有4种：电击枪（器），包括各种电击器和电击警棍；这类电击武器作用距离短（只有一臂之长），有效率低（只有50%～60%），而且容易被滥用。以泰瑟枪为代表的有线电击射弹武器，正在研制和评估中的无线电击射弹武器和可以使人肌肉强直的紫外激光电击武器。

- 声光干扰（注意力分散转移）武器

此类武器通过强光、高强度声响使人暂时致盲或失聪来分散目标的注意力，借以达到控制目标的目的。这类武器包括各种声光榴弹和声光射弹、强光电筒、激光电筒等。

- 其他

除上述4类之外的武器，还有拦车钉排、采用缠绕技术的抓捕网等。

（三）按用途分类

FBI 防暴枪

骚乱控制

骚乱或人群控制武器，亦即我们通常所说的防暴武器。用于骚乱控制的武器包括榴弹，发射子弹，12 号射弹，37 毫米、38 毫米、40 毫米射弹，防暴枪（各种霰弹枪和发射器），大型气雾剂喷射器，水炮等。除动能弹、声光弹外，化学榴弹和射弹中使用的催泪制剂主要为 CN、CS 和 OC，或者是 CN/OC、CS/OC 混合剂。另外，还有配合施放催泪弹的防毒面罩等。

常规非致命武器

警察执行各种常规任务配备的非致命武器。这类武器主要包括各种电击武器和各种催泪喷射器，其中很大一部分如电击器和 OC 喷射器兼有攻防功能，而且以防身功能为主。近年来，高级泰瑟枪十分走俏；另外，一些动能射弹如豆包弹开始受到人们的欢迎。

以上我们对非致命武器从两个角度进行了简单分类。但是应该指出的是，这种分类不是绝对的。有些防暴武器同样适合常规配备，例如，PepperBall 辣椒粉射弹既可用于骚乱控制又可用于制服个人目标，这种射弹把安全级的动能冲击与粉状 OC 刺激剂相结合，打到人身上后就破裂开释放出刺激剂。有些强光电筒和电击警棍兼具催泪喷雾功能等。

（四）非致命武器举例

现代反恐战争中，让目标迅速丧失行动能力的非致命武器已经成为武器发展的趋势。而其中的一些可能会让人生不如死：先晃瞎你的眼睛，再用高压电让你大小便失禁，最后还得用臭屁炮虐待你的鼻子……

非致命武器，是既不会对目标造成永久损伤，但又可以使目标丧失行动能力的武器，如常见的闪光弹和催泪弹等。随着技术的发展，有些非致命武器虽然不会使人失去生命，却足以让人丧失战斗能力……

1. "闪耀"来复枪

作为当今流行对战游戏 DOTA 中的神装之一，"辉耀"的高科技版，美军的武器研发部门推出了全新的致盲枪"闪耀"。与"辉耀"不同的是，"闪耀"是一把外形拉风的来复枪，通过发射激光使对方暂时失明。只是暂时失明？先别急着鄙视这个没创意的武器，它显然没这么简单。想想你半夜去小便的时候，打开灯的那一瞬间吧。有没有一种头昏眼花，眼球像要爆裂的感觉？"闪耀"带来的痛苦比这要高出数百倍——不仅因为激光具有更高的能量，更因为研究人员选择了最具刺激性的波段。绝对保证晃瞎所有敌人的"眼睛"！

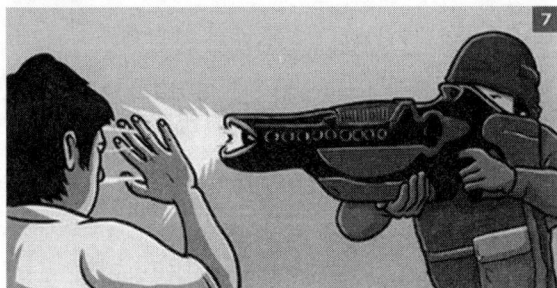

另外，"闪耀"的独特之处还在于，在被如此强的激光暂时性致盲后，人体不会遭受到任何永久性的损伤。可无奈的是，由于"闪耀"过于独特，以至于它无法避免地会对目标附近的非战斗人员造成损伤。所以"闪耀"一旦击发，就一定会把大批围观群众闪得找不着北。

2. 眩晕弹

眩晕弹又名震爆弹、震撼弹等。爆炸后发出强光和巨响，使人瞬间丧失反抗能力，而爆炸的碎片又不会产生伤害。一般用于驱散暴乱人群或者反劫持及特殊军事行动，是一种特殊装备。其化学成分：一种是铵（Ammonium；化学式：NH_4^+♂），是由氨分子衍生出的正离子，因具金属性而写作铵，能爆炸产生巨大声响；另一种是镁粉，即和闪光弹的化学成分相同，燃烧后会发出夺目的强光使人暂时失明。美军 M84 震撼弹能产生 800 万支烛火的强烈闪光和 170 分贝的巨大噪声，由于人眼的视觉细胞有画面停留效应（电影原理），至少需要 5～10 秒时间才能恢复视力，而如果不带耳罩的话，这么大的噪声足以把人震晕过去。现在有手雷式和带式（正在研制阶段）两种。

3. 疼痛射线发射器

这个有点像卫星天线的装置可以向目标发射电磁辐射，在不对人体内部造成损害的同时使人产生极大的痛感——据有经验人士透露，这种感觉很像"被放在了微波炉里烤"。

不过按照美国陆军官方的说法，这个武器是非常安全的，原因有三：首先，这种辐射只会刚好透过皮肤，刺激神经末梢产生痛感，不会伤及内脏；其次，由于它会立刻让敌人感到不适，所以一般情况下目标被击中后就会迅速逃跑了，不会真正被伤害；最后，虽然它的辐射能够穿透衣服，但是能够被金属板有效的阻挡，所以如果你嫌逃跑太累的话，完全可以躲进垃圾桶等物体来避免辐射。

当然，这是官方说法。如果你跑不掉呢？比如在战场上受伤，或者被困住。虽然你不至于被烤化，但是会不会被烤熟可就说不定了……

4. 激光感应等离子屏障

这个东西看不见摸不着，却能够有效地起到障碍物的作用——只有特定的、经过授权的人才能通过，而强行穿越的人则会不明不白地体验一次"过电"的感觉。

这种武器可以称为"电墙"。入侵者将承受高达1万伏特的电击，同时却不会将其电死，只会让入侵者痛苦得惨叫。

没体验过"空气墙"？不要紧，据说这种电墙除了军用外，还会投入民用。

5. 改良型泰瑟枪（防暴电击枪）

传统的电击枪有个缺点，由于子弹需要使用导线连接，所以当目标距离太远的时候通常无法使用（有效距离大概只有20英尺，约合6.1米）。于是几家公司对其进行了改良，为电击枪设计了一种威力巨大却不会致命的子弹。

改良型的泰瑟弹可以从较远处由威力更大的霰弹枪发射（以往都是由手枪发射）。当子弹击中胸口时，其动力之强，足可以先将肋骨打碎；而且子弹会随后对伤处进行电击。简而言之，其效果基本是骨折附带20秒钟的抽搐。

与上面的武器一样，这也是"非致命武器"。的确，它并不致命，但是考虑到被它击倒后的各种窘相——痛极而泣、口吐白沫、两眼翻白、满地打滚，还是别跟它来硬的为妙。

6. 脉冲炮

脉冲炮，或者叫"脉冲能量推送器"，曾经被称作"脉冲杀人激光"。

脉冲炮通过发射脉冲对目标造成伤害。根据测试，它甚至可以将金属物体直接震碎。当然，只要把能量调低一点，它就摇身一变，成为只能将人击倒的非致命武器了。

但是，没人会喜欢被它击倒的那种感觉：这种炮会激活人体的痛觉感受器，并按照使用者的需求为目标制造烧伤、冻伤、腐蚀伤的感觉，但不会真正造成这种伤害。

7. 涡流枪（或者叫臭屁炮）

涡流枪可以制造超音速运动的圆锥形空气波，并且具有强大的压力。当你被它击中时，会被立刻掀个底朝天。试验中，涡流枪将一个 160 磅重（约 72 千克）的人体模特击出 10 米远，而这还远远没到它的极限水平。当然，这仍然是非致命武器，因为它只能将你击倒。不仅如此，这个圆锥形的空气波是由一种恶臭气体组成的，它会带来眩晕、恶心和呕吐感。所以就算你没被打晕，也被熏晕了。

虽说它们是"非致命"的，但是不要忘了，它们仍然是武器。武器怎么会让人舒服呢？

（五）非致命武器技术在反恐等行动中的作用

在当今时代，非致命武器具有其他传统武器所无法比拟的许多特点和优势：如既能有力控制作战形势，又可减小伤亡和损失。尤其在反恐作战中，既能有效达成作战目的，又能最大限度地减少人员伤亡和财物毁损，同时给敌方以强大威慑，实现"不战而屈人之兵"。

在当今信息化条件下，恐怖活动日益呈现出组织网络化、手段高技术化、方式多样化、行动隐蔽化、危害扩大化等新趋势。在突发事件现场，各国欲区分平民和恐怖分子变得越来越困难，导致传统武器系统越来越难以发挥作用。因而，新形势下非致命撒手锏新技术则可以派上大用场。

适合城市。在城市人员密集场所或敏感区域，可全面控制和遏制敌人行为能力，迫使之伏法；可对事发地区预先干预，有效抑制或制止冲突发生。

不伤无辜。使用先进技术具有特殊功能，让人呕吐或暂时失能；同时可快速制敌并保护重要目标安全。

保护人质。各类人质事件发生都要求短时间内能够迅速控制局势。近年来，国际上德国边防第九大队摩加迪沙反劫机行动、第二次车臣战争中解救俄军女记者行动、处置莫斯科劫持人质事件、英国特种空勤团反劫持人质案等典型反恐战例中，几乎无一例外地使用先进非致命技术控制了局面。

先发制人。从国外恐怖袭击看，不仅有定时炸弹、遥控炸弹、连环炸弹，还有更残酷的自杀性人体炸弹、汽车炸弹和路边炸弹等。因而，先发制敌使用微波或电磁能技术等，将给恐怖分子以有力痛击。

瓦解斗志。当今时代，国际上区域性冲突时有发生，而灵活运用非致命撒手锏往往可以取得出其不意的成效。目前世界各国推出的全息摄影幻觉术等，可致敌精神崩溃，令其闻风丧胆。

（六）美军最新热感武器等问世

看不到、听不着、闻不出，一种无法忍受的热感却突然袭来，让人的第一反应是赶紧逃走。这是美国军方 2013 年展示的一款电磁波非致命性武器的攻击效果。这种新式武器可谓真的实现了传说中的"兵不血刃"。

这种威力强大的电磁波武器被命名为"主动拒绝系统",射程达 1 000 米,是美军花了 15 年时间研发的"最安全的非致命武器",只在 2011 年在阿富汗做了短暂部署,从未参与战斗。可用于驱散暴徒以及基础设施、检查站和限入区等地安保。

安装在"悍马"军车上的美军"主动拒绝系统"

不少人把这种电磁波与家用微波炉电磁波对比,质疑这一武器的"安全"性能。但美国空军研究实验室技术人员说,感到极度不舒服与受伤有区别。微波炉电磁波穿透力更强,而"主动拒绝系统"的电磁波只在目标表面"非常浅"的地方起作用。技术人员称,经过 1.1 万次人体接触实验,只有 2 个受伤案例,伤者均完全康复且没有并发症状。这一发明,与2013 年年初美国国防部长帕内塔的声明暗合:军队规模会减小,但灵活性和适应性都会加强,反应速度也会加快,技术方面也会更进一步。

更新,更怪,更强。美军在"新式武器"的路上,可谓一日千里。

巨型钻地弹(Massive Ordnance Penetrator,代号 GBU – 57A/B),是一个由美国空军制定的大型精确制导钻地炸弹装备项目。它的高强度合金外壳内装两吨烈性炸药,使其有能力摧毁地下 60 米深的堡垒。2012 年 11 月,美国空军发言人证实,他们已经接收一种重达 13.6 吨的巨型钻地炸弹,可以对深埋地下的目标进行穿透打击。炸弹可以穿透 10 米厚的钢筋混凝土。

巨型钻地弹

2012 年 11 月，美国军队成功试射高超音速武器，这种武器能够在 30 分钟之内打击全球任何地方的目标。如果武器得以推广，意味着美军将不必依赖部署在外国领土上的导弹。

而最令人叹为观止的，莫过于能让敌人自动投降的"脑控武器"。在反恐战争最初几年，美国就提出了"上帝之音"武器的想法。这个理念是：使用定向声波让想要成为伊斯兰圣战者的人相信，真主亲口在他们耳边说话，命令他们放下自杀性武器。设想一下，你正开着战斗机，耳边突然响起妻子喊你回家吃饭的声音，你是不是也会方寸大乱？

不少高新武器还是设想，而热感武器已经变为现实。军事观察员表示，与过去的新概念武器相比，热感武器颇有特色。

热感武器本身是一种新兴的微波武器，它和传统武器相比，作战原理和杀伤方式都不一样，传统武器主要是靠火药和钢铁去实现杀伤破坏的，而微波武器是靠微波产生的高能量和高电磁辐射来造成杀伤破坏，从工作原理上说，它是用一个大功率的微波发射机产生高能微波束，然后再通过定向天线把微波束集中在一个方向上发射出去，打击敌人，这个军用微波武器的理论发射功率可以达到 100 兆瓦，相当于家用微波炉的 10 万倍，它能够在瞬间产生多么惊人的杀伤力！

尽管美国国防部还没有决定是否采购"主动拒绝系统"，据专家分析，热感武器实战意义不容小觑，热感武器或成隐形飞机杀手。从理论上说这种武器是 F－22 等隐形飞机的天敌，因为我们知道隐形飞机之所以能够隐形，因为它在飞机表面涂了一层可以吸收电磁波的特殊涂料，雷达波照

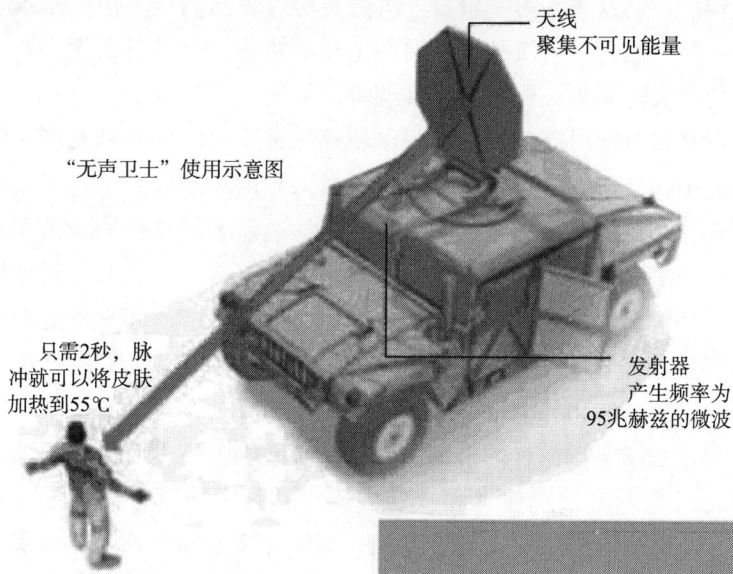

天线
聚集不可见能量

"无声卫士"使用示意图

只需2秒，脉冲就可以将皮肤加热到55℃

发射器
产生频率为95兆赫兹的微波

美军热感武器"无声卫士"工作示意图

射到飞机上的时候，大部分都被这层涂料吸收掉了，反射不回去，雷达自然就看不到它，但是我们想一想如果隐形飞机被微波武器照射的话会发生什么情况？隐形飞机大量吸收微波粒子，结果就是机体温度在很短时间内迅速升高，从飞机到飞行员都会被迅速的烤熟了，这样会造成机毁人亡，所以一些军事大国现在就在研究这种武器，但是到目前为止还没有太大的突破性进展。

七、《海军战略论》书评

（一）马汉与《海军战略论》

美国著名海军战略家阿尔弗雷德·赛耶·马汉（Alfred Thayer Mahan）是现代海军的创始人。当代的一位评论家曾说："马汉海军上将的《海军战略论》是一本令人钦佩的书，也是现代史上最富有煽动性的书。"他的这一看法无疑是正确的。可以这样来加以描述：他的笔强于一支海军纵队，新建的无畏战舰是他的"孩子"，16英寸（1英寸＝2.5400厘米）口径的舰炮轰鸣则是他洪亮声音的回声。马汉和他的《海军战略论》对世界历史的进程所产生的影响是直接的、广泛的和深远的。

马汉生于1840年9月27日，父亲是西点军校军事学和工程学教授。

大学毕业后，马汉先在海军服役。虽然经历过美国内战，但他基本上没有参加过战事。然而，马汉却得到周游全球的机会，尤其是巴西、亚洲和欧洲之行使他大开眼界，积累了海事经验。

马汉从青少年时就酷爱文学写作和理论研究，1883年他初露头角，同年发表的记述美国内战时海军历史的《海湾和内陆水域》引起了人们的重视。不久，马汉应海军上将斯蒂芬·卢斯的邀请去新创办的新港军事学院讲授海军战略和海军发展史。他当时的军衔是上校，这次邀请对他以后的晋升起了关键性的作用。马汉花了一年时间备课，1886年9月起他正式开课。四年后，即1890年，马汉在讲义的基础上整理出版了传世之作《海权对历史的影响：1660～1783年》——亦称《海军战略论》。

这部使马汉名扬海外的书实质上是一部记述从17世纪中叶至拿破仑战争结束之间英国海权的建立和扩展的历史。马汉强调指出，无论什么国家，若要想在世界事务中起重要作用，就一定要控制海权，"海权是统治世界的决定因素"。而要能够控制海权，就必须具备六方面的条件：地理位置、自然环境、领土、人口、民族素质和政府机制。因此，马汉认为，"一部海权史实际上就是一部国民政治军事史"。

马汉以英国为例，详尽地分析了上述六个条件。根据他的解释，海权的含义远远超过海军的力量，不仅包括一支强有力的舰队，而且还应该包括商业船队和坚实的海港基地；海军、演习和战役只不过是达到某个目的的手段而已；商业船队和军舰编队相辅相成，缺一不可，国家的繁荣和发展在很大程度上取决于能否两者兼而有之。

在分析一国的地理位置时，马汉指出，最重要的是不能囿于陆地。他拿荷兰、法国与英国进行比较。荷兰在近代史上迅速衰落的原因是它在发展海军的同时不得不维持一支庞大的陆军，在陆地上进行大小战争以保护自己的利益和独立。法国则一方面要建设海军力量；另一方面要在欧洲大陆搞扩张，以保持自己的霸主地位。这样，人力和物力非常分散，国家防御力量比较薄弱。英国得天独厚，处于海上中间位置，执欧、亚、非、北美海域之牛耳，掌握战略上的主动权，致使英国登上近代史海权的巅峰。这说明海权是跻身于强国的关键。

关于第二个重要条件，马汉认为影响全局的是要拥有众多的天然深水良港。此条件越优越，人们与世界其他国家发展交往的趋势也就越明显。英国和荷兰的自然条件——土壤和气候等都不好，但英国有天然良港，就可驰骋于海疆。

第三个条件是领土，这里马汉的意思是，领土"不仅指一国有多少平方公里的土地，而且还指该国有多长的海岸线以及港口的诸种特征"。此外，该国人口与海岸线长度的比例也具有特殊的重要性。

第四个条件马汉强调："人口总数不可忽视，但还必须弄清楚，该国有多少人与海事有关，包括造船业和后勤服务部门的人数。"法国的人口远远超过英国的人口，但是英国的海军和从事海上贸易的人数却大大高于法国。马汉做出结论道："到现在可以这么说，拥有一个与海事有关的众多的人口总数，是一国海权大小的重要标志。"

马汉列举的第五点是关于民族素质对一国海权的影响。马汉写道："几乎是毫无例外，热衷于海外贸易的追求，是一国在历史上一定时期内对海洋产生影响、在海洋占有支配地位的重要因素。"

最后，马汉考察了政府机制与发展海权的关系。他相信："政府的形式和统治者的性格对海权的发展有着十分明显的影响。"马汉提出政府施予影响的两种形式：在和平时期政府应大力发展人民的海上活动；在战争时期，政府应建立、装备和维持"一支武装的海军"，以确保海权。同样重要的是要在"地球上离本国较远的地方拥有适当的海军基地。"

在讨论了影响海权的六个因素之后，《海军战略论》一书的其余部分集中剖析了 1660～1783 年期间欧洲的重大海战。马汉详细地阐述了 17 世纪末的欧洲形势以及这些海战的历史背景，特别是卷入争夺海权斗争的西班牙、法国、荷兰和英国的国情。在马汉看来，那 123 年的动荡年代的历史即是西方列强为控制海洋而反复进行角逐的历史。这一角逐尤为突出地体现于以下事件：查尔斯二世发动的荷兰战争、西班牙王位继承战争、七年战争和美国独立战争等。

纵贯全书的基本观点是，海权比陆权重要，实行无情的海上封锁总是比"战无不胜的陆军"更具有决定性的意义，这是马汉的《海军战略论》的历史性贡献所在。马汉深信，一国的经济力量与海权结合便可增强该国在世界事务中的有利地位，《海军战略论》的意图就是阐明海权史和政治史的密切关系。《海军战略论》1890 年一出版很快就风靡遐迩，陆续被译成德语、法语、意大利语、俄语、日语、西班牙语等各国的文字，成为当时影响最大的世界畅销书之一。无疑，《海军战略论》的出版不仅总结了历史上海权的演变，而且适应了西方列强，特别是英国的扩张的需要，马汉也因此书声名鹊起。

在英国，马汉的这本书被视为"国家的福音书"。一位英国海军上将含蓄地评论道："自 1900 年以来，英国海军的条件得到改善，力量得到发展，对此我们既不感谢保守党，也不感谢自由党，应感激的是马汉，而不是任何别的人。"1893 年和 1904 年，马汉应邀两次访英，受到女王和首相的接见。在第二次访问时，仅一周内，他就被授予剑桥大学和牛津大学的荣誉学位称号。1914 年 12 月 1 日马汉因心脏病发作不幸病逝，《伦敦邮报》在一篇悼词里称"英国人民对这位伟大的美国公民的恩情是报答不尽的"。

德国恺撒·韦汉姆二世这样表达他的读后心情："我不只是在阅读这本书，我简直是想把它一口吞食下去。在舰上时，它一直是我的案头书……马汉上校说的对，未来决定于海洋。'三叉戟'的制海权象征应掌握在我们的手中。"不管马汉的主观愿望如何，他的书大大加快了德国建立新的海军力量的步伐。马汉的传记作家泰勒说："有充分事实表明，在马汉生命的最后数月里，他对第一次世界大战的爆发，对在他的书影响下膨胀起来的德国海军力量——虽然是完全出乎意料的——深感内疚，他的精神受到致命的打击。"同样，马汉的《海军战略论》在日本也得到广泛流传，该书被列为日本海军军官的必读书之一，人手一册。在《海军战略论》的影响下，日本加紧扩军，于 20 世纪初走上东方海上强国的道路。

马汉写该书的本意是以海权思想影响美国政府，但说来奇怪，美国政府的反应迟缓，落后于其他西方列强。马汉认为，美国必须重视与其他列强对海外市场的争夺，必须建立庞大的海军，必须攫取外国海军基地，必须在西半球之外的地区拥有殖民地。他特别提及夏威夷的战略重要性，美国应该将它变成自己的一个基地。他还指出，加勒比海对美国的关系形同于地中海对欧洲的关系，而要控制加勒比海，关键在开掘巴拿马运河。《海军战略论》终于在进入 20 世纪以后得到了历届美国政府的青睐，西奥多·罗斯福和亨利·洛奇对马汉的海权论尤为推崇。小罗斯福从马汉著作中借用"大棒"的提法，演变成美国政府的官方政策，并根据马汉的海权论制定发展美国海军的宏大计划。到马汉逝世时，他提出的两个具体目标——开掘巴拿马运河和建立强大的美国海军均已实现。

马汉的海权论在他那个时代起了举足轻重的作用。今天，人类世界进入 21 世纪技术新发展的时代，他的海权思想是否过时了？大多数人认为，尽管出现了空权论，以及原子弹、氢弹、导弹等，但海上争逐还是非常重要的。第二次世界大战中，海权仍起了突出的作用。在新的立体战争中，海战仍是一个非常重要的组成部分。目前美国仍在大力发展和更新航空母舰和核潜艇等。俄罗斯也不甘落后，拥有一支庞大的包括潜水艇在内的强大舰队。这说明，海权在核时代仍然占有重要的一席地位。

"谁控制住海洋，谁就统治了世界。"马汉这句名言在两次世界大战中得到了证实。他的《海军战略论》与其他代表著作——《海权对法国革命和帝国的影响，1793~1812年》以及《海权与1812年战争的关系》等标志着世界军事学和历史学发展的新的里程碑。一位美国评论家说："没有人像马汉那样直接地、深刻地影响了海权学说和如此众多的国家的对外政策。"一位法国海军战略家则认为："马汉的海权论在一定程度上改变了我们所生活的时代的历史。"

（二）走向深蓝　经略海洋

中国周边海洋局势十分复杂，总的说来就是：南海有点混乱，东海有点棘手。综合东海南海局势研讨会各位专家的意见，结合我们的理解，主要有以下几个方面值得重视。

没有哪个大国像中国这样，东海问题和南海问题一个接一个，这在中国走向大国、强国过程中是不可避免的，南海和东海问题将来必须也一定能够得到比较圆满解决。先东后南和先南后东都是选择，先南后东的路子更顺一些。日本加速武装自己，打破"二战"后非正常化国家束缚的变化已经不可避免。东海问题，避免打仗的最好办法是加强战备，用打仗的决心避免战争。南海问题错综复杂，周边领土争端，中国已经从战略防御转入战略进攻，标志就是海洋局下面成立了一个海警局，海警局把海监、渔政、缉私、海警统合起来，海警局局长正部级，比海洋局局长还高一级。我们的战略已从近岸防御转变到近海防御，再从近海防御转变到走向深蓝战略，为了保护我们300多万平方公里海岸权益，我们必须加强海军力量及整个国防力量建设，以适应建设大国强国的要求。

新加坡前总理李光耀曾经讲过一段话："21世纪将是一个在亚洲争夺主导权的竞赛，因为这里是增长所在。如果不能在亚洲保有一席之地，就不可能成为一位世界领导者。""如果美国不继续参与亚洲事务，以制衡中国的军事和经济力量，那他很可能会失去全球领导地位。"这段话充分点明了中国的重要地位。奥巴马政府四年多来的外交政策基本上贯彻了这个思想，从2010年最典型的奥巴马政府的文件上看，在形势判断上，将亚太地区判断为"未来世界力量中心"，因为这个地区的政治、经济分量在全球的地位不断的攀升。例如，GDP占世界1/2以上，出口量占世界30%，外汇储备占世界2/3，与美国的年贸易额超过1万亿美元。这一系列的比重还在进一步地攀升，所以美国近些年进一步明确提出来亚太再平衡战略，战略重心东移，移到哪儿？移到中国的周边，"亚太再平衡战略"平衡谁？再平衡中国，这就是世界大势，所以，美国是中国周边形势变得日趋严峻的根本推手。

这个政策的发展使得中美之间的潜在冲突不断在增多，像汇率、互联网，甚至连斯诺登事件也能引起中美之间的一番博弈。售台武器、西藏问题、新疆问题、东海问题、南海问题、中印边境、朝核问题就更不用提了。所以美国这一系列举措引起中国周边的不稳定因素增加。中印边境2008年就开始升温，印度向中印边境增兵6万，两个师，4个中队，修建机场、铁路、公路，印度人在中印边境想干什么？实际上是配合美国。朝鲜半岛核问题不断升温，以朝鲜的核危机为着火点，到现在这个热度都没有减下去。南海问题在20世纪70年代开始发酵，去年黄岩岛危机，让南海危机到了一个顶点。你再有理，千般理万般理，如果你在这个世界上没有军事和国防实力，你的理再千真万确都是虚的。最典型的想一想清朝时期的两场鸦片战争，我们中国人就是反了一下鸦片，就惹得当时最大的、最强的、最先进、最民主的国家拿着枪到这里来惩罚我们，结果我们打不过人家，割地赔款。当时中国GDP在世界第二位的水平上，钱有的是，但是割地赔款，引了诸多强盗进来，全部都赔出去了。我们想一想，一个国家再有钱，再有经济总量，你没有强大的国防又如何？你的劳动成果一夜之间就被人家抢光了。所以专家们有一个基本观点，一个富人是需要保镖的，穷人不需要，穷人一急都可以当强盗，但是富人不行。一个国家富了同样需要保镖，需要军队，没有这个你将付出惨重的代价。我们中国人是深有体会，从这个意义上讲，一个国家没有强大的军队，你硬了反而更麻烦。印证了毛主席的话：没有人民的军队便没有人民的一切。李鸿章也有深痛的体会："我卖国卖得越快越爱国"，为什么？如果人家列强提出一个要求，你当场答应签字画押，这个要求就过去了。但是如果你拖上一个星期，强盗回来以后又加码，你再拖一个星期又加码，这就是李鸿章的外交感受。这就是一个弱国的悲惨境地，弱国无外交。

我们也走过一段弯路，我们搞军队建设这么多年，经济发展很快，2011年GDP成为世界第二，但是就在10年前我们看看军力如何？1999年的一个典型数据给大家，台湾的军费80亿美元，我们的军费60亿美元。有的时候我们一个大的国策走过来是需要实践检验的，有的时候是需要一些震动的。一系列的"台独"，还有美国炸我们大使馆，终于让我们逐渐知道了这个世界并不是那个理想社会，弱肉强食、适者生存、钩心斗角，这是一个普遍规律。1999年大使馆被炸之后，我们军队的建设走上了快车道，以百分之十几的速度向前发展，1999我们的军费在世界上连数都数不上，但是到了2012年我们的GDP世界第二，了不得，今后中国的 GDP 还将继续增长。为什么日本人坐不住了，安倍晋三前面是野田佳彦，购岛之后野田佳彦下台了，安倍晋三睡不着觉，喝白兰地才能睡着。为什么？你购岛又如何？你拜神社又能如何？改变不了垂死挣扎的局面。

党的十七大明确提出富国与强军要相统一，这就是我们大政方针第一次升华到富国与强军相统一。十八大又进一步提出要建设一支与我们国家的国际地位相称，与国家的主权、安全、发展利益相适应的巩固国防的强大军队。这种做法相比"富国与强军相统一"又向前推进了一个更高的目标，用一句话就是"要建设一支与大国地位相配套的大国军队"，这就是军队的未来。

但是老百姓不满意，还编顺口溜说"当今世界美国人想打谁就打谁，英国人是美国人打谁我就打谁，俄国人是谁打我我打谁，朝鲜是谁打我我打韩国，中国人是谁打我我骂谁"，听起来似乎有道理，事实是这样吗？绝对不是。研究告诉我们，美国人真的是厉害，它把毛泽东军事思想学到家了。毛泽东一上井冈山就讲了一段话，"打仗就好比雷公劈豆腐，要专捡最软的欺"，而美国人从 1991 年苏联解体到现在打的那几仗，选的都是最弱的对手来打的，当然打完以后有巨大的经济效益，这是美国人精心选的。它打伊拉克、阿富汗、南联盟（南斯拉夫），再打伊拉克、利比亚，现在要打叙利亚没打成，所有的对手统统归类就是小学生，甚至是幼儿园大班的小朋友。而美国人自己是优秀的一流大学里的高材生，打人家小学生很丢人，打大班的更不地道，但这就是美国人干的。做人欺软怕硬，这不地道，但是打仗必须欺软怕硬，这是军事规律。

在美国，男青年大学毕业必须服兵役，如果不服兵役是违法的，当公务员都没机会，当州长、总统更不可能。而且军人是职业的，那些外交官们是军人，那些老板们是军人，所以，与这个国家打交道很麻烦，没有强硬是不行的。

像中国在钓鱼岛，一切的处理也是围绕着国家的大战略。美国人绝不是想打谁就打谁，我们也绝不是只会喊。我们大家还记得 50 年代赫鲁晓夫给毛泽东起的外号是什么吗？"好斗的公鸡"，随时准备扎起来跟任何人干。在主权核心利益上，我们党和政府绝对是有原则的。习近平主席在 2013 年 1 月 29 日的政治局常委集体学习当中就讲到："我们要坚持走和平发展道路，但是绝不能放弃我们的正当权益，绝不能牺牲国家核心利益。任何外国，不要指望我们会拿自己的核心利益做交易，不要指望我们会吞下损害我国主权、安全、发展利益的苦果。"

美日之间是有大利害冲突的，这一点我们要清楚。朝鲜问题就更不用说，我们为朝鲜打过多少仗，大家看看历史就知道了。朝鲜跟中国唇亡齿寒，我们打那一仗是在那种情况下打的，苏联跟人家差不多，有一段距离，但是还有得比。我们跟人家比有天壤之别，毛主席敢跟人家干，这真是人家说的疯了。因为军事力量差的很大，你看，这是中国陆军野战军一个军的装备配置：炮198门，机动车辆120，坦克一个都没有，81部反坦克火器，70部电台。你看人家有多少！但是毛泽东在这样的情况下敢打，而且打赢了，打出了中国的大国地位，最后打得他们签字画押停战了。参联会主席布莱德利说"这是在错误的地点、错误的时间和错误的对象打了一场错误的战争"。毛泽东打完之后很高兴，自己一想"胜利的信念是打出来的，是斗争中得出来的。美国人是可以打的，而且是可以打败的，这是一条经验。这条经验，只有打才能取得。要打破那种美国人不可打、不可以打败的神话。"所以到现在我们还在享受着毛主席在这个问题上给我们带来的重大利益。

到现在为止，中国陆地上没看见大麻烦，真正的麻烦来自于海上。海上的问题多年了，陆地上我们有14个邻国，跟12个已划定边界，还有两个没划，就是印度和不丹，但是海上就多了，8个海上邻国无一不是争端国，争议面积达到150万平方公里，占了300万平方公里的一半以上。我们在黄海、东海、南海都有争端，这里重点谈谈南海和东海。

南海是一个半封闭的边缘海，总面积大约350万平方公里，350万平方公里不都是我们的，我们国家宣布了210多万平方公里，也就是在九段线内是我们的。但是周边国家越南不承认，宣布了111万平方公里，菲律宾59万平方公里，马来西亚14万平方公里，印尼8万平方公里，文莱5万平方公里。这五个国家内部划的线都重叠到一块，再跟我们的线一重，整个南海划圈划得一锅粥，成为世界上最乱的海。有的人都不知道什么是九段线，大家都没数过，这里头一看南海正好是9块，但是9段最早不是9，是11段，这是1947年国民政府方域司对外宣布的"十一段线"，它叫断续国界线，或者叫传统海疆线。1947年划出来之后，美国接受，英国接受，法国接受，苏联接受，剩下第五个常任理事国，我们自己是当事国，这就是当初中国提"十一段线"的国际的大气候。

俄罗斯的教官对我们中国的学员提一个问题，说你们认为什么是边界？我们一个军官举手说边界就是山川、湖泊、河流等形成的，俄罗斯教官听半天不吱声，然后一字一顿地给出了俄国人的观点，说边界是上一场战争的结果，是打出来的。一个国家的士兵皮靴踏到哪里，刺刀顶到哪里，这个国家的边界就在哪里，边界是用鲜血生命换来的，水火筑就的。我们想想"九段线""十一段线"，我们划的时候是第二次世界大战，我们是五大战胜国之一，我们从日本、法西斯手里面收回来的，我们为之付出的是什么？2 200万中国人的生命，它是红的，那是巨大的代价。所以没有人敢吱声，中国人有权力那么划。真正的"九段线"不能动，它牵涉太大的利益了，一个岛要归你，12海里一圈是你的，20海里是你的权利，那么200海里专属经济区，43万平方公里，海里的东西都是你的，多大的利益啊，一个岛都不能随便丢。而且"九段线"和现在的海洋法公约不矛盾，有人说海洋法公约给对方200海里专属经济区，沿岸国若要按照200海里管理划，那么南海我们就没了。但是不要忘了，联合国海洋法公约规定了200海里专属经济区的权利之后，它还有一个"历史性权利"的保护，为什么？因为我们的历史性权利在前面，你后面制定的法律要保护我这个权利，你凭什么都给我弄没了！不应该的。《联合国海洋法公约》第十条、十五条、七十四条和二百九十八条都对"历史性权利"给予了认可，在美国1956年出版的地图里，在标南海的时候美国也是这样写的"（属中国）"，那是明确无误的。现在变了，那是违法的，因为联合国的国际法一个明确的法律是禁止反演法，也就是你昨天承认，今天你说原因变了又不承认了，那你是流氓，你是反演了，禁止反演。所以美国人一样，只不过它是老大，没有人能把它如何，但是有一天不当老大了，有人就会收拾它，但那是未来很远的事了。

岛屿不是离谁近就是谁的，远了，你有力量，它也是你的。

再看希腊和土耳其，土耳其在爱琴海就遭受这个痛苦，在临海里有那么多希腊的岛礁，因为有条约，土耳其战败了。同样在加拿大东海岸有法国的岛礁，离法国8 000多公里。法国西海岸还有一个海峡群岛，也在临海内，但却是英国的。更典型的是马尔维纳斯群岛，南大西洋，离阿根廷500公里，离英国11 000公里，11 000和500能比吗？但是对不起，要是不服的话就打一仗，打完了撒切尔赢了，那就是英国的，哪有什么该是谁的、不是谁的。所以阿基诺三世的母亲阿基诺夫人1988年到中国来访问，跟小平同志闹过笑话，因为小平同志抽烟比较厉害，笑着说我能不能抽烟。阿基诺三世母亲说，在我那里开国会是不允许的，小平同志说我是个特例吧，大家就哈哈乐，抽了烟关系也很好。她就提了一个坏主意，说邓先生你看看南海的地图，南沙群岛离我们多近，所以南沙应该是菲律宾的。小平同志烟不抽了，冷冷地说一句，那你从地图上看，你看看菲律宾离"台湾"多近，离中国大陆多近。不敢吱声了，你能那么算吗？要那么算就麻烦了。海洋岛屿的归属，不能按远近算，要按"历史性权利"算。少数外交官们光看远近，不看观念、理念，这是一个很大的遗憾。

南海甭说是有了"九段线""十一段线"，就算没有，我们现在都应该划上一条。为什么？里头的东西太多，你看越南、马来西亚、菲律宾、文莱靠着它都发大财了。还有探明的石油储量 230 亿吨，230 亿吨是什么概念？现在中国的石油消耗一年就是 4 亿吨，230 亿吨的储量够我们用 50 多年。还有天然气储量约 264 千亿立方米，天文财富。还有像冰一样、像白面一样的东西，点着跟酒精差不多，叫天然气水合物，也叫可燃冰，静静地躺在南海海底约相当于 700 亿吨石油的水平，有常规油气资源的一半，巨大的天文财富就躺在南海。我们漂洋过海到中东去要油，但是我们家门口这么多油就躺在那儿。现在南海有 1 000 多口井，开采石油一年大约 5 000 到 6 000 万吨，相当于一个大庆油田的储量，没有一口井是中国的，没有一滴油是中国的，这才是问题。相信 981 平台 2012 年就已经竖在南海了，将来它能够有 3 000 米海深、1 万米海底钻探能力，我们终于有了深海钻探技术，981 平台也许未来就会静静地坐在万滩的地方，在越南的边上、南沙的南部，但是过去很长时间我们没有这个本事。

南海还不光是财富，它还有一个重要的战略通道。我们从东南沿海走过去，穿过南海，穿过马六甲，穿过北印度洋，往上走进入中东的波斯湾就是中东石油产油国，下面的分叉下去就是进入红海，跨过红海过去头上就是苏伊士运河，苏伊士运河之后就是地中海，进入欧洲，这条航线承载着我们国家 80% 的进口原油、50% 的海上贸易。所以这条线一旦被卡，我们的经济命脉咽喉就被人家卡住了。反过来想一想，如果我们在这个地方经营一下，把南海经营住了，那这条线一旦控制在我们手里，你看看台湾的生命线是不是它，日本的生命线是不是它？所以日本早就提出了 2 000 海里海上生命线，海空军要联合保护它，有千把海里就走到了我们南海，在我们的手里。韩国也一样，所以如果我们要控制了它，是不是就可以反过来也做一些文章呢？所以说南海是个重要的战略区域，兵家必争之海。

邓小平 1988 年就提出了"经略海洋"的思想，胡锦涛 2008 年提出了"经略南海"的战略思想，这就是我们的大眼光，但是眼光再大没有能力照样不行。我们知道南海重要，但是我们过去到南海去很困难，因为我们十八大讲的"三个没有变"其中之一就是最大的发展中国家，没有变。最大的发展中国家就是最大的落后国家，我们海上的行动能力是有限的。现在好，在过去是很惨的。中国海上综合活动半径和空中基本相同，就是出海岸线 300 公里，出了海岸线 300 公里之外我们就综合不起来了，这就是

1988 年我们的海空作战能力。而南沙岛礁距我们多远？最近的渚碧礁离我们 1 100 公里，永署礁离我们 1 600 公里，1 100、1 600 公里和我们 300 公里的综合能力相比超出了多少倍，我们知道南沙如此重要，但是一个国家没有国力的时候，我们知道也没有意义。所以小平同志为什么说经济发展是核心，把经济发展起来之后，要加强国防、军队及其武器装备建设，这个耽误不得。

1988 年我们海上能力不强，但就在这么艰难的情况下，联合国给了一次机会，联合国有一个教科文组织，说南沙经常出海难，而那个地方缺导航灯塔，要求中国，说你看地图，你们划，说那是中国的，有九段线，你要负起责任修一个灯塔好不好？我们驻联合国的官员当年很多都是军人出身的，很敏锐，抓紧向国内一报告，出一个决策进南沙，完成联合国赋予的神圣使命，永署礁建站就在这个位置，联合国给的任务。

马汉将军讲，"谁控制了海洋，谁就控制了世界"，这一制海权的科学论断影响了世界两个多世纪，虽然制海权已被制空权、制天权、制信息权、制心权所取代，但当今世界制海权永远不过时，它是一个大国和强国的重要标志。我国有 960 万平方公里的陆地和 300 多万平方公里的海疆共 1 200 多万平方公里面积，海域面积占整个国域面积的 1/4，是陆地面积的 1/3，不是一个小数。就像小平同志所讲，"20 世纪 60 年代，如果我们不搞'两弹一星'，我们就不能成为一个大国"；类似地，在今后的半个世纪内，如果我们不大力发展航空母舰和核潜艇等海洋撒手锏武器装备、不坚定地走向深蓝、经略海洋、控制 300 多万平方公里的海疆，我们就不能成为一个强国。加强海防与空防、维护海洋权益将是炎黄子孙义不容辞的神圣职责，是中华民族屹立在世界东方、成为世界强国的不二选择！

八、《地缘政治论》书评

"谁统治东欧，谁就控制了心脏地区；
谁统治心脏地区，谁就控制了世界岛；
谁统治世界岛，谁就控制了全世界。"

英国地理学家哈尔福德·麦金德（Halford J. Mackinder）的这一段名言是对地缘政治学的集中概括。

在马汉的《海军战略论》问世后 14 年，即 1904 年，麦金德发表了《地缘政治论》。该书进一步阐述和发展了《海军战略论》的基本思想，对世界历史的进程同样地产生了深远的影响。

《地缘政治论》原是麦金德1904年1月25日在伦敦皇家地理学会上提交的一篇论文，题为《历史的地理中枢》。这篇论文说古道今，旁征博引，剖析了地理与政治之间的互相关系，强调陆权的作用，引起与会者的浓厚兴趣。会后，他的这篇论文即以小册子的形式出版，广泛地传播开来。麦金德时年43岁。

1919年第一次世界大战结束时，麦金德发表了他的另一部代表作《民主的理想和现实》。这部书对地理学和政治学的结合又作了深入的探讨，连同早些时候问世的《地缘政治论》一起，构成了现代地缘政治学的奠基石。

哈尔福德·麦金德1861年2月15日生于一个英国农村医生的家庭。1874年就读于埃普萨姆学院，后转至牛津大学。他成绩优异，毕业后留校讲授地理学。1899年，在皇家地理学会的赞助下，麦金德在牛津创办了第一所地理学院，并亲任院长。同时，他还在伦敦经济学院兼授经济地理学。他的业余爱好是登山，他曾以惊人的冒险精神登上了非洲东部的肯尼亚山，此举使他名声大振。从1903年至1908年，麦金德就任伦敦经济学院院长，在1910年到1922年期间他曾数届当选为议员，1926年担任枢密院成员。晚年他还被一致推举为皇家地理学会副会长，并获得过美国地理学会颁发的金质奖章。

麦金德的《地缘政治论》首先提出"封闭式空间"的理论。他认为，持续了四个世纪的地理探险和领土扩张的时代——"哥伦布时代"已经结束，从现在开始，世界将进入一个封闭式政治体系的时代。在麦金德看来，这一变化的直接结果就是海权占支配地位的时代一去不复返了，陆权时代已经来临。

那么，哪儿是新的陆权时代的自然中心呢？

麦金德指出，欧亚大陆即是这一自然中心，或称"世界政治的核心地带"。具体来说，它是指西从伏尔加流域、东至贝加尔湖、北从北冰洋、南至喜马拉雅山脉这一大片广袤无际的低洼平原。他称这一地带为资源丰富、难以从海路攻入的铜墙铁壁的区域。而当时的东欧就正好处于通向这个核心地带的门户的位置，具有特殊的战略意义。任何能够征服这一门户的西方列强，不仅将控制"核心地带"，而且最终有望控制"世界岛"——欧洲、亚洲和非洲。从地图上看，欧亚非被大洋所围，"世界岛"因此得名。而且，"世界岛"呈现出两个半月形：内半月形包括德国、奥地利、中国、印度等国；外半月形则包括英国、日本、美国、加拿大、澳大利亚、南非等国。

麦金德认为，欧亚大陆这一核心地带是"世界政治的真正支柱"，"在世界事务中起着愈来愈大的作用"。同时，它也是一个充满侵略、角逐的危险地带，"十四、十五世纪蒙古帝国的入侵仍记忆犹新，如今俄国取而代之并威胁着芬兰、波兰、土耳其、印度和中国"。虽然麦金德的这一警告曾引起西方政治家和军事理论家的注意，但是，他们显然并没有充分地认识到俄国在"核心地带"和"世界岛"所处的有利地位对西方形成的潜在危险。

在《民主的理想和现实》一书里，麦金德把"核心地带"的概念改为"心脏地区"，更形象地说明了其在"世界岛"的中心地位。麦金德还指出，欧亚非不是三块地方，而是构成一个大陆，即"世界岛"。"心脏地区"远离海权的控制，是"世界岛"的关键区域。从全局来看，"世界岛"的面积和人口均大大超过世界上的其他地区。面积："世界岛"占2/3，南美、北美、澳大利亚等地区仅占1/3；人口："世界岛"拥有全世界人口的7/8，而其他地区只有1/8。在人力和自然资源方面，其他地区也无法与"世界岛"相比。

鉴于"心脏地区"在"世界岛"的重要位置，麦金德特别强调，他所担心的是："如果德国和俄国联合，其势力必然会扩展到整个欧亚大陆和'世界岛'，这样就可能会出现新的世界帝国。"

所以，为了防止俄国或德国在第一次世界大战后独霸"心脏地区"，麦金德主张从巴尔干半岛到黑海建立一个缓冲地带——包括爱沙尼亚、立陶宛、波希米亚、波兰、匈牙利、塞尔维亚、罗马尼亚和希腊等一系列独立国家——以筑成一道阻止大国称霸的屏障。他认为关系重大的是东欧的领土"应该划分为三个国家体系，而不是两个国家体系"。这样，中间的国家体系就能起缓冲作用，恢复欧洲的力量均势。否则，俄国和德国为了控制夹在它们之间的领土会进行新的交易，迟早会由俄国或德国完全统治这片领土。历史事实证明，麦金德的主张未获实施，未能阻止德国和俄国以后的扩张，缓冲地带没有真正地起制止扩张的作用，德国和俄国先后突破了这一"屏障"。

1943年，第二次世界大战还在进行之中，麦金德在题为《巨大的世界与和平的赢得》的论文中再次探讨了"心脏地区"的问题。他认为，战争使他的地缘政治论"比20年或40年以前更加有效和有用"。他进而言之："如果苏联在大战中征服德国，那么苏联将成为世界上最大的陆上强国。同时，苏联将处于最有利的战略防御地位。'心脏地区'是地球上最坚固的天然堡垒。苏联将有史以来第一次用一支兵强马壮的驻军加以守卫。"

麦金德当年所说的这一段话是有先见之明的。

综上所述，可以看到，麦金德的基本思想是强调陆权的重要性。他指出，在过去的400年里，以大陆为基地的国家和海洋国家之间的争斗连绵不断，结果导致一系列的大小战争。直到如今，海洋国家由于拥有致命的封锁和禁运手段，始终占据有利地位。但是，随着技术的发展、武器的更新，大陆国家正逐步冲破海洋国家的封锁，打破海权的垄断格局，体现陆权思想的地缘政治论也就应运而生了。

美国的一位国际政治学者曾这样概括过麦金德的地缘政治论："麦金德爵士认为，不管是哪个国家，谁控制了欧亚大陆的核心地带，谁就将控制世界政治。麦金德称这一地区为'心脏地区'，这块地区反过来又被称之为'边缘地带'的地区所包围。麦金德相信，统治'心脏地区'的国家能够对'边缘地带'的国家施加威慑力量，而且，由于前者占据着中心位置，便始终是稳操胜券。麦金德的结论是，一部欧洲历史就是不同国家企图攫取'心脏地区'，而其他国家努力抑制这一攫取反复进行斗争的历史。"

事实上，"地缘政治"这一术语并非麦金德的首创。据考证，最早是由瑞典人鲁道夫·切连提出来的，切连在《生命形态之国家观》一书中提及五种政治理论体系：经济政治学、种族政治学、社会政治学、宪法政治学和地缘政治学。同时期享有声望的另一位地缘政治理论家是德国的慕尼黑大学地理学教授弗里德里克·拉采尔，他的主要观点是，生存空间是一国国力的真正关键。他的理论特点是进一步把切连的地理概念融入政治体系里，强调国家权利的地理基础。而麦金德则继承切连和拉采尔的理论成果，把地缘政治学推向更为系统化的新高度，不断注入了新的内容，其要点是：①强调国家权利地位与地缘政治的结合；②强调应用性，以异于理论性的政治地理学；③强调自然环境对一国政策的影响，常演变成战争指导原则或一国战略与战术。

与麦金德同一时代的德国地理学家和军事家卡尔·豪斯贺费尔对麦金德的理论极为推崇，他1924年出版较有影响的《太平洋地缘政治学》，同时主编了《地缘政治论杂志》，此杂志不仅影响了一代的地理学发展，更重要的是把麦金德的学说发展成为纳粹侵略理论。

当然，地缘政治学的影响并不限于德国，苏联和美国也极为重视。前耶鲁大学教授、该校国际问题研究所主任尼古拉·斯派克曼在麦金德地缘政治论的基础上，提出了"边缘理论"，他认为，对一国来说重要的是要拥有对自己有利的宽阔的边缘地带。

关于麦金德地缘政治论的有效性的争辩一直没有停止过。他的理论贡献毋庸置疑，然而他的理论缺陷也显而易见，其中一点就是他未能认识到空权的巨大潜力。持批评意见的学者认为，空权的发展致使"心脏地区"的概念失去了昔日的战略意义。而且，现代战争无所谓前方后方，一个导弹可以打到纵深许多地方。典型的评论是赫里克所说的以下的一段话："空间是无限的。……空权只能以空权加以抑制；空权不受'心脏地带'的影响。……今天的战略公式应该是：谁控制飞机，谁就控制了基地；谁控制基地，谁就统治了空间；谁统治空间，谁就控制了世界。"

麦金德于1947年3月6日病逝。他的理论虽然存在不少缺陷，但他的告诫仍是有益的：只有所有人都懂得了地缘政治的原理和现实，世界才能得到安全。麦金德的理论在很大程度上奠定了现代地理学的基础，被后人推为"地缘政治学之父"。

马汉将军说：谁控制了海洋，谁就能控制世界。

麦金德教授讲：谁控制了陆地，谁就能控制世界。

赫里克先生主张：谁控制了空间，谁就能控制世界。

胡文祥博士认为：谁控制了人的心理，谁就能控制世界。

胡文祥博士进一步认为：制海权、制陆权、制空权、制天权、制网权或制信息权、制心权，甚至制金权，究竟哪个能够决定未来战争的胜负和未来世界历史进程，目前恐怕哪一位也难以给出精确的回答，很有可能是这几种因素的组合（制组合权）来决定世界的命运。

第五章
专业促进卓越

英国有句谚语说得好：你也许无法赢得每一场战斗，但你仍能赢得整个战争。你必须继续奋斗，永不言弃，永不言败，正如伟大的哲学家马克思所言"在科学的道路上，是没有捷径或坦途的，只有沿着崎岖不平的山路，努力攀登的人，才有希望达到光辉的顶点"。

牛顿是伟大的科学家。在大学时期，牛顿师承于著名数学权威伊萨克·巴罗教授，牛顿称巴罗教授是他的"知识之父"。在巴罗的悉心指导下，牛顿研读了欧几里得的平面几何学、笛卡尔的解析几何学、开普勒的行星定律和瓦利斯的无穷小算术，他在数学和力学的王国里搏击奋进，翱翔长空。使世人惊喜不已的是，牛顿在大学期间就进行了三项伟大的发明创造，成为当时最具天才的科学家之一。

牛顿的第一项发明是数学的微分和积分，他令人信服地提出了微积分流数，为研究物体流量和物理运动等开拓了新路子、提供了新方法。有人说：牛顿的这一发明"打开了数学宝库的大门，从此数学世界就奇迹般地展现在牛顿和他的后人的面前了"。

第二项发明是光色谱律。1665～1666 年，剑桥发生瘟疫，学校被迫停课，牛顿回到家乡沃尔斯脱普。在那里的两年时间内，他进行了各种光学实验，获得了可喜的结果，特别是他利用三棱镜发现太阳光是由折射率不同的各种颜色光线组成的。他在这一基础上提出的光色谱律为现代光谱学打下了基础。

第三项发明是万有引力。牛顿在研究力学的过程，逐渐形成引力的概念。一个脍炙人口的例子是，一次，牛顿在树下坐着，一个苹果偶然从近处树上掉下来，这激起了牛顿的思考，使他想到必有地心引力的存在。经过深入的研究，牛顿进一步阐明了万有引力。牛顿对苹果落地的科学解释是："宇宙的定律就是质量与质量的相互吸引。"他指出，这一定律适用于包括地球在内的整个宇宙。

在武汉工程大学攻读学士学位期间，胡文祥就提出了四个重要的观点：一是世界和平与太阳活动有关；二是元素周期表只能填满 138 个元素（奇妙的是，按照大爆炸宇宙学标准模型，现在宇宙年龄为 138 亿年）；三是所有重要物理化学公式都来源于同一个基础公式；四是有机离子反应催化剂选择规则及催化作用的能量改变论。在大学时期，兰蔚丰、李国才、蒋子铎、李定或、屠永礽、张琦等一批人们称之为"精兵强将"的教授给胡文祥他们讲基础大课或做学术报告，使其颇受教益。中学时代的班主任何业民和陈克逊老师治学严谨，给胡文祥留下了深刻印象。

在防化研究院攻读硕士学位期间（研究生基础课程是在北京医学院现北京大学医学部药学院攻读的），北医张礼和（后任中科院院士）、王夒（后任中科院院士）、蔡孟深、刘维勤、李正肃、李仁利教授和北大叶学其教授给胡文祥他们讲研究生基础课程，王序院士还召集他们谈心，使他们受益匪浅。硕士导师是第四研究所总工程师徐玄龙研究员，辅导老师是许华堂研究员（时任研究室主任、后任 081 基地司令员）、陈冀胜研究员（时任副所长，后相继任所长、院总工程师、院政委，正军职、中国工程院院士），他们具体指导和帮助了胡文祥，尤其是争取到了军队首批硕士研究生到地方（中国科学院）攻读博士学位的机会。胡文祥在这一时期有五个方面的创新：一是建立了近平衡态的动力学规律；二是用三种方法推导了著名的薛定谔波动力学方程及维恩定理的新证法；三是用 ^{31}PNMR 定量测定某类化合物的热分解动力学；四是归纳了有机反应选择性择点、择键和择面三规则，五是提出了地球膨胀论及大陆漂移之因新解。

在中国科学院上海有机化学研究所攻读博士期间，导师是袁承业院士，具体在分子力学方面的辅导老师是李树森研究员，惠永正研究员（时任副所长，后任所长、国家科技部副部长）和戴立信院士（时任研究生部主任）、汪猷院士、黄维恒院士、黄耀曾院士、蒋锡夔院士、陆熙炎院士及庆志纯高级工程师（时任中国科学院上海分院党组书记）和陈至立同志（时任上海市科技党委书记，后任教育部部长、国务委员、人大常委会副委员长）等专家和领导给予了支持和帮助。胡文祥，时任研究生联合会主席，在这一时期又有六个方面的创新：一是提出了"比较化学"思想；二是创立了 ^{31}PNMR 化学位移统一计算方程并提出了重核核磁共振屏蔽效应新原理；三是推导了不对称合成热力学公式；四是创立了微波催化合成方法；五是建立了取代基效应极性与空间分离模型；六是建立了 f 轨道配位场效应理论。

参加工作头八年，胡文祥跟随解放军军事医学科学院六所恽榴红研究员（时任研究室主任，后任副所长）从事胆碱能受体拮抗剂分子力学与合成化学研究；后调入国防科工委军事医学研究所从事航天军事医药学相关研究工作；总装备部成立之际，该所并入其中，成为总装备部军事医学研究所，胡文祥任所长；2005年全军军事医学所调整之际，胡文祥又任首都师范大学特聘教授并任物理有机与药物化学研究所所长，并相继任北京市特聘教授、北京神剑天军医学科学院院长。这期间，胡文祥得到了中央军委曹刚川副主席，中央军委委员、总后勤部部长王克上将和中央军委委员、总装备部部长李继耐上将（后任总政治部主任）及总部机关领导董万才中将，李恒星中将、殷方龙中将、黄耀德、秦伯益、张超、阮金秀、史有来、马国惠、李金星、华钟亮、程天民、徐滨士、丁兴农等少将和孙玉波、马明卿等大校以及首都师范大学领导刘利民书记（现任教育部副部长）、张雪书记（任北京市委委员）、许源祥校长、刘新成校长（任北京市人大常委会副主任）、宫辉力校长和邱运华、马常、王万良副校长等的热忱关怀；得到了战友、同事以及博士后、博士生、硕士生和进修生等的大力支持和帮助。同时与中国科学院院士、美国国家科学院外籍院士白春礼教授（时任中科院副院长、后任常务副院长、院长、中央委员），中国科学院院士、美国国家科学院外籍院士、香港大学支志明教授，中国科学院院士、清华大学赵玉芬教授，武汉工程大学党委书记吴元欣教授，昆明理工大学副校长彭金辉教授（现任云南民族大学校长），清华大学李艳梅教授，北京大学裴剑锋教授、焦宁教授和许家喜教授（后任北京化工大学理学院副院长），北京微量化学研究所何林涛研究员、郑九天所长、林长江副所长、吕强副所长，北京生物医药所李文欣主任，西南民族大学赵志刚教授（任化学与环境保护学院院长），中国人民大学陈自立教授，北京工商大学校长孙宝国院士和孙家跃教授（任化工学院院长、科技处处长），华中师范大学陈建教授，华中科技大学朱丽华教授（任分析科学研究所所长），中国科学院上海药物所张翱教授，中国医学科学院药用植物所高南南教授，北京师范大学延玺教授，青海民族大学宋萍教授（任科技处处长），中国人民公安大学李文君教授，湖北师范大学吕鉴泉教授，内蒙古大学马超美教授，美国马里兰大学王来曦教授等有关专家进行了交流与科研合作。这些交流与科研合作大大拓展了胡文祥的视野。

胡文祥大力运用比较论、组合论和统一论进行了化学、药学、生命科学及载人航天工程等相关领域的探索研究，得到了很多新认识，总结了许多新规律。他提出了糖酶、广义酶、广义DNA、比较化学、组合催化与广义组合化学等新概念；创立了四原子规则、广义电子等排原理、非经典跨

千桥飞梦

环轨道超共轭协同效应、胆碱能药物量子药理学规律与胆碱能受体分子药理学模型、梦的分子药理学及精神神经递质统一论；建立了分子力学与量子化学联算方法、组合分子设计方法、组合催化仪器与方法等。获得了多项发明专利；发表了多篇中英文论文和多部学术专著；荣获了多项国家和军队科技进步奖等。部分论著成果及知识产权统计如下。

一、部分英文学术论文目录

[1] Hu WX, Li S, Yuan CY. Empirical rules for ^{31}PNMR of organophosphorus compounds. Chin Chem Lett, 1992, 3（4）：275 – 278

[2] Hu WX, Yuan CY, Li S. Synthesis of hindered alkylphosphonates and phosphonic & phosphinic acids. Chin Chem Lett, 1992, 3（3）：167 – 170

[3] Hu WX, Li S, Yuan CY. Polar substituent effects of organophosphorus esters in structure – reactivity studies. Chin Chem Lett, 1992, 3（8）：579 – 582

[4] Hu WX, Yun LH, Chen TS, Xu HT, Jia SS, Hu XL, Li S, Yuan CY. Synthesis and substituent effects on 4 – ^{13}CNMR of bioactive 4 – substituented – 2，6，7 – trioxa – 1 – phosphabicyclo［2.2.2］octane – 1 – oxides. Chin Chem Lett, 1992, 3（12）：959 – 962

[5] Hu WX, Xu HT, Xu XL. Rate measurements of thermolysis of O, O – diethyl – S – trifluoromethy1 thiolophosphates by ^{31}PNMR. Chin Chem Lett, 1992, 3（7）：529 – 530

[6] Hu WX, Yun LH, Li S. Conformational analysis on anticholineric drugs（1）. molecular mechanics MMPM calculation of atropine and other alkaloids in the belladonna plant. Chin Chem Lett, 1992, 3（4）：271 – 274

[7] Yuan CY, Li S, Yuan SG, Hu WH（Hu WX）. Rational design of organic solvent extractants. In：Sekine T（ed）, Solvent Extraction 1990. Elsevier Science Publishers B. V. , 1992, 321 – 326

[8] Yuan CY, Li S, Hu WX, Fan HZ. Studies on organophosphorus compounds 61. substituent effects in organophosphorus esters. Heteroatom Chemistry, 1993, 4（1）：23 – 31

[9] Hu WX, Yun LH. Molecular pharmacology of antinicotinic activity of cholinolytic drugs. Chinese Science Bulletin, 1994, 39（10）：856 – 860

[10] Liu GX, Hu WX, Hu DR, Zhang XW and Yun LH. Synthesis of germanium propionyl amino acid esters sesquioxides. J Chin Pharm Sci, 1996, 5（3）：160 – 164

[11] Peng QT, Hu WX, Tan SJ, Chen PR. . Determination of vitamin D_2 and vitamin D_3 in the caltrate weikang capsules by HPLC. Chin Chem Lett, 1997, 8（12）：1605 – 1608

[12] Wang JY, Li YK, Hu WX, Tan SJ, Long YF. The synthesis and electronic characteristic of poly（p – phenylenevinylene）derivatives. Chin Chem Lett, 1998, 9（1）：

75 – 77

[13] Peng QT, Chen PR, Hu WX, Tan SJ. Determination of melatonin in the mian erkang capsules by HPLC. Chin Chem Lett, 1998, 9 (9): 839 – 842

[14] Wang JY, Li YK, Hu WX, Long YF. The synthesis of soluble copolymer of poly (p – phenylene vinylene) . Chin Chem Lett, 1998, 9 (1): 79 – 81

[15] Wang JY, Li YK, Tan SJ, Hu WX, Zhen GY. Single – layer lightemitting diodes based on alkoxy – substituted poly (p – phenylene vinylene) . J Functional Materials and Devices, 1999, 5 (4): 309 – 312

[16] Hu WX, Peng QT. Determination of pKa and partition coefficients of acidic organophos-phorus esters in oil – water system and substituent effects. Chem J I, 2000, 2 (7): 34 – 40

[17] Hu WX, Peng QT. Rapid synthesis of tetraphenylporphyrin with microwave irradiation. Chem J I, 2000, 2 (12): 54 – 55

[18] Wang JY, Li YK, Long YF, Hu WX. Homopolymerization and copoly – merization of 1, 4 – bis (chloromethyl) – 2 – methoxy benzene. Chin J Synth Chem, 2000, 8 (3): 220 – 225

[19] Hu WX, Peng QT, Cui H, et al. Determination of equilibrium constant of extracting rare earth metal ions with acidic organophosphorus esters. Chem J I, 2001, 3 (1): 5 – 7

[20] Hu WX, Wang JY. Combinatorial catalysis with physical, chemical and biological methodologies. Chem J I, 2001, 3 (9): 44 – 46

[21] Tan SJ, Peng QT, Hu WX, Chen PR. Determination of imperaforin in Yuanhu analge-sic capsule by PR – HPLC. Chem J I, 2001, 3 (11): 56 – 58

[22] CaoY, Zhang GY, Hu WX, Gao GH. Multiple – channel instrument development for a hypergolic vapor detection. Chem J I, 2002, 4 (1): 1 – 4

[23] Tan S, Peng Q T, Hu WX, Wang WM. Determination of tanshinone II A in two kind of Chinese traditional patent medicines by HPLC. Chem J I, 2002, 4 (1): 5 – 7

[24] Peng QT, Hu WX. A new HPLC method to determine carbonyl compounds in air. Chin Chem Lett, 2002, 13 (12): 1199 – 1202

[25] Ruan YM, Hu WX, Lu JQ. The synthesis of (1S, 6R) – 1 – hydroxy – 6 – (1, 3 – benzo – dithiol – 2 – yloxy) – 3, 5 – cyclovitamin D_2. Chin J Synth Chem, 2002, 10 (1): 56 – 58

[26] Zhang ZY, Hao W, Hu WX. Synthesis of 5, 10, 15, 20 – (2 – pyridyl) – porphy-rin and its Mn (III) complex. Chin J Synth Chem, 2006, 14 (5): 497 – 499

[27] Zhang ZY, An LY, Hu WX, Xiang YH. 3D – QSAR study of hallucinogenic phenylalkyl – amines by using CoMFA approach. J Comput Aided Mol Des, 2007, 21: 145 – 153 SCI IF 3. 386

[28] Zhu HW, Fang H, Wang LY, Hu WX, Xu WF. 3D – QSAR study with pharmacophore –

based molecular alignment of hydroxamic acid – related phosphinates that are amino – pep-tidase N inhibitors. Drug Discov Ther, 2008, 2 (1): 192 – 197 SCI IF 2. 877

[29] Chen L M, Zhou X M, Cao Y L, Hu WX. Neuroptection of ginsenoside Re in cerebral ischemia – reperfusion injury in rats. J Asian Natural Products Research, 2008, 10 (5): 439 – 445 SCI IF 0. 944

[30] Wang L, Hu WX, Liu XL. The modeling of three – dimensional structure of human μ – opioid receptor and the study of molecular docking of fentanyl analogs. Computers and Applied Chemistry, 2009, 26 (6): 746 – 750

[31] He FD, Meng FH, Song XL, Hu WX, Xu JX. First and convergent synthesis of hy-bird sulfonophosphinopeptides. Org Lett, 2009, 11 (17): 3922 – 3925 SCI IF 5. 862

[32] Liu JQ, Wang CF, Chen JC, Tu SH, Gu HF, Hu WX, Qiu MH. Six new triterpen - oid glycosides from gynostemma pentaphyllum. Helvetica Chimica Acta, 2009, 92: 237 – 245 SCI IF 1. 478

[33] Ding CY, Tu SH, Li FY, Wang YX, Yao QZ, Hu WX, Xie H, Meng LH, Zhang A. Synthesis study on marmycin A: preparation of the C3' – desmethyl analogues. J Org Chem, 2009, 74: 6111 – 6119 SCI IF 4. 450

[34] Ji L, Zhang YY, Lang XF, Hu WX, Li QS. Noise helped manifestation of intrinsic frequency: a case study in the mesoscopic hormone signaling system. Prog Natural Sci-ence, 2009, 19: 1209 – 1214 SCI IF 1. 035

[35] Ding CY, Tu SH, Yao QZ, Li FL, Wang YX, Hu WX, A Zhang. One – pot three – step synthesis of naphtho [2, 3 – a] carbazole – 5, 13 – diones using tandem radica-lalkylation – cyclization – aromatization reaction sequence. Adv Synth Catal, 2010, 352 (5): 847 – 853 SCI IF 6. 048

[36] Hu WX, Li PR, Jiang GX, Che CM, Chen J. A mild catalytic oxidation system: al-kenes were selectively converted into epoxides, aldehydes, dialcohols and acids catalyzed by ruthenium porphyrin. Adv Synth Catal, 2010, 352 (18): 3190 – 3194 SCI IF 6. 048

[37] Wu X, Yang ST, Wang HF, Wang LY, Hu WX, Cao A, and Liu YF. Influences of the size and hydroxyl number of fullerenes/ fullerenols on their interactions with pro-teins. J Nanosci Nanotechnol, 2010, 10: 6298 – 6304 SCI IF 1. 563

[38] Du CT, Li FL, Zhang XF, Hu WX, Yao QZ, and A Zhang. Lewis acid catalyzed cy-clization of glycols/2 – deoxy – d – ribose with arylamines: additional findings on prod-uct structure and reaction diastereoselectivity. J Org Chem, 2011, 76 (21): 8833 – 8839 SCI IF 4. 450

[39] Meng FH, He FD, Song XQ, Zhang LL, Hu WX, Liu G, Xu JX. Facile synthesis of hybrid sulfonophosphinodipeptides composing of taurines and 1 – amino – alkylphos – phinic acids. Amino Acids, 2011, 43: 423 – 429 SCI IF 3. 248

[40] Tu SH, Ding CY, Hu WX, Li FL, Yao QZ, A Zhang. Facile synthesis of indole –

千
桥
飞
梦

or benzofuran – fused benzo〔a〕carbazole – 1, 4 – diones using a tandem two – step reaction sequence. Mol Divers, 2011, 15: 91 – 99 SCI IF 3. 153

〔41〕Liu H, Wang YH, Zhu LL, Li XX, Zhou W, Chen ZL, Hu WX. Gold catalyzed carbocyclization of phenyl substituted allylic acetates to synthesize benzocycle derivatives. Tetrahedron Lett, 2011, 52: 2990 – 2993 SCI IF 2. 683

〔42〕Liu M, Wu QS, Hu WX. Pharmacophore screening on piperidinecarboxamides derivatives based on GALAHAD and CoMFA models. Chin J Chem, 2011, 29: 1075 – 1083 SCI IF 0. 773

〔43〕Hu WX, Xu G, Wei GQ. (1SR, 2RS, 3SR, 5SR, 6RS) – 6 – 〔(Z) – 1 – Acetoxy – 2 – phenyl ethenyl〕 – 3 – ethoxy – 2 – phenylbicyclo〔3. 1. 0〕hexan – 1 – ylacetate. Acta Crystallographica Section E, 2011, 67 (2): 512 SCI

〔44〕Liu M, Hu WX. Functional role of ATM in the cellular response to DNA damage. Front Chem Sci Eng, 2011, 5 (2): 179 – 187

〔45〕Liu M, Liu XL Wan P, Wu QS, Hu WX. Determination of structure – activity relationships between fentanyl analogs and human μ – opioid receptor based on active binding site models. Neural Regeneration Research, 2011, 6 (4): 267 – 276 SCI

〔46〕Liu H, Li X, Chen ZL, Hu WX. Azepine synthesis from alkyl azide and propargylic ester via gold catalysis. J Org Chem, 2012, 77 (11): 5184 – 5190 SCI IF 4. 450

〔47〕Li SX, Yao ZL, Chen W, Zhao YJ, Yao S, Hu WX. Design, synthesis and biological evaluation of novel acrylamide analogues as inhibitor of BCR – ABL kinase. Bioorg Med Chem Lett, 2012, 22: 5279 – 5282 SCI IF 2. 554

〔48〕Liu M, Sun ZG, Hu WX. Three – dimensional pharmacophore screening for fentanyl derivatives. Neural Regeneration Research, 2012, 7 (1): 61 – 65 SCI

〔49〕Liu M, Liu XL, Hu WX. Molecular docking and 3D – QSAR studies of 4 – phenyl – piperidine derivatives as μ – opioid agonists. Advanced Material Research, 2012, 361 – 363: 263 – 267 EI

〔50〕Liu M, Hu WX. Design, synthesis and biological evaluation of novel fentanyl analogues as agonist of μ – opioid receptor. Applied Mechanics and Materials, 2012, 217 – 219: 937 – 940 EI

〔51〕Liu M, Hu WX. Recent progress of microwave irradiation in synthesis and diagnosis treatment. Advanced Material Research, 2013, 616 – 618 : 1711 – 1716 EI

〔52〕Liu M, Wang L, Liu XL, Hu WX. Study of molecular docking of mu opioid receptor agonist——fentanyl and its analogs based on docking. Advanced Materials Research, 2013, 655 – 657: 1931 – 1934 EI

〔53〕Hu WX, Zhao ZX, Liu M. How many elements exist in the World? Applied Mechanics and Materials, 2013, 328: 1011 – 1016 EI

〔54〕Li GH, Zhou W, Li XX, Bi QW, Wang Z, Zhao ZG, Hu WX and Chen ZL. Gold catalyzed enantioselective intermolecular［3＋2］dipolar cycloaddition of N – allenyl amides with nitrones. Chemical Communication，2013，49：4770 – 4772　SCI IF 6. 169

［55］Li YY, Zhou Y, Qian PY, Wang YZ, Jiang FL, Yao ZL, Hu WX, Zhao YJ, Li SX. Design，synthesis and bioevalution of novel benzamides derivatives as HDAC inhibitors. Bioorg Med Chem Lett，2013，23（1）：179 – 183　SCI IF 2. 554

［56］Lu JX, Lei L, Huan Y, Li YQ, Zhang LJ, Shen ZF, Hu WX, and Feng ZQ. Design，synthesis, and activity evaluation of GK/PPARγ dual – darget – directed ligands as hypoglycemic agents. Chem Med Chem，2014，9：922　– 927 SCI IF 2. 83

二、学术著作目录

表 5 – 1　学术著作目录

序号	作　者	撰写方式	书　名	年份	出版社
1	胡文祥　王建营	著	协同组合化学	2003	科学出版社
2	胡文祥　孙联众	编著	火箭推进剂损伤应急救援工程	2003	解放军出版社
3	胡文祥	主编	载人航天工程火箭推进剂安全科学概论	2003	解放军出版社
4	胡文祥	主编	微波卫生防护概论	2001	解放军出版社
5	孙家跃　杜海燕　胡文祥	编	固体光学材料	2003	化学工业出版社
6	阎军　胡文祥	主编	分析样品制备	2003	解放军出版社
7	邓勃主编　胡文祥等参加撰写其中第 11 章	编委	应用原子吸收与原子荧光光谱分析	2003	化学工业出版社
8	金钦汉主编　胡文祥等参加撰写其中第 5、7、15 章	参加	微波化学	1999	科学出版社
9	胡文祥　孔伟	编著	心理战与反心理战	2003	解放军出版社
10	蒋俭　胡文祥	主编	军事训练与考核大纲	2001	解放军出版社
11	蒋俭　胡文祥	主编	军事训练与考核试题库（上、下册）	2001	解放军出版社
12	李明等主编　胡文祥撰写第五章第 81 节	编委	有机化学实验	2010	科学出版社

序号	作者	撰写方式	书名	年份	出版社
13	王彦吉　何林涛主编	编委	公共安全中的化学问题研究进展	2009	中国人民公安大学出版社
14	王彦吉　何林涛主编	副主编	公共安全中的化学问题研究进展（第二卷）	2011	中国人民公安大学出版社
15	程天民主编　胡文祥撰写25章	编委	军事预防医学	2006	人民军医出版社
16	胡文祥　李博等	著	比较化学——构筑量子化学通向分子药学的桥梁	2013	化学工业出版社
17	胡文祥	主编	反恐技术方略	2013	化学工业出版社
18	何林涛　张振宇主编	编委	公共安全中的化学问题研究进展（第三卷）	2013	辽宁大学出版社
19	胡文祥　刘明	著	阿片受体分子药学	2014	化学工业出版社
20	胡文祥	主编	航天与健康	2014	中国医药科技出版社
21	《千桥飞梦》编写组	编著	千桥飞梦：胡文祥学习研究成果实录	2014	知识产权出版社
22	马密霞　胡文祥	编	普通化学实验教程（供相关专业重听力学生使用）	2014	化学工业出版社
23	胡文祥	著	胆碱能神经系统分子药学	2014	科学出版社

三、部分国家发明专利与产品目录

表5－2　部分国家发明专利目录

序号	专利名称	专利类别	排名	年份	专利号
1	低温超声波合成萃取仪	实用新型	第一	2008	ZL200820079528.2
2	智能微波合成萃取仪	实用新型	第一	2008	ZL200820079378.5
3	微波超声波组合合成萃取仪	实用新型	第一	2008	ZL200820079506.6
4	一种降脂药物组合物	发明	第一	2007	ZL200710063859.7
5	一种降糖及降脂药物组合物及其制备方法	发明	第一	2007	ZL200710179390.3
6	载人航天工程医疗救护机动卫生装备的专用集装箱	实用新型	第二	2005	ZL200320121651.3

序号	专利名称	专利类别	排名	年份	专利号
7	特种系列综合急救箱	实用新型	第二	2005	ZL200320121650.9
8	聚对苯乙炔共聚物及其衍生物和制备方法及其应用	发明	第三	2003	ZL97116974.8
9	消防训练用火场环境模拟装置	实用新型	第一	2002	ZL01260858.0
10	动态标准气样制备装置	实用新型	第二	2002	ZL01260390.2
11	偏二甲肼个人剂量比色卡	实用新型	第四	2002	ZL01275877.9
12	氧气检测管	实用新型	第三	2002	ZL01275876.0
13	导弹卫星发射突发事故应急保障指挥车	实用新型	第一	2001	ZL01278780.9
14	碳纤维表面超声浸渍涂覆装置	实用新型	第二	2001	ZL01274731.9
15	超声波回流反应器	实用新型	第一	1999	ZL97214448.X
16	高聚物凝胶电解质导电胶片	实用新型	第二	1999	ZL9721451.0
17	新型微波反应器	实用新型	第一	1998	ZL97201861.1
18	新型高效中性补钙剂系列新产品	发明	第一	2001	ZL97115225.X
19	一种稠芳醛衍生化肼类化合物的紫外或荧光检测方法	发明	第一	2001	ZL97119148.4

（一）研发的部分高新科技和国防军工产品名称

（1）航天发射中心应用产品：导弹卫星飞船发射应急保障指挥车、剑宏气雾剂、火箭推进剂检测与防护装备等；

（2）反恐及卫生装备：机动反恐卫生装备、"非典"卫生防疫服等；

（3）实验室仪器装备：微波、超声波、紫外光及其组合催化反应系列仪器等；

（4）航天员健康保障产品系列：航天牌眠尔康、钙维康、消乏康、抗辐康，强军康系列，顺清片，怡芯片，荟葡维，军力康，军维纤，天军牌优甘片、玛咖片、鸿润片等；

（5）心血管系统及三降系列保障品：飞天牌天王星、海王星、军王星，航天牌军泰康、军脂康、军糖康等。

（二）已注册商标名称

飞天、天王星、海王星、军王星、星空、军王康、军泰康、军旨康、军唐康、眠尔康、钙力康、利军康、天军、神舟祥瑞。

四、科技成果奖目录

表 5-3　二等奖以上科技成果统计

序号	成果名称	奖励等级	排名
1	特殊性能化合物设计合成方法及应用工程研究	国家科技进步二等奖	第一
2	航天发射火箭推进剂监测防护及应急救援应用工程	国家科技进步二等奖	第一
3	特殊性能化合物设计合成方法研究	军队科技进步一等奖	第一
4	载人航天工程	总装备部创新贡献二等奖	第一
5	导弹卫星发射突发事故应急保障指挥车	军队科技进步二等奖	第一
6	火箭推进剂和作试环境毒物分析检测方法研究	军队科技进步二等奖	第一
7	物理和生物催化在有机药物化学中的应用及催化原理研究	军队科技进步二等奖	第一
8	胆碱能药物分子力学研究	军队科技进步二等奖	第一
9	芳香重氮甲烷与酰氯类荧光探针的设计合成研究	国防科工委科技进步二等奖	第一
10	有机磷酸酯 ^{31} PNMR 化学位移及谱构关系研究	军队科技进步二等奖	第一
11	聚对苯乙炔衍生物的设计合成及电致发光性能研究	军队科技进步二等奖	第三
12	碳纤维新型涂层材料的合成及涂覆工艺研究	军队科技进步二等奖	第三
13	肼类燃料和硝基氧化剂毒气检测报警系统	军队科技进步二等奖	第七

表 5-4　三等奖科研成果统计

序号	成果名称	奖励等级	排名	年份
1	连体防疫服的研制	军队科技进步三等奖	第二	2004
2	导电化合物的合成及电性能研究	军队科技进步三等奖	第二	2004
3	军事药学新技术	军队科技进步三等奖	第一	2003
4	武器装备科研试验和 921 工程卫勤准备检查评审标准研究	军队科技进步三等奖	第二	2003
5	导弹卫星载人飞船试验任务卫生资源标准研究	军队科技进步三等奖	第二	2003
6	微波辐射防护措施及其应用研究	军队科技进步三等奖	第一	2003
7	卫星厂房室内环境检测及其应用研究	军队科技进步三等奖	第二	2003
8	总装部队卫生防疫应急保障预案研究及组织实施	军队科技进步三等奖	第三	2003

序号	成果名称	奖励等级	排名	年份
9	航天与武器装备科研试验参试官兵心理问题及防治研究	军队科技进步三等奖	第二	2003
10	肼类推进剂中微量金属杂质的分析研究	军队科技进步三等奖	第五	2003
11	有机锗氨基酸类倍半氧化物的设计合成及其波谱特性变化规律研究	军队科技进步三等奖	第一	2002
12	共轭聚合物的光学性能研究	军队科技进步三等奖	第二	2002
13	部分有机化合物^{13}CNMR 化学位移计算研究	军队科技进步三等奖	第一	2002
14	高效液相色谱柱前衍生物生化法测定空气中的醛酮类污染物	军队科技进步三等奖	第二	2002
15	微波技术在分析制样和有机合成中的应用研究	军队科技进步三等奖	第二	2002
16	总装某些部队人员骨密度测定研究	军队科技进步三等奖	第三	2002
17	乙酰化法分析肼类混合物	军队科技进步三等奖	第三	2002
18	军用应急食品水的研制与应用	军队科技进步三等奖	第一	2001
19	HJ－99 型火箭推进剂快速检验箱的研制	军队科技进步三等奖	第六	2001
20	聚芳乙炔高分子材料的热性能研究	军队科技进步三等奖	第二	2001
21	组合检测法在药物定量分析中的应用研究	军队科技进步三等奖	第二	2001
22	糖酶及糖类衍生物的分子设计	军队科技进步三等奖	第一	2001
23	美乐托宁的改进合成及其应用研究	军队科技进步三等奖	第一	2001
24	高效胆碱能受体拮抗药物三维定量构效关系	军队科技进步三等奖	第一	2001
25	医学心理学原理及其在心理疾病预防中的作用	军队科技进步三等奖	第二	2001
26	导弹卫星飞船发射试验卫勤保障规范研究与实施	军队科技进步三等奖	第二	2001
27	药品快速鉴别方法及检验箱的研制与应用	军队科技进步三等奖	第五	2000
28	自制制剂报批技术要求及质量管理规范研究	军队科技进步三等奖	第五	2000
29	基层连队用药规律及便携式医疗箱的研究	军队科技进步三等奖	第五	2001
30	钙维康系列制剂研究及应用	军队科技进步三等奖	第一	2000
31	原子吸收法测定中药及血液中微量元素的关系	军队科技进步三等奖	第二	1998
32	颈椎病与微量元素的关系	军队科技进步三等奖	第六	1998

五、其他奖励

表 5 – 5　其他奖励统计

序号	奖励名称	颁奖单位	年份
1	庆祝中国化学会 60 周年优秀青年化学奖	中国化学会	1992
2	王天眷波谱学奖	中国物理学会和王天眷基金会	1996
3	政府特殊津贴	国务院	1999
4	三等功	中国人民解放军总装备部	1999
5	二等功	中国人民解放军总装备部	2001
6	"求是"杰出青年实用工程奖	中国科学技术协会	2002
7	集体二等功	中国人民解放军总装备部	2002
8	总装备部后勤科研先进个人	中国人民解放军总装备部	2002
9	总装备部优秀共产党员	中国人民解放军总装备部	2003
10	集体二等功	中国人民解放军总装备部	2008
11	2009 科学中国人年度人物	科技部有关部门	2009
12	2011 年杰出青年科学家奖	科技部有关部门	2011

六、自然科学领域部分新观点

胡文祥教授在航天军事医学、有机药物化学等相关自然科学领域辛勤耕耘、不懈求索、开拓进取、勇于创新，提出了许多在一定范围内具有普适性的新观点、新概念、新原理、新公式等，散见于他的几本著作《协同组合化学》《比较化学》《阿片受体分子药学》《胆碱能神经系统分子药学》等及 300 余篇中英文论文和有关全国性学术大会邀请报告中，这里仅简要叙述如下。

（一）天体物理学与天体化学生物学

1. 地球膨胀论

就像宇宙在膨胀一样，地球也在膨胀，现在地球半径是 1 亿年前的 1.5 倍。这可以解释深层地震原因，地壳岩石抗压能力远比抗胀裂能力大得多。

2. 大陆漂移之因新解

仿照物理化学的液滴原理，愈接近球形分布，表面能愈小，愈稳定。因此，大陆将继续漂移，直到比较均匀分布在地球表面，这样，比较稳定。地球表面70%为海洋，不仅起到了"恒温"作用（水的比热大，白天吸热，晚上放热），更主要的是70%的洋面能保证地球表面基本上成球形，这样能量较低，火山、地震较少，适于人类生存。

3. 宇宙中最多只有 138 个元素

根据宇宙元素丰度分布规律和狄拉克公式，宇宙中最多只有 138 个元素。

4. 宇宙双叶双曲面模型

拟用双叶双曲面方程来描述宇宙的宏观结构，左边是正物质区域，右边是反物质区域，中间为辐射区，正反物质相遇大大增加了中间辐射区的压力，正物质更向左边移动，反物质更向右边移动，这样，宇宙就膨胀了。这是迄今为止用非爆炸宇宙模型解释宇宙膨胀的奇妙想法。

5. 光速宇宙与超光速宇宙

爱因斯坦的光速最大原理只适用于我们这个光速宇宙，在超光速宇宙里，就会发生许多更奇妙的事情。

6. 反物质宇宙

可能存在一个对应的反物质宇宙，在那里，正物质的量很少。同样可能存在一个反物质的化学元素周期表，且最多只有 138 个反物质元素。

7. 外星人 DNA 与广义 DNA

外星人的遗传物质很可能不是我们地球上生命的遗传物质 DNA（脱氧核糖核酸），很可能是其他具有双链结构的高聚物，可称为"广义 DNA"，其中一条链是另外一条链的模板，也具有遗传作用。

8. 微宇自旋普存原理

宇观物体存在自转、微观物体存在自旋，而宏观物体则观测不到这种自转自旋现象，可称为微宇自旋普存原理。

9. 地球稳定之因新解

地球表面 70% 的海洋面积对地球稳定至关重要，它确保地球接近球形，保持表面能最小，以至于生命能在地球上繁衍生息……

胡文祥早年猜测，这样一个液体球面还不算太"保险"，最好还有一个流体球面确保地球更加稳定，给地球上的生命上一个"双保险"。事实上，从地球的结构来看，地球分地核、地幔和地壳，每一个部分都有"一整个"流体层，相当于给地球的稳定上了一个"三重保险"，确保了这个蓝色的星球五彩斑斓的生命世界。

第一，地核又称铁镍核心，其物质组成以铁、镍为主，又分为内核和外核。内核的顶界面距地表约 5 100km，约占地核直径的 1/3，可能是固态的，其密度为 $10.5 \sim 15.5 \text{g/cm}^3$。外核的顶界面距地表 2 900km，可能是液态的，其密度为 $9 \sim 11 g/cm^3$，推测外地核可能由液态铁组成。按照物理化学原理，地核的外核顶界面层呈液态球形，内表面能也最低，确保了地核的稳定性，这是第一道"保险"。

内核被认为是由刚性很高的，在极高压下结晶的固体铁镍合金组成。地核中心的压力可达到 350 万个 atm，温度可达 $4\,000 \sim 5\,000℃$。在这样高温、高压的条件下，地球中心的物质的特点是在高温、高压长期作用下，犹如树脂和蜡一样具有可塑性，在一定条件下也具有一定的"流动性"，也会呈现暂时性球形，也增加了稳定性，但不够一个完整的"保险"。

第二，地幔是介于地表和地核之间的中间层，厚度将近 $2\,900km$，主要由致密的造岩物质构成，这是地球内部体积最大、质量最大的一层。它的物质组成具有过渡性。靠近地壳部分，主要是硅酸盐类的物质；靠近地核部分，则同地核的组成物质比较接近，主要是铁、镍金属氧化物。地幔又可分成上地幔和下地幔两层。下地幔顶界面距地表 $1\,000km$，密度为 $4.7g/cm^3$，上地幔顶界面距地表 $33km$，密度 $3.4g/cm^3$，因为它主要由橄榄岩组成，故也称橄榄岩圈。

一般认为上地幔顶部存在一个软流层，是放射性物质集中的地方，由于放射性物质分裂的结果，整个地幔的温度都很高，大致在 $1\,000℃$ 到 $2\,000℃$ 或 $3\,000℃$ 之间，这样高的温度足可以使岩石熔化，可能是岩浆的发源地。但这里的压力很大，约 50 万 ~ 150 万个 atm。在这样大的压力下，物质的熔点要升高。在这种环境下，地幔物质具有一些可塑性，但没有熔成液体，可能局部处于熔融状态，这已从火山喷发出来的来自地幔的岩浆得到证实。加上地幔存在上下对流现象，也会存在水平对流现象（即环球对流），确保内表面能较小，这相当于上了第二道"保险"，但这道"保险"相对弱一些。

下地幔温度、压力和密度均增大，物质呈可塑性固态，但也不够一个完整的"保险"。

科学家最近发现地表的深层蕴藏着巨大的水资源，大约是目前各大洋水量总和的 3 倍。这一发现可能有助于解释地球上的海洋是从哪里来的。这些水是隐藏在距地表 700km 的地幔之间一种叫作尖晶橄榄石的蓝色岩石内。如果这些水具有流动性，那对地球的稳定是有好处的。地幔中的第二道"保险"也算可以了。

第三，地球表面的海洋为地球的稳定上了第三道"保险"。

宇宙中的行星像地球这样上"三道保险"的极为罕见，因此，寻找地外生命是相当困难的。

（二）量子物理学和量子与分子生物学

1. 薛定谔波动力学方程的推导办法

薛定谔波动力学方程由三种方法推导出：一是从几何光学与波动光学、经典力学与某种力学之间的比较中得到；二是将一维波函数求二阶导数并推广到三维空间得到；三是从机械波驻波方程求二阶导数并利用德布罗意关系式推广到三维得到著名的薛定谔波动力学（量子力学）方程。

2. 维恩定理的新证法

早在 1982 年，胡文祥在北医攻读硕士研究生课程，其中量子力学课程是北大徐光宪先生小组的叶学其老师讲的，考试时他出了一道题：要求证明维恩定理。胡文祥用不一样的办法证明出来，但现在他一下想不起来了，如果有档案可查，应该查得出来。

3. DNA 中电子的隧道效应

瑞典皇家科学院诺贝尔物理学奖评委皮尔·洛夫丁博士于 1963 年提出了 DNA 中质子隧道现象的理论，用以解释突变、老化和产生自发性肿瘤的根源。

胡文祥博士于 20 世纪 80 年代中期认为，用电子隧道效应来说明 DNA 变异问题似乎更妥，因为质子迁移相当于电子向相反方向的迁移，而且后者发生的概率要大得多，这使生物进化、老化、产生肿瘤成为可能，而单靠质子的隧道效应发生迁移而引起老化、肿瘤的概率太小。

4. 多肽与多糖难以成为遗传物质

用分子力学和量子化学分别模拟了双链多肽和双链多糖结构的稳定性，比双链 DNA 的稳定性差了许多，因此，难以形成稳定的复制遗传机制。

5. 糖酶、高聚物酶与广义酶

具有催化功能的多糖称为糖酶，具有催化功能的高聚物称为高聚物酶，这些均可以称为广义酶，以区别于以蛋白质为主体的催化剂——常规酶。

6. 多棵进化树同时进化观点

达尔文的进化理论就像一棵进化树，寒武纪生命大爆发对达尔文理论提出了挑战，很有可能是千万棵进化树同时生成并进化，这样更符合生物多样性原理和自然浪漫原理。

7. 分子力学与量子化学联算方法

用分子力学优化分子尤其是非活性中心区域的几何结构，把这个结果编程自动输入给量子化学程序，再来计算活性中心的电子轨道参数，这样大大提高了计算效率。凑巧的是 2013 年诺贝尔化学奖颁给了马丁·卡普拉斯、迈克尔·莱维特和阿里耶·瓦谢勒三位科学家，他们的主要贡献就在于把经典力学（如分子力学）与量子力学（量子化学）结合起来工作。

（三）量子与分子药理学及药物化学

1. 量子药理学与量子酶学规律

经过许多量子化学计算及构效关系研究，发现了量子药理学和量子酶学的一般规律：在一般情形下，除库伦作用外，带正电荷的酶或受体，主要提供 LUMO 与配体或药物的 HOMO 作用；带负电荷的酶或受体用其HOMO 与配体或药物的 LUMO 作用。例如，胆碱酯酶呈现 8 个负电荷，理应主要用其 HOMO 与配体或药物的 LUMO 相互作用，胆碱酯酶是电子受体。受体的情形也类似。

2. 胆碱能药物分子药理学模型

一种药物是具有 M 样作用还是 N 样作用，是激动作用还是拮抗作用，主要取决于药物分子的药效团与胆碱能受体活性中心的哪些位点相结合，作用位点少，一般表现为 N 样作用；作用位点多的，一般表现为 M 样作用。一般情况下，拮抗作用比激动作用结合位点稍多一点。

3. 抗胆碱能药物抗 N 样作用规律

抗胆碱能药物，HOMO 能量越高、N 上电荷密度越大，其抗 N 样作用越强。

4. 梦的分子药理学

弗洛伊德讲：梦是愿望的达成。梦的生理基础是睡眠期间乙酰胆碱等神经递质的释放引起的一系列信号转导过程及其与记忆库中信息翻译的非逻辑组合。

5. 精神神经递质统一论

在我们看来，梦、潜意识、心理活动、学习记忆、成瘾性、致幻性、帕金森氏症、阿尔茨海默病、抑郁症、神经症、精神病和天才思维等复杂精神现象的背后，一定蕴藏着某种统一性。他们的生理物质基础是相似的，都与神经递质上下调及其体系异常密切相关，就像哈肯创建协同论时想到：热力学相变如水的蒸发与激光的形成相类似，可用序参量的相似数学方程来描述。我们相信精神神经现象也存在这种相似的统一性。

6. 四原子规则

我们发现了许多种类药物，尽管其结构各不相同，药理作用相异，但它们骨架中总是出现 OCCN、NCCN、COCN、C（极）CCCN（环结构）原子排列，这就是我们发现的四原子规则，这一重要经验规则将有助于药物的分子设计。

这一规则的理论基础是由于药物作用的受体多由蛋白构成，而蛋白质又由 α - 氨基酸组成，而 α - 氨基酸还有 N - C - C - O 骨架结构，因此与其作用的药物分子一般也应含类似（或互补）结构，以使两者（通过氢键等）发生相互作用，这就是四原子规则的理论基础。

7. 广义电子等排原理

具有等瓣类似性的有机或无机碎片在一定情况下可以互相代替，称为广义电子等排原理。

8. 肽链距离几何学规则

作用于蛋白受体（活性中心为肽链）的药物，其药效基团间距呈现 0.54nm 和 0.36nm 或其倍数关系。例如，许多拟或抗肾上腺素药、抗组胺药、抗疟药、拟或抗胆碱能药物、局部麻醉药等，都有氨基乙醇、乙二胺或丙胺（3 位碳被极化）结构。

这是因为，药物作用的一般是蛋白受体，在一般蛋白螺旋（每一圈约含 3.6 个氨基酸）中，两个螺旋的间距为 0.55nm（这是推算值，结晶性表明为 0.538nm），两个相邻肽键（伸展式）的间距为 0.361nm。

9. 应用全息生物学开发天然药物资源

利用全息生物学，可以最大限度地开发天然药物或生药资源。

10. 激动与拮抗之间转化的突变性

阿片受体激动剂与拮抗剂的关系，若将吗啡氮上甲基换成烯丙基成为烯丙吗啡（nalorphine，烯醇式）或异构体纳洛酮（naloxone，酮式），则药效发生了质的变化，从激动剂变成拮抗剂。纳洛酮与吗啡互相拮抗是令人惊异的，因为量子化学和分子力学研究结果表明，两者构象相似、分子静电势正负区域也相似，从构象分析和分子静电势比较均不能找到这两个分子药理作用相互拮抗的原因。两者主要差别在于纳洛酮阳离子的最低空轨道能量低于吗啡阳离子的最低空轨道能量。这一事实表明烯丙吗啡或纳洛酮的烯丙基可以作为电子接受体，与受体 HOMO 发生作用而改变受体构象，而吗啡氮甲基则难以接受电子，即难与受体的 HOMO 发生作用。因此，纳洛酮成为了吗啡的拮抗剂。在激动剂变为拮抗剂情况下，往往是电子效应，或者空间效应，或者更本质的说是能量效应在起作用。一般说来，拮抗剂能逆转或对抗激动剂的药理作用，但激动剂难以逆转拮抗剂的药理作用，究其原因，往往是拮抗剂与受体分子结合力（电子效应）或结合面积与体积（空间效应）要大一些，或者说，拮抗剂的药效团比激动剂的药效团往往要大一些。虽然有的拮抗剂只比激动剂多一个甲基，但这种趋势仍然存在。

11. 构象改变影响原理

胡文祥在研究芬太尼类药物与阿片受体分子相互作用的分子动力学时发现：非活性中心的构象改变影响了活性中心口袋中肽链的构象。这一现象具有一定的普遍性，可称为构象改变影响原理。

12. 药效基组合原理

药效基（药物分子中与受体相互作用的 N、O、芳环、氢键等结合位点）的不同组合可以形成不同的药效团产生不同的药理作用，这是药物产生副作用的主要原因之一。例如，一个药物分子含 4 个药效基，那么可能形成三个作用位点药效团和四个作用位点药效团 $C_4^3 + C_4^4 = 5$ 共 5 种药效团。

13. 酶或受体释放药物分子的"开后门"现象

乙酰胆碱酯酶活性中心口袋结构的上半部分呈现负电性（带 17 个负电荷），下半部分呈正电性（带 9 个正电荷），整个酶呈现 8 个负电荷，与带正电荷的药物分子包括乙酰胆碱、重活化剂等，主要靠静电吸引从负性酶的上半部分进入活性中心的口袋中，这些带正电的分子与酶或受体作用后无论如何是难以从原路退出并脱离酶或受体的。很有可能的一种离去机理是：药物分子与酶作用后，使乙酰胆碱酯酶带正电的下半部分构象发生了变化（变构），裂开了一条缝，像开了个"后门（backdoor）"，使带正电的分子从"后门"中迅速离开酶或受体，在静电排斥作用下离开速度较快。

（四）有机与无机及分析化学

1. 有机反应选择性（点、键、面）三规则

择点规则：亲电性较强的原子或原子团倾向于连接到电性较负或亲核性较强的原子上。

择键规则：极性试剂易与极化了的键或极性功能团反应；非（弱）极性试剂易与非（弱）极性键或功能团反应。

择面规律：反应试剂总是选择位阻小的一面进攻。

2. 有机离子反应催化剂选择规则

亲电反应选择路易斯酸作催化剂，亲核反应选择路易斯碱作催化剂。

3. 不对称合成热力学公式

依据不对称合成的热力学理论，导出了一个公式，类似于玻耳兹曼公式。同时导出了 de 值随温度变化之规律。

4. 非经典跨环轨道超共轭效应

在托品类化合物的构效分析研究中，发现了非经典跨环轨道超共轭效应，阐明了这类分子的稳定性。

5. 取代基极性与空间效应分离模型

我们设计合成了双环磷酸酯类化合物，作为取代基极性与空间效应分离的模型，获得了成功。

6. 亲核反应的亲卤性

区域或位置选择性一般取决于三个因素：轨道、电荷和立体控制，亲核反应在三种特定情况下，不发生亲核而发生亲卤反应。第一种情形是当 RX 为多卤代烃时，由于多氟原子的"群居"效应屏蔽了碳核，同时由于多氟的吸电性而导致卤素的 LUMO 能级降低，有利于亲核试剂的 HOMO 电子的流入，从而发生亲核试剂的亲卤反应。第二种情况，对于无氟卤代烃，若亲核试剂的 HOMO 能级较高，仍可能发生亲卤反应。第三种情况，亲核试剂的 HOMO 能级高，卤代烃含有吸电子基活化时，发生亲卤反应。

7. 化学势变化率和福井函数标度

胡文祥教授与邵开元教授合作研究得到结论：化学势变化率是根据概念密度泛函理论推算出来的，体现了化学反应前后化学势变化与分子电荷密度之间的关系，反映化合物的化学反应能力；福井函数反映分子中各原子得失电子能力，包括亲核、亲电和自由基的福井函数，数值越大，反应能力越强。

8. 广义对角相似律

镧系的前半部分元素与锕系的后半部分元素性质相似，这就是广义对角相似律。通过氧化态和离子半径的比较研究可以发现这种相似性。

9. 奇偶周期相似律

除 IA、IIA 两族外，其余各主、副族元素在电负性、原子半径、离子半径、电离势及主要氧化数等方面存在 1 与 2、3 与 4、5 与 6 周期同族元素变化较小，即性质更加接近。而 2 与 3、4 与 5、6 与 7 周期之间，同族元素变化较大。这就是相邻奇偶周期元素性质更加相似的规律。

10. 轨道酸碱新概念

科学的酸碱概念起源于阿伦尼乌斯的电离理论 $H_2O = H^+ + OH^-$，能电离出 H^+ 的为酸，能电离出 OH^- 的为碱。酸碱的溶剂理论认为：能电离出溶剂正离子的为酸，能电离出溶剂负离子的为碱。酸碱的质子理论认为：能电离出质子的为酸，能结合质子的为碱。酸碱的电子理论认为：提供配对电子的是碱，与之结合的是酸，进一步将酸碱进行软硬分级。

胡文祥教授进一步推广上述酸碱概念成为轨道酸碱理论：能提供最低空轨道的是酸，能提供最高占有轨道的是碱。这一概念十分广泛，几乎囊括了所有的化学反应，无论是离子反应还是得失电子反应，如氧化还原反应，得电子者提供了最低空轨道，为酸；失电子者提供了最高占有轨道，为碱。

11. F 轨道配位场效应

F 轨道在配位场作用下，产生能级裂分，可以圆满阐明镧系元素所呈现的"四分组效应"。

12. ^{31}P 核磁共振化学位移计算方程

运用四面体磷酸酯四个取代基电负性的和差值等来表达核外电子云的球不对称性，从而建立起与化学位移对应关系方程。

（五）物理化学

1. 物理化学重要公式的统一基础

从一个基础公式能导出所有物理化学重要公式。

2. 近平衡态动力学规律

近平衡态反应动力学都可以近似为一级反应。

3. 催化作用的能量改变论

催化作用、无机极化作用、光的作用等都是因为改变了反应分子的能量或能级。

4. 物理催化技术

物理催化技术主要包括微波、超声波、红外光、紫外光和机械摩擦等技术。

5. 组合催化方法

酶促—超声、微波—超声波—紫外光、酶促—微波（60℃以下）等组合方法催化反应，大大提高反应速度和产率。

6. 接力催化方法

对于多步反应，一个催化剂催化其中的一步，另一个催化剂接力催化另一步。

7. 集团相互作用

农药六六六粉与丙酮发生的络合作用是由于六六六粉环上三氢正集团与丙酮羰基负集团相互作用的结果，胡文祥教授用 NMR 证明了这一集团相互作用。

8. 重核核磁共振屏蔽效应新原理

传统认为，核磁共振屏蔽效应主要由电子云密度决定，而胡教授却认为核磁共振屏蔽效应主要由核外电子云的球不对称性决定。

七、人才培养情况

（一）讲授硕、博士研究生高等专业课程

①《高等有机化学》；②《高等药物化学》；③《圆二色光谱与旋光

色散》；④《现代无机化学》（本科高年级可选修）；⑤《理论或物理有机化学》；⑥《比较化学》；⑦《协同组合化学》；⑧《阿片受体分子药学》；⑨《胆碱能神经系统分子药学》等。

（二）培养博士后

杜国华、王陆瑶、弓亚玲、王卓、马宇衡（与北京大学联合培养）。

（三）培养博士

刘接卿、刘明、李庶心、李培荣、卢建勋、张光朋（与北京理工大学联合培养）、金瑾（与吉林大学联合培养）等。

（四）培养硕士

陆模文、许海涛、杨春霞、张云常、夏龙凤、陈谢劳、郭艳芳、李瑞芹、李中萍、刘应文、孙治国、王华燕、吴强三、徐淑民、贺凤丹、孔博、李萌、李培荣、刘小利、王磊、徐楠楠、张萌、张媛媛、初野、李博、吴限、石亿、涂尚辉、周博宇、冯琳、顾洪飞、刘恒、魏国强、徐高、杜成堂、宋文静、王浩宇、王乔、鲁礼林、吴福丽、谭崇日、孔韦、曹华、王量、廖其利、丛继任、郝伟、姜守刚、阮以旻、马勇林、冀敏、李国华、毕庆伟、刘亦飞、沈竹青、舒浪等。

（五）培养高级访问学者

马密霞、利毛才让、崔浩、李志鲲、王文明、黄小根等。

（六）指导大学生做毕业论文

樊梅、荆海强、王惠、赵逸南、石亿、陈永健、毛颖、畅绍念、肖专政、张军立、熊林、庚梅、张连锋、王宗君、王贤钢、刘连英、王玉凤、王勃、沈建松、潘霞、袁江、任翀、洪良贺、朱治国、黎明、任坚、黄小光、吴海勇、柯新茂、崔瑞芳、倪喜芬、台大力、刘连英、桑宝华、王雁芬、张博、张帆、张直、高燕、崔亮、赵金宝、孔博、周博宇、魏冉、曲毅、张天闻、李志刚、刘慧、李亚楠、刘君、秦周帅、江宏、康世银、刘芳、王建、屈雪莲、王文磊、朱凤坤等。

第六章
沉淀心绪　蒸发激情

一、情思飘远方——即兴仿古诗

<table>
<tr><td>

黄鹤楼

李　颢

昔人已乘黄鹤去，

此地空余黄鹤楼。

黄鹤一去不复返，

白云千载空悠悠。

晴川历历汉阳树，

芳草萋萋鹦鹉洲。

日暮乡关何处是？

烟波江上使人愁。

</td><td>

登黄鹤楼

仙人虽驾黄鹤去，

蛇山耸立黄鹤楼。

黄鹤飞去必将还，

彩云万载飘悠悠。

绿树历历汉阳川，

芳草萋萋鹦鹉洲。

日暮星星满天是，

万里长江无人愁。

（2000）

</td></tr>
<tr><td>

搁笔亭

李　白

眼前有景道不得，

崔颢题诗在上头。

</td><td>

搁笔亭上未搁笔

七律第一传千年，

诗仙搁笔未敢言。

江山代有才人出，

各领风骚数百年。

</td></tr>
</table>

送汪伦

李　白

李白乘舟将欲行，
忽闻岸上踏歌声。
桃花潭水深千尺，
不及汪伦送我情。

咸宁微波化学大会有感

大会闭幕将返程，
已闻握手道别声。
金桂湖水深千尺，
不及微波送我情。

（2006）

登金陵凤凰台

李　白

凤凰台上凤凰游，
凤去台空江自流。
吴宫花草埋幽径，
晋代衣冠成古丘！
三山半落青天外，
二水中分白鹭洲。
总为浮云能蔽日，
长安不见使人愁。

南京凤凰山

凤凰山上凤凰游，
凤去凰来向东方。
东晋天朝埋幽径，
秦皇汉武成风流。
中山云飘半腰间，
长江水分白鹭洲。
莫道浮云终蔽日，
遥望长安无人愁。

（2005）

登乐游原

李商隐

向晚意不适，
驱车登古原。
夕阳无限好，
只是近黄昏。

游草原

傍晚意舒适，
驱车游草原。
夕阳无限好，
虽然近黄昏。

（1985）

静夜思

李　白

床前明月光，
疑是地上霜。
举头望明月，
低头思故乡。

月夜思

阳台明月光，
并非地上霜。
一轮皓月下，
情思飘远方。

（1985）

渭城曲（阳关三叠）

王　维

渭城朝雨浥轻尘，
客舍青青柳色新。
劝君更尽一杯酒，
西出阳关无故人。

老槐到齐齐哈尔任军代表

泪别战友赴征程，
待听神州传佳音。
劝友干了这杯酒，
北至哈尔无故人。

（1984）

春　晓

孟浩然

春眠不觉晓，
处处闻啼鸟。
夜来风雨声，
花落知多少。

晨　操

春眠不觉晓，
排队听吹哨。
夜来暴风雨，
明天不出操。

（1983）

庐山仙人洞照

毛泽东

暮色苍茫看劲松，
乱云飞渡仍从容。
天山一个仙人洞，
无限风光在险峰。

志存高远

要做岩顶一青松，
乱云飞渡乃从容。
人生在世需志气，
越险闯阻攀高峰。

（1979）

二、独在他乡为新客

九月九日忆山东兄弟

王　维

独在异乡为异客，
每逢佳节倍思亲。
遥知兄弟登高处，
遍插茱萸少一人。

抗震抗旱

独在渠上抗震忙，
国难当头倍思亲。
谁知神州向何处？
长征接力有来人。

（1976）

香港圣诞节

赴港交流为新客，

圣诞佳节倍思亲。

百年归途多不易，

港澳大陆一家人。

（1997）

美国思乡情

跨洋留美为异客，

每逢假日倍思亲。

遥望东方故乡影，

满目银光少友人。

（1999）

欧洲抒诗情

遍游欧洲为过客，

周末到来倍思亲。

多瑙河畔仰先驱，

艾菲铁塔抒诗情。

（2002）

三、节假日抒怀

国庆节

"十一"来迎万象新，

万里江山万里明。

反对资修防复辟，

勇当革命继承人。

刻苦钻研数理化，

掌握本领为人民。

废寝忘食躬尽瘁，

美好社会早建成。

（1977）

"八一"寄怀

庆祝"八一"国防兴，
继续长征有来人。
胸怀祖国明航向，
手握钢枪扫世尘。
前降妖魔辟新径，
后灭鬼域免湮沦。
军民团结敌天下，
绿水青山分外明。

(1978)

"十一"书怀

谁主沉浮何所问？
英雄足智勇掌权。
恨砸四块绊脚石，
欣弹四化催鼓弦。
拨乱反正治天下，
弃旧图新创乐园。
赤县开遍科学花，
神州飞奔新千年。

(1978)

贺新年

诗词歌笑齐共鸣，
惠更斯波传四方。
旧岁逝去旧烦恼，
新年招来新风光。
人生恰似反应式，
克劳修斯当判官。
黑格现实映真理，
黑夜升起红太阳。

(1981)

庆春节

爆竹声声辞旧岁，
金鼓咚咚迎新春。
节来家人聚欢庆，
春到花木争长芯。
和睦商榷当高者，
吵闹争执伤自身。
不忘先辈惯遗愿，
取人之长为聪明。

（1981）

假日有感

凡遇假日更添静，
每逢佳节倍思亲。
独桌孤凳书为伴，
忠友诚朋是何人？
庸柳弊杨皆地有，
美竹壮松哪儿寻？
躲进深山渊猎识，
一旦出林扭乾坤。

（1981）

观百家电影

《花开花落》春秋在，
《风流千古》难忘怀。
手握《老枪》报雪恨，
耳闻《知音》驱独裁。
互捧人《皆大欢喜》，
多面骗《客从何来》？
《远方呼唤》山河转，
誓将《小街》天地改。

（1981）

端午思屈原

为国为民以身殉，
端午尘世满崇情。
庭破家败有孝子，
民灾国难出忠臣。
不顾自己遭厄运，
只图人间生光明。
伟名盖世垂青史，
与日同辉照征程。

（1981）

牡丹赞

百花丛中牡丹艳，
时常招来赏花人。
交际花盛添乱世，
牡丹花开绚乾坤。
浇水可使花更茂，
撒糖岂能园永存？
花开花落春秋在，
暑去冬来情意真。

（1982）

无题

思潮万绪夜不眠，
幻盼黑夜升太阳。
星移斗转皆自然，
山崩地裂不非常。
旧岁带去霉时运，
新年招来美风光。
莫道浮云终蔽日，
严冬过尽花怒放。

（1982）

拜年

朋友形形色色，

脚步匆匆忙忙。

祝愿岁岁年年，

思念短短长长。

（1982）

中秋安康

秋已至，天转凉，鸿雁下斜阳；

红花谢，绿叶黄，莫忘添衣裳；

稍惆怅，晒阳光，天籁语铿锵；

菊树茂，桂花香，徐风携秋凉，保安康。

（1983）

四、校园与毕业感怀

永远进击

缓行"费厄"追穷寇，

非以"泼赖"灭霸王。

高举旌旗治天下，

世间更成园桃桑。

（1977）

攻　关

金刚石不坚，

中子弹何难。

科技存险阻，

苦战方过关。

（1980）

赠友休学

共校同乡情谊深，

友别留形永激人。

春笋破土迎朝日，

翠柏立峰显奇神。

永学远习无止境，
广博增智攻堡城。
临鹍展翅献衷语，
待听神州传汝名。

(1979)

无言之心

青山无墨千秋画，
流水无弦万古琴。
莫道平时少问候，
挚友无言一片心。

(1982)

赋得古原草送别

白居易

离离原上草，
一岁一枯荣。
野火烧不尽，
春风吹又生。
远芳侵古道，
晴翠接荒城。
又送王孙去，
萋萋满别情。

冬日观景

入关校园草，
几岁不干枯。
秋风落叶红，
野火烧又生。
远芳飘幽径，
碧翠似春城。
又送学生去，
挥泪叙别情。

(2006)

何日再相逢

同窗共校四春秋，
取长补短逞英雄。
欢歌畅语驱长夜，
彩张笑脸映花红。
莫道征途苦极多，
且看青春乐无穷。
天公将雨遍地洒，
谁知何日再相逢？

(1982)

痛悼奶奶仙逝

梓山垂首致哀语，
泉湖荡漾表孝怀。
昔日祖母饱辛酸，
而今后厮欠伺财。
奔腾泪花滔滔涌，
悼念思潮滚滚来。
悲痛激起千钧力，
誓将天地重安排。

（1980）

同学记心间

鲜花，或雅或艳，总栽在盆里，
月亮，或圆或缺，总挂在天际，
情谊，或远或近，总握在手中，
同学，或见或不见，总记在心间。

（1982）

五、毛泽东赞

评毛泽东

开创党军催黎明，
指点江山立新春。
人崇自骄十年乱，
民盼邓扭百业兴。

（1981）

石灰颂

于　谦

千锤百炼出深山，
烈火焚烧只等闲。
粉身碎骨浑不怕，
要留清白在人间。

毛泽东赞

缔造支部在三湾，
万水千山若等闲。
原子氢弹全不怕，
只留思想在人间。

（2003）

颂毛泽东

井冈山上擂战鼓，
橘子洲头主沉浮。
千载浮云难遮日，
万里长征向前头。

(1981)

六、畅想北京

北　上

列车驶向北京城，
故乡仍留吾之心。
千里长江水流急，
万顷黄河波涛滚。
丘陵必有坦坦道，
平原绝无处处平。
生命场流久不息，
时代列车永飞奔。

(1982)

遍游北京城

投奔北京求学问，
首都处处皆观看。
纪念堂前洒热泪，
天安门上认航向。
颐和故宫赞古作，
北海天坛闻鸟唱。
十三陵地留足迹，
不到长城非好汉。

(1982)

不夜城

三十三载飞驰逝，
中秋国庆欢更多。
街道人涛似山海，

城头灯火胜银河。
十里长安飘彩旗，
亿万神州奏凯歌。
天安门前宣誓词，
欲穷千里攀高坡。

(1982)

七、畅游长江

长江行

雄鹰抖翅再飞翔，
百舸争流奔海洋。
波涛滚滚催航步，
浪花闪闪放光芒。
古往今来生世纪，
前赴后继谱诗章。
船工号子纤夫诵，
亿万丹舟向东方。

(1982)

长 江

发源唐古终于海，
滴滴历经万里途。
三峡龟蛇锁不住，
日泻千里向东流。

(1985)

长江成因

要问长江如何成？
感谢天神降水冲。
哪里易攻哪里闯，
终究滚滚向东方。

(1985)

三　峡

几朵白云飘山腰，
陡峭山峰气势雄。
两岸纤夫距百米，
一声汽笛动群山。

(1985)

葛洲坝

三峡过尽宜昌现，
一条巨龙截水流。
赤壁虽传蜀吴业，
怎比大坝颂千秋。

(1985)

朝辞白帝城

李　白

朝辞白帝彩云间，
千里江陵一日还。
两岸猿声啼不住，
轻舟已过万重山。

朝辞山城

朝辞山城雾霾间，
万里长江三日还。
两岸绿洲望不尽，
巨轮飘过万重山。

(1985)

再航长江

航程要比上次长，
春风又绿江两岸。
天水山色融一体，
共赏之伴在何方？

(1985)

八、畅怀汉杭

游东湖

驰车掠过闹市尘，
踱步来欣桥木阴。
命笔不惊观燕舞，

构思无序赏花生。
花鲜草绿易迷人，
宇阔宙长难容身。
桃李花开一时艳，
人生智树万冬青。

（1980）

游杭州

牡丹怒放吐热情，
借假忙游杭州城。
桂林山水甲天下，
杭州景色更迷人。
虎跑泉水染花港，
飞来山峰举岳坟。
钱塘江底深千尺，
六和塔高耸入云。
今日西湖留笑影，
未来世界生巨人。

（1982）

九、南戴河与长白山随想

南戴河海滨随想二首

之一

海上生明月，
天涯共此时。
水天连一体，
相知恨太迟。

之二

海内存知己，
天涯若比邻。
管他黑与白，
都是村里人。

（2005）

长白山之行随想五首

之一

长春会后向南行，
不分蓝天与白云。
鸢尾花园留笑影，
鸭绿江畔话鲜人。
天池湖水深千尺，
长白山峦笋入云。
莫愁路遥无知己，
长征接力有来人。

之二

云在山中走，
人在云中游。
突起暴风雨，
山顶使人愁。

之三

旅行要数漂流急，
偶撞礁石脚流血。
浪花湿身浑不怕，
前翻后仰够刺激。

之四

火山口最美，
天池水最清。
乱云飞渡过，
啥也看不清。

之五

水是天池清，
月是故乡明。
白山不太短，
千万年长成。

　　　　盘古开天地，

　　　　火山喷红云。

　　　　爆炸生宇宙，

　　　　黑洞光难行。

　　　　寒武大爆发，

　　　　挑战达尔文。

　　　　管他鸡与蛋，

　　　　生命任前行。

（2006）

十、化学与医药学专业之歌

化学之歌——国际化学年在中国

化学建筑分子，人类建筑生活，青年建设未来！

Building molecule，building life，building future！

我想组合世界上所有最高价态的祝福，

从内心里跃迁出我最基态的心声，

集成一股最强的激发态能量，

衷心祝福您，迈进化学科技新时代。

破译 CCTV－10 播放的《化学的秘密》，

稳固轨道，避免碰撞，

化合爱情，分解痛苦，置换思考，中和矛盾，

升华幸福，沉淀心绪，杂化收入，蒸发激情；

让次氯酸钠漂泊昨天的烦恼，

让活性炭吸附明日的好运。

元素有限，化合无限。

人生有限，宇宙无穷。

自然界最少的元素是砹，

而我要用化学家最多的爱，

祝福你们，祝福中国，祝福未来！

（2011）

稀土之歌

铽弃烦恼，钪龙腾飞

镱帆风顺，铒钕销才

钐羊开泰，十全铈美

三伏镨天铽热，三九镝水成冰。

稀土居中置钆，日子红钬斑镧。

高速钜道慢行，征途钇镥平安！

(2011)

芳香致活次序

氧$^{\ominus}$、二甲胺把路开，

氨、羟、甲氧紧跟来。

乙酰胺、甲、乙酰氧，

芳基卤素押后台。

(1979)

芳香致钝次序

三甲胺$^{\oplus}$、硝、腈、磺、醛，

乙酰、羧基来拜年。

甲酰胺基、甲酸酯，

钝基原子重键连。

(1979)

芳香致活次序

氧$^{\ominus}$、二甲胺把路开，

氨、羟、酰胺紧跟来，

甲氧、酰氧、卤素、芳，

乙氧羧甲押后台。

(2010 与李博合作修改)

间位基致钝或定位次序

三甲铵$^{\oplus}$、硝、酰氯、磺，

氰、羧、甲氧酰、醛忙，

酰胺、乙酰定位弱，

钝基原子重键旁。

(2010 与李博合作修改)

补钙有方

缺钙不用慌，
请服钙维康。
一天仅一粒，
安全保健康。

（1999）

赞湖北祥鹊保健品

保健方案天下闻，
亿万神州传美名。
只要口服心就服，
三康用后尽开颜。

（2005）

赞北京祥鹊微波反应器

祥鹊微波天下闻，
国内海外远扬名。
化学反应慢悠悠，
一用微波扭乾坤。

（2005）

祥瑞赛辉瑞

美国辉瑞立伟业，
神舟祥瑞紧跟来。
华佗时珍千秋颂，
新药车间一排排。

（2006）

总装备部军事医学研究所之歌

我们是年轻的战士，
我们是国家创新团队。
高高扬起科学旗帜，
披荆斩棘无坚不摧。
携手探索未知世界，

· 247 ·

同心镌刻真理丰碑。

一切为了航天与军事医学事业，

勇往直前无怨无悔。

（2001）

十一、办法总比困难多——部分演讲句录

（一）部队演讲句录

俗话说，兵马未动粮草先行。类似地，载人航天工程，航天军事医学必须先行。航海深潜，航海军事医学必须先行。

——酒泉卫星发射中心，1996

流血流汗不流泪，掉皮掉肉不掉队。

——西昌卫星发射中心，1997

制空权或制天权或制信息权在未来的战争中可能起决定性作用。

——太原卫星发射中心，1998

人在基层，志在航天。

只要思想不滑坡，办法总比困难多。人不是因困难而失去自信，而是因不自信就遭遇更多的困难。困难像弹簧，你强它就弱，你弱它就强。

困难面前有我们，我们面前无困难。

——北京航天城，2001

用人原则：有德有才，破格重用；有德无才，培养使用；无德有才，限制使用；无德无才，坚决不用。用人不疑，疑人不用或不重用。

先做人，再做事。做好人有成本，做坏人有代价。

宁做树，不做草，提供人才成长的沃土。

人的因素是第一位的。得人才者得天下。但若拥有人才，却不能实现人尽其才，不仅得不了天下，反而会贻误大事：①赵王将高参赵括当主帅 ②毛遂自荐与自刎——赵相平原君把外交人才当主帅 ③马谡大意失街亭——诸葛亮错将高参当主帅。世上只有错位的人，没有无用人才，问题是关键如何使用人才。

——远望航天测量船试验训练基地，2000

危机管理原则：多数干部无危机管理意识，多数单位不重视危机管理原则。

危机未到时：不要主动制造危机、制造矛盾，尽力避免矛盾和危机的产生，让主要精力抓主要工作。

危机来临时：及时有效地处理危机，并就主要的危机制定预案。

墨菲规则：没带伞时偏下雨，屋漏偏逢连阴雨。

避免危机的方法：认识要提高，抓大放小，布局要合理，谦虚低调，不赌气，不较劲，不折腾，站在对方的角度多想问题，善于运用多角度定律。

战略战术：商场如同战场，目标就是占领；商场又不同于战场，可以制定双赢策略。

——总装第三十一试验训练基地，2001

成功者找方法，失败者找理由。

学历不等于能力，文凭不等于水平。学历是铜牌，能力是银牌，机遇是金牌。

明白不等于会：陆游诗《冬夜读书永子津》所倡导的"古人学问无遗力，少壮功夫老始成。纸上得来终觉浅，绝知此事要躬行。"

方法比知识重要，行动比方法重要，知识是力量，智慧更是力量。

态度决定高度，方法决定结果，小事决定大事，细节决定成功。

——总装第三十三试验训练基地，1998

纵观全球趋势，世界并不太平，美国称霸全球的野心继续膨胀，日本军国主义阴魂始终不散、时而复活，朝伊核问题花样不断翻新，中东地区长期战乱，国际恐怖主义盛行，海洋局势日趋复杂多变……

——空军医学研究所，2003

攻心为上，攻城为下；心战为上，兵战为下；现代多维战争，夺取制心权至关重要。

——防化研究院第一研究所，2006

学习原则：学不可以已。学习他人之长，博采众人之长。

不断学习体会和运用新的知识、方法和技巧，没有知识就无法思考，不经思考就无法掌握知识。

鼓励的力量，行动的力量，团结的力量，知识的力量，心理的力量，人格的力量，权威的力量，关系的力量，组合的力量，方法的力量。

抓主要矛盾、抓矛盾的主要方面，兼顾长尾战略。

建立学习型政府，学习型团队，学习型领导班子。要善于学习，善于总结、归纳、提高，善于调查研究，毛主席说过：没有调查研究就没有发言权。

业精于勤荒于嬉，行成于思毁于随。

——第三军医大学，2001

有眼界才有境界，有实力才有魅力，有思想才有思路，有作为才有地位。

科技兴所，质量强所，制度管所。

——总装军事医学研究所，1999

互相拆台，共同垮台；互相补台，好戏连台。

充分认识和发挥团结的力量。失败各有原因：清朝败于腐朽，太平天国败于内讧，国民党败于独裁，但有个共同点，那就是核心领导层不团结是致败的关键。因此要团结才能永不言败。

毛主席语录：三要三不要。

红衣主教伯纳丁临终时的不朽名言：把宝贵的时间浪费在争吵和分裂上是极其愚蠢的。

三个一切：团结一切可以团结的力量，克服一切可以克服的困难，利用一切可以利用的资源。让所有的利益、效益最大化。

——总装军事医学研究所，2000

组织原则：个人服从组织，少数服从多数，下级服从上级，全党服从中央。兼听则明，偏信则暗。倾听下级意见，倾听群众呼声，尊重客观规律，综合判断，果断决策。

战略眼光，全局观念，大局观念，赢在品牌，胜在整合。

授权与监督检查相结合。

——总装军事医学研究所，2001

（二）高校与会议演讲句录

只要满怀创新的欲望去学习、工作和生活，新的思想就会层出不穷。

五做原则：做专才能做精、做精才能做好、做好才能做强、做强才能做大、做大才能做久。专业促进卓越。

书籍蕴藏了深奥的智慧和巨大的力量，对人类社会的文明进步和历史的推动作用是不言而喻的。俄国著名哲学家、作家赫尔岑曾指出书籍的重大作用，已在《协同组合化学》一书"作者的话"中提及。

英国作家莫洛关于"读书"有一段精辟的论述：打开你的书来——正如漆黑的夜里，一根火柴划亮了，你的眼前一片光辉；正如清晨起来，把一扇朝东的窗子打开，微风携来新鲜牛奶一样的空气，沉醉着你，使你全身心感到舒畅；正如一扇锁着的门，你用钥匙把锁开启，于是久闭的门"吱"的一声开了，你便用徐缓的步子，踱进一座美丽的园林；正如在梦的摇篮里，你恍惚走进一座幻想的拱门，如流云之飘忽，你竟忘记了归来；正如在沙漠之上，海一样的蓝天，突然在你眼前出现了琼楼玉宇，那神奇变幻的海市蜃楼；正如在不见人迹的幽谷之中，你徘徊复徘徊，忽而听到了熟悉的足音；正如走进八月的果园，各色各样的果子累累垂挂在枝头，你打开记忆的袋子，任意盛装采撷来的美好的果实；正如猎人到积雪的山林，怀一片赤忱和热望，去追逐野兽，而且获得了猎物；正如玻璃杯子里盛满了醇酒，痛快地畅饮，给了你燃烧和兴奋；正如冬日雪夜的炉边，户外的朔风令人寒栗，但炉炭的殷红却为你添了几分温暖；正如一株忘忧草，你和着蜜浆咀嚼吞下去了，便好像拂去了心上沉积的尘埃；正如悲哀的六弦琴，你用纤纤的柔指挑弹，于是在颤抖的琴弦之上，震响着哀愁的音调，教人微痛的心潮泛起愁波；正如一个滔滔不绝的健谈的老者，在夏夜的蓝天繁星之下，为你叙述动人的故事，让你笑，让你落泪，让你拍手称快，让你怀疑，也让你愤怒得犹如疯子……叫你情感缚住一根线，牵住他的手跟他走；正如你迷失在一座魔林里，有数不尽的奇异怪诞，让你忙煞一双贪婪的眼睛；正如走进上帝的伊甸园，你大胆采食了智慧的果子，于是你通晓了宇宙间的一切……

打开你的书来，让你走进书本里去，或者做一个梦，或者洗一个思想的澡，或者去寻求无价的人类的聪明才智。

——清华大学，1992，1995，2000

只有最深刻的痛苦才能产生最美妙的音乐。

——华东师范大学，1986

一滴水能反映出太阳的光辉，一件平凡的小事可以反映一个人的精神风貌。

——武汉工程大学，1987，2005，2013

人生最难的学校是恋爱、婚姻、家庭。

——北京工商大学，1996

辛苦这几年，幸福一辈子；混过这几年，辛苦一辈子。

——首都师范大学，2003

干得出色为事业，干得一般为职业，干得糟糕就失业。今天工作不努力，明天努力找工作。

有理想，重行动，抓学习，创财富。

热爱事业才能干好事业，职业全力应付，事业全力以赴。

——广州大学，2005

任何事业都要向雷锋同志学习，发扬钉子精神，具体要发扬三钉精神：钉进、钉住、钉牢。

——湖北师范学院，1995

希望就在前方，梦想永不消亡。《北京欢迎你》这首歌唱得好："有梦想就会有奇迹"！插上梦想的翅膀，就可能飞得更高更远。

为了梦想，为了成功，为了未来，请你不要再等待了，不要再犹豫了，不要再徘徊了！胜利在向你招手，曙光在前头！

——武汉大学，2008

立项原则：先进性、特色化、专业化，"三个代表"重要思想等。

——青海民族大学，2010

朋友是天，朋友是地，有了朋友可以顶天立地！朋友是风，朋友是雨，有了朋友可以呼风唤雨。财富不是永久的朋友，朋友是永久的财富！

奥运会主题歌：我们虽然相隔千山万水，但在我们心中没有距离！

——中南民族大学，2011

我们正处在一个伟大的时代，就像"原子弹之父"美国科学家罗伯特·奥本海默回忆20世纪20年代时的感慨："那是一个群雄并起的时代，那是一个需要在实验室耐心工作的时代……人们急切的往来通讯，匆忙召开各种会议，辩论、批评，用数学方法提出令人叫绝的即兴想法……，那是一个开天辟地的时代"。今天的时代有点类似。在稳定的时代里，每件事物都有一个固有的名称，有它固定的位置，几乎没有什么讨价还价的余地。而在今天这个快速变革的时代里，新的变化、新的机会、新的希望、新的梦想就有很多很多……在这个伟大的时代里，我们面临诸多的选择，千万不能迷失方向，我们要满怀一种崇高理想，发扬两弹一星精神，发扬载人航天精神，要发扬那么一种热情，那么一种干劲，那么一种拼命精神，我们年轻的一代要接过老一辈的火炬，为了你们，为了在座的每一位同志，为祖国人民的健康保健事业，努力奋斗！让万物更新，让青春重现，让希望满怀，让激情燃烧，让梦想成真！让我们共同携起手来，在党中央、国务院和中央军委的坚强领导下，沿着全面建成小康社会和中等发达国家的康庄大道，前进，前进，前进进！

——西南民族大学，2011，2013

一个故事之所以尽人皆知，是因为它饱含着永不泯灭的人性；一段历史之所以千古流传，是因为它蕴含着不朽的精神传奇；一部文学作品之所以享誉中外，是因为它时时奏响真与美的旋律；一个产品之所以畅销市场，是因为它具有先进性，颇受广大军民的喜爱。

——北京大学，2013

比较可以生奇谋；比较可以出良策；比较可以增智慧；比较可以寻规律；比较可以添精彩；比较可以催创新。

——中国化学会首届全国火箭推进剂学术大会，2001

组合好的石头，能形成宏伟的建筑；组合好的音符，能形成美妙的乐章；组合好的色彩，能形成传世的画卷；组合好的词句，能形成不朽的篇章；组合好的原子，能形成新奇的物质；组合好的人群，能形成无穷的力量；组合好的梦想，能形成蓬勃的激情；组合好的灵感，能形成伟大的创新。

——中国化学会全国微波化学大会，2006

（三）公众演讲句录

在我们耳旁，常常回荡着《走进新时代》，我们唱着东方红，当家做主站起来，我们讲着春天的故事，改革开放富起来，我们唱着科学发展观，我们唱着以人为本，我们唱着和谐社会的颂歌，让全国人民尤其是老同志健康起来，快乐起来，幸福起来。我们要树雄心立壮志，让健康幸福的钟声在当地响起，在大江南北、长城内外响起，在中华大地960万平方公里陆地和300万平方公里海疆的每个角落都响起。这就是我们的梦想，我们梦想着在座的每位老同志以及全体老年朋友们远离医院、远离疾病、远离痛苦，拥有健康、拥有快乐、拥有幸福。千贵万贵平安最贵，千好万好快乐最好，千美万美幸福最美，千福万福健康是福。

——上海市，2010

合理膳食、适量运动、戒烟限酒、关系融洽、心理平衡、自我保健。这六句话做好了，身体就健康了。这样自己少受罪，亲人少受累，国家节约医药费，有利全社会。

送礼送健康，送礼就送钙维康（眠尔康、强军康）。

——南京市，2011

让我们从这里起步，从我做起，从现在做起，从小事做起，沿着成功

· 253 ·

者的足迹继续前进，不达成功的彼岸，不获全胜，决不收兵！

——郑州市，2011

质量是生命，销售是龙头，管理是关键。

质量好，不赚钱是暂时的；质量不好，赚钱是暂时的。

——兰州市，2006

我党我军宗旨：全心全意为人民服务，完全彻底为人民服务。我们的宗旨、我们的事业，自1921年中国共产党成立、1927年人民军队缔造、1949年新中国的诞生以来就不曾动摇。它是人民的事业，是普通人的事业。我们在毛泽东时代许下的承诺至今不变，这是对所有中国人的承诺：那就是任何时候、任何地方、任何情况下都要全心全意为人民服务、为人民保健康、为人民谋福祉。

大家还记得美国历史上最年轻的总统肯尼迪在就职演说上说过的一句著名的话："我的美国同胞们，请不要问美国能为你做点什么，而是要问你能为祖国贡献点什么……"

——广州市，2010

没有经验，不经培训的员工是公司最大的成本之一，一次讲座有一句话受启发就没有白忙，有时一句话受益一生。

销自己，售观念。营销是创造和满足顾客需求的活动总和。

观念比能力重要，策划比实施重要，行动比承诺重要，感知比告知重要，方向比速度重要，学习比学历重要。

选择比努力重要，选择不好，赚钱是暂时的，选择好，不赚钱是暂时的。

——太原市，2005

想法不断地强调会变成信念，行动不断地强调会变成习惯，目标不断地强调会早日实现，对知识不断地强调，会使学术之树果硕枝繁，对事业不断地强调，定会积累财富堆积如山，在人与人之间不断地强调帮扶助援，会成为朋友兄弟亲密无间。

——合肥市，2011

要脚踏实地，切勿空谈，响应习近平总书记的号召"空谈误国，实干兴邦"。

三到服务：服务到家、到人、到心

四情服务：热情、激情、感情、亲情

· 254 ·

五心服务：耐心、细心、贴心、热心、爱心

一位杰出企业家说得好：顾客您不去服务，总有人愿意代劳。要确立服务第一、服务至上、服务制胜的观念。

——长春市，2012

我们要学习树的精神，一半散发泥土芬芳，一半沐浴阳光；一半在土壤里默默吸取营养，一半在空中高高迎风飘扬。

风雨来袭，而其枝干从不垂落；冰冻霜寒，依然坚守着脚下的土地。

站着，一树绿荫挡住骄阳；躺下，一根身躯堪做栋梁。

尤其是胡杨树，生命非常顽强，历经一千年不死，死后一千年不倒，倒后一千年不朽。

树与人一起经历风雨，一起感悟炎凉，一起体验生命。

一颗种子，如果放在光秃秃山顶的石头缝里，它只能长成一棵小树；如果把它撒在沃土里，它可以长成一棵参天大树。

——银川市，2013

不拼、不博，人生白活；

不苦、不累，生活无味。

管理是盯出来的，技能是练出来的，办法是想出来的，潜力是逼出来的。

——西安市，2010

忍能养福，忠能养禄；

乐能养寿，动能养身；

学能养识，静能养心；

勤能养财，爱能养家；

诚能养友，善能养德。

——贵阳市，2014

就这样跟着你走——献给十八大的歌

作词：陈　亮　胡文祥
作曲：王则灵
总制片：胡文祥
策划：汤志荣、石海丰
演唱：马　艳

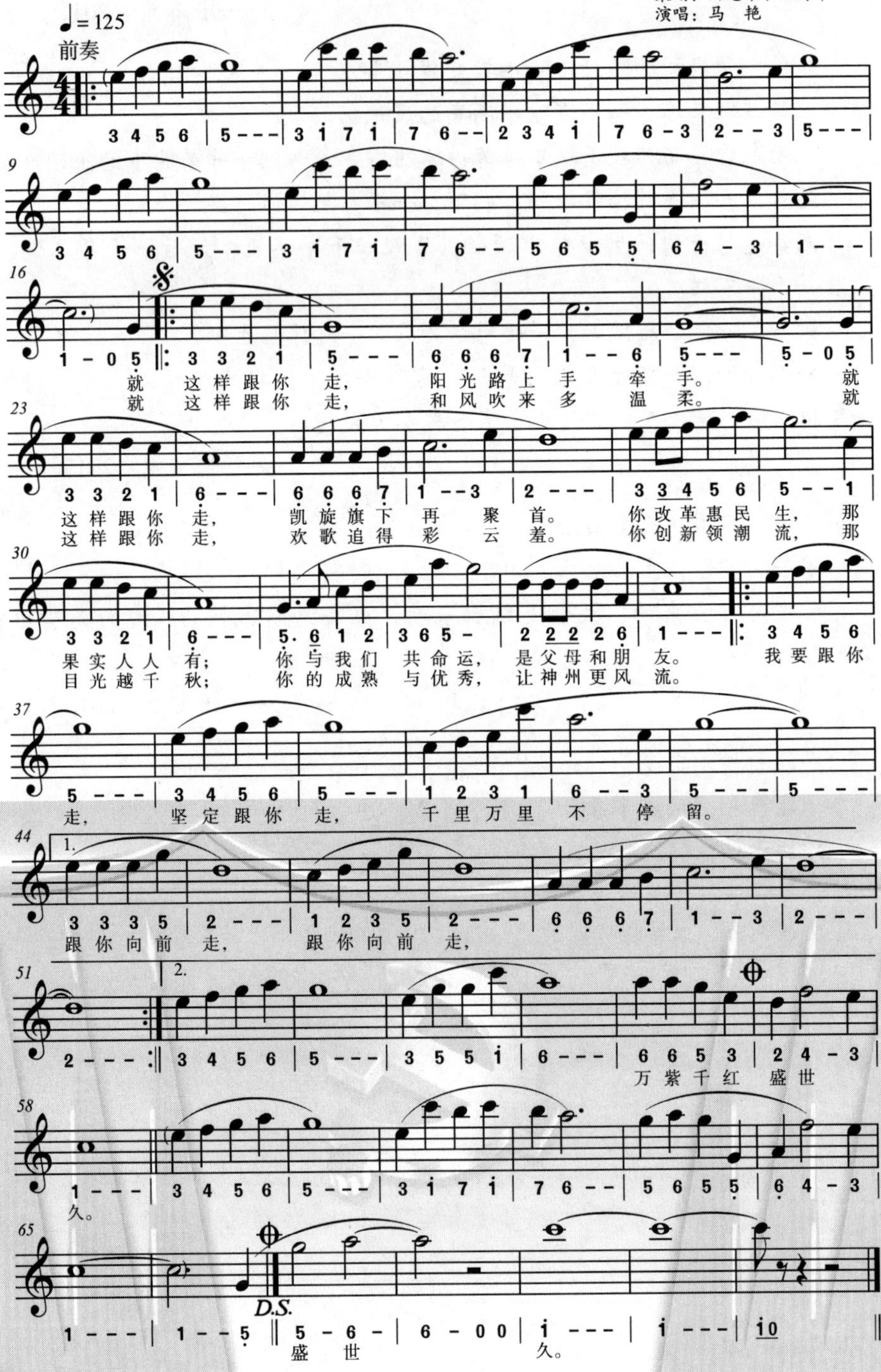

反恐战士之歌

（男声合唱）

作词：陈 亮 胡文祥
作曲：王立东

♩=114 自豪坚定地

昨夜的暴乱 刚刚平 息 黎明的手机又 传来哭 泣
多少次转战 不解征 衣 多少次护航在 波峰浪 底

再一次集结 冲进晨雾里 爬上云梯解救人质 危急
每一处停火 有我们功绩 扶起难民擦干他的 泪滴

怎容他 丧心病 狂 斩妖魔 雷霆出 击
怎容它 瘟疫肆 意 扫阴霾 雄风万 里

我们为国家 安 宁 用忠诚捍卫天 地
我们为无恐 世 界 用生命捍卫正 义

爱 我的姑 娘 微信多亲 密

血 性的男 儿 梦也缤纷四 季

梦里向母亲 敬个军 礼我们 是你的擎天铁 臂 D.S.

是你 的 擎天铁 臂

· 257 ·

附录
现代健康生活的六大基石

　　健康、幸福、快乐是人类社会追求的重大目标。有一副对联，每位都要重视：上联：爱妻爱子爱家庭，不爱身体等于零；下联：有钱有权有成功，没有健康一场空。横批：健康无价！穷人失去健康，等于雪上加霜；富人失去健康，等于一辈子白忙。老人失去健康，天伦之乐成为奢望；儿童失去健康，孩子父母痛断肝肠。

　　信用卡透支了，拿钱还。健康透支了，拿什么还？我们浑身都是"奢侈品"——为何不珍惜？在合法人体器官市场：眼角膜，24 400美元一只；心脏，997 700美元；肝脏，为557 100美元；肾，中国62 000美元，美国262 900美元。假如你无病无疾、脏腑无损，就已经是个拥有千万元人民币的富翁了。

　　一部价值几万到百万的车辆，很多人拼命保养，但是对于价值千万的自己的身体呢？现在的人，买个钢铁做的车，每天擦、每周打蜡。每5 000公里去保养，细心呵护，关怀备至。稍有损伤，心痛无比。可对自己的身体这辆血肉做成的、最豪华的、最应该保养的"肉车"，却从不"清洗"、也不"打蜡"，只知道"加满油、踩足油门、疯开"，加油还只加90号（因为不知道吃的是什么油、什么肉），也不管气候、早晚、路况有多糟糕（空气污染，水源污染，食品的污染），风雨无阻地"出车"。一开就是几年、几十年，从不保养、从不维护。即使休息，也是处于怠速状态（通宵玩牌、吃宵夜、喝酒）……直到某天熄火，一检查，输油管老化、油垃圾阻塞（血管内黏附的垃圾阻塞血管），造成发动机失调（胸闷，气短，心律失常，更严重者心肌梗塞），方向盘失灵（老年痴呆，脑中风，脑梗死）……直接送到汽修厂（医院，把自己一生辛苦赚来的钱，从不舍得保养，乖乖地全部送给医院，直至倾家荡产，殃及父母、子女），被拆得七零八落（有些器官切掉扔掉，再安装一些本不应属于你的一些金属材料和别人的器官），之后就报废处理。

今天不养生，明天找医生！世界上所有东西都不是你自己的，唯有身体才是你自己的。失去健康，一切归零。

生活容易，健康不易，且过且珍惜。现代生活纷繁复杂，保障健康困难重重。好在从上到下、从中央到地方、从国外到国内都十分重视现代健康生活。冯绍光教授等卫生保健专家给中央领导讲保健课时曾经强调，世界卫生组织关于现代健康生活的四大基石：合理膳食、适量运动、戒烟限酒、心理平衡，我们完全赞成，并在这里引用之。

此外，我们还要强调一、二、三、四、五、六：一是一个中心，即以健康为中心；二是两个基本点，即糊涂一点、潇洒一点；三是三个乐，即助人为乐、知足常乐、自得其乐；四是四个最好，即最好的医生是自己、最好的药物是交流、最好的心情是宁静、最好的运动是步行；五是五个多动，即多动脑、多动口、多动手、多动脚、多动身；六是六大健康基石，即合理膳食、适量运动、戒烟限酒、关系融洽、心理平衡、自我保健。

一、健康第一大基石——合理膳食

一杯牛奶强壮一个民族，科学合理的膳食是"百岁工程"的地基。

饭前喝汤苗条健康，七八分饱延年益寿，减肥要靠调控主食，小吃补营养，大吃损健康，多吃卧病床！

民以食为天，合理的膳食很重要。因为合理的膳食可以让你不胖也不瘦，胆固醇不高也不低，血黏度不稠也不稀。那么怎么做到合理膳食呢？十个字："一、二、三、四、五，红、黄、绿、白、黑。"

什么叫"一"呢？每天喝一袋牛奶。我们中国人膳食有很多优点，但缺钙。缺钙有三个结果：第一骨疼，第二驼背，第三骨折。我们碰到一个病人，先是咳嗽，咳嗽胸就疼，最后不咳嗽也还疼。他觉得很奇怪，怀疑是不是得了肺癌，结果到放射科拍照，放射科医生一看吓了一跳，他光咳嗽就咳断三根肋骨。那么为什么会缺钙呢？因为每人每天需要 800 毫克钙，而我们的膳食里仅有 500 毫克钙，而每袋（245ml）牛奶约有 300 毫克钙，所以要每天补足一袋牛奶，正好补齐每日需要的钙量。牛奶什么时候开始喝呢？从一岁开始。喝到什么时候呢？直至终身。欧美人大多高大健康，不是因为饭吃得多，也不是肉吃得多，而是因为他们喝奶喝得多。"二战"前的日本人因身材矮小被称为"小日本"，而现在日本人变了，同龄的中小学生，日本孩子的平均身高超过北京孩子，比广东、福建小孩高得更多。原因很简单，"二战"后，日本政府每天中午给小学生免费供应一袋牛奶。所以日本有句话叫"一袋牛奶振兴一个民族"。英国前首相丘吉尔曾说，没有什么比得上给儿童提供牛奶更重要的了。法国著名文学家罗兰·巴尔特说，牛奶的纯白洁净常常与平静、洁白、神志清醒联系在一起，可见喝牛奶与不喝牛奶不一样。别看就一袋牛奶这么简单，但影响人的身高、体重、智能，如果一天喝两袋牛奶，效果更明显。牛奶什么时候喝好呢？睡觉前喝好。因为孩子身体增长阶段，白天不长，晚上长，晚上上床睡 1 小时后，生长激素开始分泌，所以睡觉前喝奶好。如果喝完奶后能再吃一片 100 毫克的维生素 C 和一片 100 毫克的复合维生素 B（3 岁以下上述两种维生素每种半片就够），这个孩子不但身体高、体重好，而且抵抗力强，感冒、扁桃体炎、肺炎、发烧之类的病基本上不得，会很健康，更会健康成长。一袋牛奶再加一片维生素 C、复合维生素 B 2~3 元钱，就够了。因为每 500 毫升（2 袋）奶能满足人体每天需要的动物蛋白的 50%，热能的 16%，钙的 60%。联邦德国牛奶研究所所长黑申教授则进一步列举了牛奶的诸多好处：防治中风、高血压、心脏病；阻止人体吸收有毒物质，如铅、铬；脱脂奶和酸奶能增强人体免疫力；提高大脑工作效率；美容、催眠……在这些意义上说，奶牛，也是人类的保姆。

很多家长对独生子女很疼爱，但疼得不得法，怎么疼孩子呢？有的家长给孩子买各种各样的补品。所谓补品概念就很混乱，补了多年，补成胖子，成了胖墩，有的女孩还提早来月经。花那么多钱买补品干啥？其实就是牛奶加维生素 C 再加复合维生素 B 就够了。

"二"是什么意思？"二"是 250 克至 350 克碳水化合物，相当于 300 克（六两）至 400 克（八两）主食。这六两到八两不是固定的，比如有些年轻人干体力活，一天就要一斤半。有些女同志呢？胖胖的，工作很轻松，不用六两，一天三两就够了。调控主食可以调控体重，这是最好的减肥办法，最近科学家提出一句话减肥，这是最科学、最顺利的减肥法，叫作："饭前喝汤，苗条健康"。广东人就是最好的例子，广东人特别爱喝老火汤，饭前喝汤，汤到胃里，通过胃薄膜，再通过神经反射到脑干食欲中枢，就能使食欲中枢兴奋性下降，食量就自动减少 1/3，而且吃饭变慢；如果没有汤，你就拨点菜用开水冲一冲变成汤，先把这个汤喝了，立刻能使食欲下降。我们北方人不一样，北方人饭后喝汤，越喝越胖。这就错了，为什么呢？吃饱再喝汤，把胃撑得很大，再加上汤里有脂肪、肉片、蛋等补充热量，所以饭后喝汤越喝越胖，饭前喝汤苗条健康。

　　"三"是什么意思？三份高蛋白。人不能光吃素，也不能光吃肉。蛋白质不能太多，也不能太少，三份至四份正好，不多不少。一份就是一两瘦肉，或者一个大鸡蛋，或者二两豆腐，或者二两鱼虾，或者二两鸡或鸭，或者半两黄豆。一天三份。比如，我今天早上吃一个荷包蛋，中午我准备吃一个肉片苦瓜，晚上吃二两豆腐或二两鱼，这一天三份至四份的蛋白质不多也不少。蛋白质过多，消化不良、造成肠道毒素太多。蛋白质太少了也不行。有位著名法师是蛋白质营养不良、帕金森综合症，经静脉点滴氨基酸，补充营养，治好出院后他辟谷（一种气功），造成营养不良，结果死了。那么，什么动物蛋白质最好？鱼类蛋白好。吃鱼多的地方，比如，阿拉斯加、舟山群岛，人吃鱼越多，动脉粥样硬化越少，冠心病、脑卒中发病率越少。植物蛋白里什么最好呢？黄豆。黄豆蛋白不但是健康食品，对妇女还特别有益，减轻更年期症候群。更年期的妇女常血压忽高忽低，一会儿脸红，一会儿脸白，一会儿出汗，一会儿心慌，脾气很大，这就是妇女更年期综合征。欧美妇女呢？她没什么事，她50、60、70、80岁，看起来体型线条一样。很多欧美80岁老太太出门就开车，开完车就上游泳池，人老了还能游泳、还能跳水。中国人就不同，为什么？中国妇女50岁以前可以，一到50岁以后就胖了，血压高了，骨质疏松了，很快衰老了，因为我们没补充生理性雌激素。豆类就有这种雌性激素的作用，可以减轻妇女更年期综合征。

　　"四"是什么意思？四句话，即"有粗有细，不甜不咸，三四五顿，七八分饱"。粗细粮搭配，一个礼拜吃三四次粗粮，棒子面、老玉米、大米、红薯，这些粗细粮搭配，营养最合适。不甜不咸是指"清清淡淡才是真"。北方人患高血压病的多于南方，是因为口重。目前北京人日均食盐2～14克，其实6克就行，起码先减少1/3。我们的厨房已装修一新，设备"革命"了，还需问一句：配盐勺了吗？三四五顿是指每天吃的餐数。绝对不能不吃早餐，只吃两顿。我想重点讲讲七八分饱。同志们，请大家无论如何记得吃饭一定要吃七八分饱。记住这一句话就可延年益寿，这句话非常重要。古今中外，延年益寿的办法不下几百种，但是都无效。真正公认最有效的能够延年益寿的办法就是一种，我们叫低热量膳食，说白了就是七八分饱。这一办法，古今中外公认能长寿，其他什么，如秦始皇找仙丹等，都没用。美国科学家做过这样的实验：100只猴子随它吃饱，另外100只猴子七八分饱，定量供应。结果呢？随便敞开吃饱的那100只猴子10年下来，胖猴多，脂肪肝多，冠心病多，高血压多，死得多，100只猴子死了50只；另外那100只吃七八分饱的猴子，苗条、健康，精神好得多，很少生病，10 年下来才死了 12 只，后来一直养着，观察到最后证明，所有高寿猴子都是那些喂七八分饱的。七八分饱确实很重要，中医有句老话：若要身体安，三分饥和寒。很有道理。美国有个很著名的专家，他的话很权威，他写了 1 000 多篇文章，来中国讲过学。有一次讲完课，他说：快要到 21 世纪了，希望人人健康，我送你们两句最重要的话，比一切药物都好。哪两句话呢？第一，吃饭七八分饱。意思是说当你离开饭桌时还有点饿，还想吃，这就是七八分饱。第二，爬楼走路慢跑，就是说平常出去时多走路，住楼上不坐电梯经常走着上去。世界上最好的运动就是步行，实际上步行运动就能预防糖尿病、预防冠心病、预防高血压。

"五"是什么意思？就是 500 克蔬菜和水果。人生最大的痛苦莫过于癌症，晚期癌症。怎样才能不得癌症呢？预防癌症的最好办法，就是常吃新鲜蔬菜和水果，新鲜蔬菜和水果有一个特殊作用就是防癌，能减少癌症发病率一半以上。河南有个林县，是全世界食道癌患病率最多的地方，后来补充一些维生素、硒、新鲜蔬菜和水果，食道癌患病率明显下降。所以 500 克蔬菜和水果就相当于八两蔬菜、二两水果。

这就是"一、二、三、四、五"。

什么叫"红、黄、绿、白、黑"？"红"是一天一到两个西红柿，特别提醒男同志一天一个西红柿，前列腺癌可减少 45%。熟吃的西红柿更好，因为番茄红素是脂溶性的。如果健康人喝点红、白葡萄酒或米酒也可以，但是酒千万不要喝得太多。少量酒是健康的朋友，多量酒是罪魁祸首。据统计，监狱里罪犯的 50%，交通事故肇事者的 40%，住院病人的 25% 都和喝酒有关，酒精是罪魁祸首，但少量喝可以。世界卫生组织的口号：酒越少越好。如果没有病，没有脂肪肝，没有冠心病，喝点少量的葡萄酒、米酒是可以的，每天 50 ~ 100 毫升。如果这个人情绪低落，那么炒菜时加点红辣椒可以改善情绪。红辣椒可以刺激体内产生内啡肽，是改善情绪减少焦虑的东西。

"黄"是什么意思？中国人的膳食刚才讲过，缺钙和缺少维生素 A。缺少维生素 A 有什么表现呢？小孩免疫力下降，感冒发烧，扁桃体炎；中年人得癌症，动脉硬化；老年人眼发花，视力模糊。补充维生素 A，可以使儿童增强抵抗力，老人眼睛不花，视网膜病减少。富含 β 胡萝卜素（维生素 A 的来源）的有胡萝卜、西瓜、红薯、老玉米、南瓜、红辣椒，或者干脆叫红黄色的蔬菜，红黄色的蔬菜含维生素 A 多。

"绿"是什么意思？饮料里茶最好，茶叶当中绿茶最好，绿茶含有的成分里抗氧自由基多，可减缓老化。在福建，武夷山的茶农常对游客们说：买我们的茶能长寿。什么意思呢？茶农说：我们这茶好，因为我们这里很多人是茶寿。那里的人不叫高寿、长寿，而是叫茶寿。我国古代把88岁叫米寿，茶寿是指108岁，因为茶字是由"艹"加上"八十八"组成的。不管怎么说，喝茶确实能延年益寿，减少肿瘤，防止动脉硬化，这是肯定的。

"白"是什么意思呢？是指燕麦粉、燕麦片。英国前首相撒切尔夫人每天早餐吃燕麦面包，就连出国访问，早餐食谱都不变。国民党元老陈立夫100岁时，每天早上还吃燕麦粥。在北京，早上喝燕麦粥的人很多。燕麦粥很便宜，吃一个月花的钱还不如吃一片药的钱。为什么呢？你吃一两燕麦粥，可以少吃一两馒头，这就是主食吧，一两馒头三毛，一两燕麦粥四毛，才多一毛钱，一个月才多三块钱，可以吃一个月，而且效果还挺好。燕麦粥不但降胆固醇，降甘油三酯，还对治疗糖尿病、减肥有特别的效果。特别是燕麦粥通大便，很多老年人大便干燥，用力时易造成脑血管意外。

"黑"是什么意思呢？"黑"是黑木耳。黑木耳这个东西特别好，它可以降低血黏度。吃黑木耳，能使血液稀释，人不容易得脑血栓、老年痴呆，也不容易得冠心病。现在很多人得老年痴呆，其实这个痴呆是很多细小的毛细血管或小动脉堵塞，最后脑子不行了，傻了，记忆没有了，这种情况大多数是因为血黏度太高造成的，吃黑木耳正好可以避免。一天5克至10克，相当于一斤黑木耳吃50天至100天，一天一次，做汤做菜都可以。怎么发现黑木耳好的呢？是一位美国医生偶然发现的。他有一天出诊，病人是美籍华人，血黏度忽然降低了。医生问："你怎么搞的，是不是药吃多了？"病人说："我肯定药没多吃"。"那就奇怪了？那你最近吃过什么吗？"他说："我前天到中国城，吃了一顿中国饭，木须肉，有肉片、鸡蛋，还有黑木耳。"美国医生一想，肉片没用，鸡蛋更没用，恐怕是你们中国人爱吃的那种很怪的东西，不然你再去一趟试试看。病人再去一次，果然见效了。最后医生研究发现，原来中国的黑木耳可以降低血黏度。文章发表后，台湾人都用这个方法，北京心肺血管中心还专门研究了黑木耳。动物和人体实验都证明了5克到10克黑木耳就能降低血黏度和胆固醇。举个例子，一个台湾企业家，很有钱，得了冠心病，血管都堵了，要到美国做心脏搭桥手术。到美国一看，医生说："不行，现在排得满满的，你一个半月以后再来。"一个半月以后，他再去，一做冠状动脉造影，三个血管通了。医生对他说："你没有病，血管全通了，不用搭桥，你回去吧。咦，你是怎么治的?"他说，只用一个偏方：10 克黑木耳，1 两瘦肉，3 片姜，多枚大枣，5 碗水，文火煲成两碗汤，加点味精，加点儿盐，每天吃一回，45 天，血栓都化了。这只是一个例子，只是一种食疗，仅供参考。总之，黑木耳经过科学实验证明能降低血黏度，5 克到 10 克就可以了。记住合理膳食就是两句话、十个字："一、二、三、四、五，红、黄、绿、白、黑。"

二、健康第二大基石——适量运动

最好的运动是走路，有恒、有序、有度。

运动也是健康的非常重要的要素。医学之父西波克拉底讲了一句话，传了 2 400 多年。他说："阳光、空气、水和运动，是生命和健康的源泉。"你要想得到生命和健康啊，就离不开阳光、空气、水和运动，说明运动和阳光一样。我们知道奥林匹克运动的故乡希腊，在古希腊山上的岩石上刻了这样的字："你想变得健康吗? 你就跑步吧; 你想变得聪明吗? 你就跑步吧; 你想变得美丽吗? 你就跑步吧。"这就是说跑步能使人健康，使人聪明，使人线条好。

那么，什么运动最好? 走路是世界上最好的运动，绝对不是高尔夫球、保龄球、游泳。因为人类花了 100 万年，从猿到人，整个人的身体结构就为步行设计的，所以步行运动是世界上最好的运动。我还要强调一条，动脉硬化是可预防的，动脉硬化可以从重到轻，从轻到重，从无到有，从有到无，是可逆变化的。人们一直认为，动脉一旦硬化，就不能逆转了。到最近，科学家才证实，动脉硬化是可逆的过程，动脉硬化能由轻到重，也能由重到轻; 从无到有，也能从有到无，虽不能彻底消退，但可部分消退。走路就是使动脉从硬化变软化的一个最有效的办法。研究证明只要步行坚持一年以上，包块就自行消除。经过步行运动锻炼，对血压的稳定、胆固醇的降低、体重的减少都有很好的效果。过量运动有时会造成猝死，很危险，步行运动最合适。

怎么步行最好呢? 三个字：三、五、七。什么叫"三"? 最好一次三公里三十分钟以上。"五"呢? 一个礼拜最少运动五次。"七"呢? 是适量运动，过分运动是有害的，那怎么叫适量呢? 优良代谢，就是运动到你的年龄加心跳等于 170。比如说 50 岁，运动到心跳 120; 60 岁，运动到心跳 110; 70 岁，运动到心跳 100，加起来是 170。这样的运动就叫优良代谢。那么，如果身体好，可以多一些; 身体差，可以少一些; 步行运动量力而行。有组实验资料说得很到位，老年分两组，一组是一天平均走4.2公里，一组是基本上不走路。结果发现走4.2公里这组老年人死亡率、冠心病发病率比不走路那组低60%，这是步行走路的好处啊！真正是不得了。据报道：雷洁琼95岁，问她有什么爱好，她说什么爱好也没有，唯一的一种爱好就是天天走路。陈立夫，他为什么能活到100岁，他也是每天步行。北京中华门边上有个庙叫作普渡寺，有一个道士很穷，政府每月给他生活费，他这个人有个特点，每天早上起来拄着拐棍，从中华门走到建国门，完了从建国门绕回来，两个小时，一年四季天天走。那个寺庙旁边还有许多房子，原来这些房子住着一些政要人物和名人，现在，几十年下来，很多人不知道哪去了，唯独这个道士，他现在整100岁，还生活得好好的，他其实并没什么很好的营养或者很好的食品，就是每天早上起来棍子一拿就走路，走两个多小时，就这么简单，但一直坚持，到现在身体非常好。步行运动坚持下去，可以代替营养品和保健品。

有一个狼医生的故事。森林里有狼有鹿，为了保护鹿，人们就把狼消灭了，认为这样就能把鹿保护住了，哪知道适得其反。几年以后，鹿因为没有狼，吃饱就躺在草地上，休息晒太阳，结果鹿变得胖了起来，成了胖鹿，脂肪肝、冠心病、高血压等自身疾病越来越多，死得也越快，结果鹿群越来越少，眼看要自行消灭了，自动就绝种了。怎么办呢？派医生给鹿治病，谁能给鹿治病呢？想来想去，最好的办法把狼请回来，重新买了狼放进树林里，狼一来就吃鹿，鹿就得跑，狼追鹿跑，在这样的过程中，鹿锻炼了身体，逐步增加了种群。自然界就是这样，非常奇妙，就是在互相竞争中，各自得到提高。所以离开运动反而糟了，鹿死得更快，有了狼，狼变成鹿的医生了。

除了步行，还有项运动很好，值得提倡，就是打太极拳，这个运动特殊，它是柔中有刚，阴阳结合。太极拳最大的用途是改善神经系统，打拳的人要坚持三年到三十年之久，最重要的是平衡功能改善，走路绊了一下不摔跤。美国老年体育协会对太极拳专门做了研究，两组老年人：一组练健身房的器材，天天练肌肉；另一组一分钱不花，打太极拳，结果一对比，练拳的这组平衡功能好、脑子好、走路不摔跤，骨折减少50%，最后美国人得出一个结论，说非常佩服中国东方人的智慧，不花一分钱的太极拳比现代化的器械效果好得多。我们敬爱的邓小平同志1987年11月16日亲笔题词："太极拳好"。我们不是说因为小平同志说太极拳好，我们就跟着说，是因为经过科研证明，太极拳非常好，要么走路，要么练太极拳。

三、健康第三大基石——戒烟限酒

烟是香味杀手，酒少量"怡"心，过量"伤"心。

有些人信誓旦旦要戒烟，但戒烟很难，有人说是难于上青天。一项调查表明：吸烟者中，知道吸烟有害者占95%，但愿意戒烟者则为50%。而戒烟成功者仅为5%。

与吸烟者不同，肥胖者中知道有害与愿意减肥并减肥成功者之间的落差要小得多，因为人们认为肥胖不美，而吸烟被青少年认为是"成熟和帅"。更重要的原因是许多人不相信吸烟有这么大的危害，他们认为吸烟的危害是医生们的夸大宣传而已，从思想上不予理会，等到发现肺癌、冠心病时，后悔已晚。

下面的一段历史小故事相信有助于人们对烟草危害的认识。1962年，当时全世界还不知道吸烟有害，英国皇家科学院发表了一份报告首先提出：吸烟有害健康。在当时，这是很大的令人震惊的消息。在一次记者招待会上，有记者问肯尼迪："总统先生，您同意英国皇家科学院发表的吸烟有害健康的文章吗？您的医学顾问同意不同意？如果同意的话政府准备采取什么措施？"这个问题很尖锐，肯尼迪当时想了一下说："现在股市行情低迷，这个问题很敏感，等我一个星期以后回答你。"他回去后立即让卫生总监召集全国最有名望的科学家成立专门的委员会，认真对吸烟问题进行独立的专门研究，以确定吸烟是否有害。

为了表示研究是非常科学、客观、公正，不带任何偏见的，因此科学家名单由官方科研机构拟完后，需经烟草公司同意方可确认。在全国有威望的150位科学家中，经反复遴选，选出了11位最佳人选。在最后审查中，烟草公司提出组长克里高不合格，因为他2年前曾在一次集会中说过吸烟有害健康，说明他对吸烟已有偏见，必须删除，最后10位科学家双方都同意了。经过2年多独立的、绝密的、不受任何外来干扰的研究，其间资料的传递规格都按军事绝密文件处理，最后的结论终于出来了，研究结果将在权威的美国华盛顿国会大厅宣布，但不敢在星期五宣布，因为怕引起股市波动，后来精心选择在星期六，因为这时股市已经关闭。宣布时，全场凝神屏息、鸦雀无声，"吸烟有害健康，吸烟是导致肺癌、肺气肿、冠心病的重要、独立危险因素，吸烟缩短寿命。"此后30多年来进行的6万余项科研都证明了吸烟有害健康，烟草的危害是确凿无疑的，绝非危言耸听。

正如一位德国科学家在抨击某西方大国向非洲、亚洲穷国出口香烟时说的，出口香烟是"向穷国出口死亡，是世界级犯罪"。因该国政府在国内号召百姓不吸烟，使人群吸烟率年年下降，但却向烟草公司大量补贴，鼓励其向穷国推销香烟，赚回金钱，出口死亡！一位跨国烟草公司老板说得很坦率："我们生产香烟但不吸烟，香烟是为愚昧的人、无知的人生产的。"

有一位干部，24 岁开始吸烟，已有 37 年烟龄，越吸越多，一天两包。你说吸烟害人害己，他说吸烟利国利民，你说吸烟有导致癌症、肺气肿、冠心病三大害处，他说吸烟有健脑、安神、有利人际交往、夏天防蚊、省装防盗门五大好处。爱人与他讲理、劝说、吵架、打架都一概无效，他最后说："香烟就是我的命，我宁可戒饭也绝不戒烟。"看来，真是没有办法了。

但奇迹出现了，37 年烟龄，他一分钟就把 37 年的烟瘾给戒了，什么原因呢？一张 CT 片显示晚期肺癌转移了。眼前的美好世界，流水落花春去也！在以后 3 个月的日子里，他惋惜、后悔、痛苦、自责、恐惧，但一切都无用了，死神一天天走近，手术、化疗都没能救他，我想任何一个人只要看看他的眼睛，接触一下他临走前求救的眼神，就再也没有人愿意吸烟了。

列宁也是一分钟就戒烟的人。列宁青年时也是吸烟者，一天他妈妈对他说："家里这么穷，我辛辛苦苦好不容易洗衣换来的钱都被你抽烟抽掉了。"列宁听后，二话不说，当即把吸剩的一半烟扔到地上，一脚踩灭说："妈妈，我不吸烟了。"从此列宁终生不吸烟。

因此，戒烟也很容易，压力大，悟性高，说戒就戒；无压力，悟性低，百说百劝也不戒，但死神一露面，不说也一分钟就自动戒了。

从人群吸烟的角度看，控制吸烟的根本出路在于教育儿童、青少年从小不吸烟。一项研究表明：对小学四年级学生一次生动的控烟宣传后，他们在日记和作文中，个个天真而又义愤填膺地表示，要和烟草作坚决的斗争，不仅自己长大后绝不吸烟，而且要加入到控烟的队伍中，绝不允许香烟再害人。有这样的青少年，不需要太长，只要两代人，我们的世界就将是一个阳光明媚、清洁无烟的世界。

戒烟限酒"五一五"，就是应当戒烟，如一时戒不了，则每天吸烟不超过 5 支；可以不饮酒，如果饮酒，每餐饮酒酒精含量不超过 15 克，即相当于 50～100 毫升葡萄酒。吸烟的危害人人皆知，长期吸烟者中，最终有一半人将因吸烟而丧生。英国著名流行病学家彼得教授指出：中国现在年龄在 0 岁至 29 岁的男性超过 5 亿人，其中 2 亿人将成为吸烟者，至少有上亿人将因吸烟而死亡。有一半死亡发生在中年时期，平均损失 20 年至 25 年生命；一半发生在老年时期，平均损失 5 ~ 8 年生命。中央人民广播电台曾报道，解放军英模叶景林为创作评书《回家》，曾一天一夜在小屋吸烟三至四盒，因肺癌 48 岁英年早逝。有些年轻人视生命如儿戏，甚至将抽得多作为赌博的砝码。在一个工厂里，几个年轻人打赌，看谁在一小时内烟抽得最多，还得是"大循环"，不是"小循环"。大循环就是烟从嘴里进、鼻孔出，小循环是哪进哪出。最后一个小伙子以一小时抽掉一包烟的"佳绩"勇夺桂冠，奖品是急性心肌梗塞，终身丧失劳动能力，进医院急救才捡回一条命。所以说，吸烟的人能戒烟一定要戒烟，实在戒不了的，一天不要超过 5 支。有个研究人员专门研究过烟，发现一个规律，吸烟量多一倍，危害为四倍，如果每日吸，不超过 5 支烟，危害很有限，超过 5 支烟，危害就明显增加。吸烟的危害是与吸烟量的平方成正比，即吸烟量增一倍，危害达四倍，吸烟量增两倍，危害达八倍。抽烟的人经济消费也是很可观的。如果一个人每天吸烟花费 5 元钱，一年就近 2000 多元。这些钱可购一身像样的衣服加一双皮鞋。如果吸一辈子烟，得浪费多少钱啊！

酒是柄双刃剑，少量是健康之友，多量是罪魁祸首。近年来欧美以及中国有不少科学研究指出，适量饮酒对身体有好处。香港的科研人员经研究发现，适量饮酒可以增加生活情趣。20 世纪 90 年代初，法国的一份研究报告说，法国人爱吃肥腻食物，但患心血管病的概率比美国人低，原因是法国人爱饮葡萄酒。少量饮酒可延缓动脉硬化，预防部分心脏病。酒里面的主要成分是乙醇，营养物质极少，但乙醇经肝脏代谢会转化成热量，大量饮酒会使人发胖，升高甘油三酯并消耗人体维生素 B，影响人体钙的吸收。大量饮酒还会伤肝，导致心血管病大量增加。尤其是每年节假日期间，医院急诊室都有一种"每逢佳节倍失亲，常使欢乐无踪影"的气氛。一位 32 岁的飞行员，节日在亲友家酒宴过后，兴奋异常，不到半小时，胸痛出汗，突发广泛前壁心肌梗塞；另一位拖拉机手，因为村民感谢他劳苦功高，天天轮流设酒宴招待，他终于为嘴伤身。一天酒后，他上腹剧痛，上吐下泻，全身冒虚汗，四肢冰凉，在送往城里医院途中死亡。尸解证实为急性坏死性胰腺炎，凶手是"饱餐、酗酒、激动"三联症。

对于那些平时有"喝几口"习惯的人，如果合理地、科学地喝，对身体是无害的。怎么做到既合理又科学地喝呢？一是要喝低度酒，如啤酒、葡萄酒；二是量要控制，每餐饮酒酒精含量不超过 15 克（相当于 50 ~ 100 毫升葡萄酒，或一罐啤酒）；三是勿空腹，勿与碳酸饮料共饮。另外，孕妇、服药期间的人，以及患肝病、消化性溃疡、心脏病的人都不宜饮酒。一般地讲，酒，少喝是享受，多喝须忍受，再喝准难受！

四、健康第四大基石——关系融洽

世界卫生组织（WHO）关于健康的定义包含三个方面的内容：一是身体健康，二是心理健康，三是社会关系融洽。这三点都具备的人不是很多，多数人处于亚健康状态。把社会关系融洽包含在健康的定义里面具有革命性的意义。

社会关系包括同事、同学、邻里、亲友等，如何处理好社会关系，做到关系和谐、融洽，最基本的要做到：一是换位思考，替别人着想；二是做到三容；三是助人为乐。

做到换位思考、替别人着想，的确有点难。站在他人角度上考虑问题，许多问题就想得通了，一些问题就迎刃而解，与别人相处就比较容易融洽，就容易相会、相知、相爱，别人愉快了，自己也愉快了，身体也就健康了。

生一次气，八个器官受伤，因此不要再随便生气了。小气是脾气，大气是生气，常生气会断气！

（1）皮肤：生气时，大脑血液中增加的毒素，会刺激毛囊，引起毛囊周围程度不等的炎症，从而出现色斑问题。

（2）肝、子宫、乳腺：男人生气伤肝，女人生气伤乳腺和子宫。乳腺走脾胃系统，子宫走肝。气上升，会伤到乳腺，下沉就伤子宫。

（3）甲状腺：老生气会使甲状腺功能失调，发生甲状腺功能亢进。

（4）大脑：大量血液涌向大脑，脑血管压力增加，此时血液中含有毒素最多，进一步加速了脑部的衰老。

（5）肺：女性情绪冲动时，呼吸会急促，甚至出现过度换气现象。肺泡不停扩张，没时间收缩，得不到应有的放松，从而危害肺健康。

（6）胃：生气会引起交感神经兴奋，直接作用于心脏和血管，使胃肠血流量减少，蠕动减慢，严重时会引起胃溃疡。

（7）心脏：大量的血液冲向大脑和面部，会使供应心脏的血液减少而造成心肌缺血。心脏为了满足身体需要，只好加倍工作，于是心跳更加不规律，引发疾病。

（8）肝：生气时人体会分泌儿茶酚胺，作用于中枢神经系统，使血糖升高，脂肪酸分解加强，血液和肝细胞内的毒素相应增加。

无论遇到再大的情绪挑战，记住，要想开些，开心些，平和些，身体健康才是最重要的！特别是女性朋友要自己爱惜自己的身体！愉快是健康的关键！

做到三容：容言、容事和容人，关系比较好相处。

容言：好话、坏话、刺耳话，啥话都能听得进。虚心听取意见和建议，是风度，是胸怀坦荡。让人把话讲完，是大度，是谦恭，是强而不锐，也是有力量的体现。容言要有勇气，没有勇气则听不得诤言；容言要有耐心，没有耐心则听不到真言。容言不是是非不辨，良莠不分，容言要有智慧，分得清哪是良言哪是诡言；还要有气量，听得进甜言蜜语，也容得下直言不讳，"兼听则明，偏信则暗"。容言，才能广开言路，集思广益。

容事：易事、苦差事、难事、好事、窝囊事，凡事皆能装心中，一丝不苟地去办。易事认真办，苦差事用力办，难事用心办，好事朝更好的方向去办，窝囊事要理智地去办。认认真真，踏踏实实，勤勤恳恳地做好每一件事，不因其易而轻视，不因其苦而放弃，不因其难而退缩，不因有功而自傲，也不因无过而自喜。

容人：常人、能人、有功过之人，均应一视同仁，以诚相待。无论是常人、能人，还是有功之人，只是相互的能力有大小，职务有高低，功过有区别，彼此的人格是平等的。平等待之，礼貌待之，以诚待之，这是为人的准则。以貌取人者，是俗人；以衣取人者，是庸人；以官取人者，是小人。无论地位尊卑、年龄大小，有功还是有过，均能以诚待之，方为容人。容人才能得人得心，容人者方能为他人所容。

助人为乐，自己也乐在其中。要向雷锋同志学习，对待同志要像春天般的温暖，对待工作要像夏天般的火热。别人想利用你，你不要生气，反过来想一想，证明你还有被利用的价值，对社会是有用的。做到上述几点，社会关系一定融洽，身心也一定会健康。

五、健康第五大基石——心理平衡

心理平衡是健康的金钥匙，百岁之道：心宽，体勤；抗癌良方：心理平衡。

心理平衡的作用超过一切保健措施的总和。大家别的都可以不要注意，你只要注意心理平衡，就掌握了健康的金钥匙。在北京调查了很多100多岁的健康老人，他们是怎么健康的呢？是吃得好还是钱多？不是。健康老人很奇怪，有人早睡早起，有人晚睡晚起；有的老人不吃肉，所以健康；有的还爱吃肉，专吃肥肉；有的健康老人不抽烟，但有的抽烟；有的不喝茶，有的喝茶。生活方式和习惯五花八门。但有两条健康老人都一样，第一条，每个健康老人都心胸开阔、性格随和、心地善良，没有一个健康老人心胸狭隘、脾气暴躁、鼠肚鸡肠、钻牛角尖。为什么呢？因为心胸狭隘、脾气暴躁的人活不到100岁，50～60岁就一个一个地死了，要么得癌，要么得心血管病。第二条，没有一个健康老人懒惰，这是真的。要么爱劳动，要么爱运动。正好印证了英国一句谚语：没有一个长寿者是懒汉。为什么心理平衡这么重要呢？我们平常讲的动脉硬化、冠心病、脑卒中，其实都是慢性病过程，动脉不是一下子硬化的，动脉硬化要几年、十几年甚至几十年才把血管堵死了。我们一般人到了50岁，因动脉硬化每年血管都会狭窄1%～2%，如果你抽烟，或患有高血压病、高脂血症，可能狭窄3%～4%或更多，若是要生气着急，一分钟动脉就可能痉挛狭窄100%，当时就死，情绪就这么厉害。

文献报道一个53岁男人回家，一推门进去，儿子、妻子正吵架，吵得厉害，他刚想劝几句，还没来得及开口，儿子盛怒之下操起水果刀冲妈妈心脏一刀捅去，从前胸捅穿胸壁，捅破心脏，当场把妈妈一刀捅死。他看见后一恐惧，倒在地上当时就死了。法医解剖发现这位53岁的老先生动脉没有硬化，很光滑，那他怎么会突然死了呢？原来是冠状动脉痉挛闭塞，整个心脏处在高度收缩状态，心跳骤停造成的。报纸上还登过埃及一件事。医生玩忽职守，不负责任，看到病人昏迷，瞳孔放大，以为病人死了，将其送进太平间。病人一到太平间醒过来，发现自己怎么睡在棺材里面，吓坏了，顶开盖子吃力地往外爬。正一只脚在外一只脚还在棺材里面时，有一位护士推开停尸房门，没有思想准备，一看怎么从棺材里爬出一个活人。看到那人痛苦的样子，吓得惊叫了两声，想往外跑，还来不及跑出去就倒下死了。这个病人倒是活了，他告了这个医生，说我没死，怎么就拿我当死人了。法院判医生犯了渎职罪，玩忽职守，判刑三年。有时候一句话要一条命。医院的病房一般在礼拜六探视，有位老太太来看老先生，本来挺好的，买了水果高高兴兴，而她一句话，差点要了老头一条命。老太太说昨天晚上中央电视台新闻联播，东欧发生政变，齐奥塞斯库被枪毙了。老先生挺认真，说这种做法胡来，老太太也挺认真地说："活该，应该枪毙。"老先生说："他不应该枪毙。"两人为了齐奥塞斯库该不该被枪毙争论起来。结果不到三分钟，老先生胸疼，脸色苍白，满头大汗，不行了，赶紧找医生做心电图，打上一针溶栓药，这个药还挺好，半个小时化开了，最后不错，老先生完全恢复了。到出院那天，老太太给医院送了一面锦旗，感谢救命之恩。她说，这回我真的知道生气的危害性了，我可以向你们保证，往后我们俩绝对不吵架了，以后老头说什么我就听什么。老先生过去"妻管严"，别的不怕，就怕这个老太太。这回老先生因祸得福，他再说话，老太太不敢气他了。

情绪的波动确实很厉害。有个教授跟研究生生气，年轻人不听话，老教授很生气，心想：你一个博士生还没毕业，就这样蛮不讲理，一拍桌子脑血管当时就崩了，半身不遂，胳膊抬不起来了，腿也不行了，坐不住，歪着歪着扶不住就倒在地上。而这个年轻人却站起来说："我可告诉你，法律有规定，气死人不犯法，我走了。"先不讲这个年轻人的道德如何，而是说跟年轻人生气没必要，他不听话就让他不听话，生活会教训他，他头撞南墙后自然听话，你没必要跟他生气，因为情绪波动，血压猛然升高，会造成严重后果。曾经有一个病人就为一只蚊子引起高血压。这位老先生刚从国外回来，到深圳去旅游，零点时准备睡觉，屋里面有只蚊子。他60多岁的人打蚊子，蚊子那么好打吗？打到清晨4点钟总算把这只蚊子打死了，他想，我得先躺半个钟头，看看客厅里还有没有第二只蚊子，听了半个钟头没事，就睡下了，可就睡不着了。他因为一直坚持吃降压药，平常血压，120毫米汞柱，天亮了测试血压，196，高了76。他心想，医生告诉我药量可以加倍，于是加倍吃药，还不行，再加一倍，结果加到8倍药还不行，赶紧上医院，打了点滴才把血压降下来。虽然脑子没出血，但鼻子还是出血了。为了一只蚊子，血压就升高76毫米汞柱。

人的心理状态很重要，得病与康复因人而异，有些人不容易得病，有些人就容易得病，这与心理状态关系极大。我们的疾病在很大程度上受心理影响。东北有个病人38岁，一天觉得肝的部位疼，去做B超，医生告诉他："不行了，肝上长了一个癌，7厘米，转移了。"他一听当时脸色苍白，摔在地上，站不住了，腿都软了。到家以后，一宿没睡，心想：孩子才8岁，我死了以后，孩子谁来抚养。整宿没睡，到天亮更疼了。去到医务所一看，医务所大夫还挺好，很关心他，说："肝癌晚期，我也没办法，不过我倒有个好建议，你喜欢吃什么，就赶紧吃什么；你喜欢玩什么，赶紧玩什么，反正没多长时间了。"拖了40天，瘦了20斤，成了皮包骨头了，下不了床。工会主席赶紧提了水果去看他，问他有何要求，他说："我最大的遗憾是没有见过北京天安门。去不了，我起不来了。"不要紧，破例。四个小伙子用担架抬他上了火车，看完北京天安门，该回去了，有人说既然到北京了，看看有什么好的医生、好的办法。结果到一家医院，一个老大夫，一辈子做B超，极认真，仔细给做完了，说："你下来吧。"

他问："什么病啊？""你没病。""我怎么没有病，我肝疼啊，都快死了。""你是被误诊为肝癌吓出来的。很多人都像你一样，肝囊肿，被诊断为癌症，结果精神崩溃一病不起了。实际上什么也没有。"医生向他这样一解释，四个小伙子一听，可高兴了，你原来没病，我们抬你干什么，抛下担架就跑了。医生告诉他："你这种情况多了，我给你证明，我能负责，你放心。"这样他慢慢地相信了，回到东北又能吃喝，又能上班了。幸亏他想看天安门，他要不想看天安门早变成骨灰了。

　　还有一个病人，装了心脏起搏器。整天说疼啊疼啊，憋气啊，很难受。可他的起搏器挺好，不应该疼啊，一切都正常。原来他碰到一个朋友，朋友说你最近怎么了，他说我在医院装了个起搏器花了 38 000 元。朋友说："你什么病装起搏器啊？"他说："医生说了，是Ⅱ度Ⅱ型房室传导阻滞。"朋友说："唉！你这种病根本不用装起搏器，花点钱，是小事，问题是电极头带倒钩，钩住你的心脏、钩住你的肉，疼啊。要是电线万一断了，可不得了，沿着血流走，血流到哪儿，它堵在哪儿，起搏器装在肺里面，压迫你憋气让你出不来气。"病人回家一想，果然感到那人讲得对，疼，觉得起搏器前面那个电极带倒钩，钩住他的肉，胸闷、憋气、难受，真上不了班了。医生说不会，为什么呢？因为起搏器电极是伞状没有倒钩。就算有倒钩，心内膜上没有痛觉神经纤维，也不会疼，起搏器电线高科技制成根本不可能断，起搏器并不是装在肺里。它装在胸大肌下面，是在胸廓外，所以根本不可能堵，不可能疼。他说就是疼。医生说："没关系，我给你开点药调理神经，睡眠不好，用法国进口的'忆梦返（依匹克隆)'，4 元钱一粒，准好。"再过两个礼拜来复查，医生问他好了吗？他说："不见好，还是疼，上不了班，出不了气，难受。"本来他很好，什么症状都没有，结果呢，被别人一说，他信了，现在全身都难受，怎么解释也不行。最后一个外国人救了他。他单位组织一个代表团去美国考察，他也一起去了美国，大使馆很不错，真给他找了个美国专家，100 美元挂个号。他说："我就问按你们美国标准，我这个病该不该装起搏器。"美国医生给他查得详细，说可以告诉他两句话：第一句话，你这病按美国标准，应该装起搏器；第二句话，我们医生分为两派，一派认为应该装，一派认为不应该装，可以明确告诉你认为应该装起搏器的医生是世界水平的医生。他一听这话，原来美国医生、权威专家也认为应该装起搏器，这就行了，他就放心了，回来就不疼了、不闷了、也不憋气了，高高兴兴上班了。可见语言的力量有多么大。

　　暗示作用非常大。医学上，暗示和自我暗示都是正常的生理现象。人群中约有 1/3 的人有较强的暗示和自我暗示效应,他们容易无条件地、非理性地接受一些观念和说法,产生一系列的生理效应。比如让某人手拿一支铅笔,在暗示环境中告诉他,你手中拿的是一支烧红的铁棒,他的手指皮肤就会充血、发红直至起水泡。比如医生治高血压,发给病人一粒半黄半绿、非常漂亮的胶囊。告诉他这个降压药从美国进口非常好,你吃了下个礼拜来检查血压一定能下降。其实里面装的是淀粉,但下礼拜一看,很多病人血压恢复正常,不高了,睡觉也好了,非常满意。例如,有个胃大部切除的病人疼得不得了。医生说:给你打止痛针吧,打吗啡最好,一打就好了。其实打的是生理盐水。但病人打完后真的就不疼了。手术后的创口剧痛,打上生理盐水,40% 的人可以止疼;就是真的打吗啡,只有 95%的人不疼,还有 5% 的人不管用。这就是暗示的作用。

美国人治癌症,一个一个地治疗,病人死得快。怎么治好呢?小组治疗。癌症病人每礼拜来一次聚会,七八个人一组,大家一起聊聊天,说说话,心里有什么难受,尽管说出来,敞开心扉,互相鼓励、互相帮助。经过这样一个小组疗法,大家心里很高兴,心态很好,有信心,结果化疗副作用很少,死亡率低,存活率提高。北京为抗癌明星作过总结,本来只能活半年一年,结果活十几年都好好的。医生奇怪,怎么这么重的癌症病人还活得那么好呢?原因是他们每天都在公园活动,高高兴兴聊天跳舞,成立"抗癌俱乐部",充满信心和希望。没有一个人是说我是用好药延长寿命的。个个都说,我心情很愉快,充满信心,我对未来充满希望,我一点不害怕,我们大家心里过得很快活。这些抗癌明星能对抗疾病、延年益寿有两条重要因素:第一条,他们全都心态良好,心理平衡;第二条,他们都有一个和睦的家庭,家人很关心,单位很关心,有一个强大的社会支柱。这是主要的,药物是次要的。

良好的心理状态就是最好的抗癌方法。实际上一个人心理平衡,什么病都不容易得,即便得了病好得也快,任何病都是这样。心理的力量非常非常强大,有时强大得你不可想象。举个例子,有个心肌梗塞病人,他因为在外省,大面积心肌梗塞,室壁瘤,里面还有血栓,医生说这个没有办法,唯一的希望是上北京做冠脉搭桥,把室壁瘤切除了。住院后,医生说:"你要做手术可以,但要做一个心肌存活实验,如果心肌还有存活的,搭桥就有效;心肌都死亡了,搭桥也无效。"可是一做实验,同位素显示没有存活的心肌。哎呀这下完了。刚巧那天医院有堂健康教育课,每月一次,结果听了这堂教育课,这个病人说:"听了这课,胜读十年书,灵魂受到很大震动。我当了一辈子银行行长,不知道什么是健康,怎么得到健康，怎么去做才健康。现在才知道。"他回去后自己写了几句话：第一句，忘掉过去。因为行长过去是高朋满座，车水马龙，前呼后拥，现在不做行长了，如果经常想到过去，心里就难受。第二句，不看现在。新行长比他当行长时还威风，再与新行长比更生气，所以不看现在。第三句，享受今天。每天养花养鱼，听广播，散散步。第四句，展望明天。这个病人听了我们的课，知道冠心病人若好好保养，能活90多岁，很高兴，所以决心忘掉过去，不看现在，享受今天，展望明天。结果将近两年了，这个病人回来复查，一照片子，心脏明显缩小。放射科大夫说："错了，片子拿错了。"主治医生说："没错，要么重照。"重照后，心脏还是明显缩小，放射科大夫说：哎呀，我可一辈子没见过，两年前，心脏这么大，能活到现在就很少，现在心脏只能更扩大，怎么会缩小呢？真是第一次见到。给他做超声心动图，显示心脏明显缩小，心功能明显改善，血栓消失。这个病人现在天天爬山，活得很愉快。

　　人啊，只要有个良好的心态，就不用害怕疾病。人本来就有很强的抗病能力，很大的抵抗力，精神一崩溃，就全完了。有位院士，有人告诉他一个消息，某某人死了。这个人原来是他的秘书，相处非常好。他一想，跟了我这么多年，得了这种病，死了我还不知道，感到很难受，晚上这位院士也死了。所以心理状态对于疾病的发生发展关系很大很大，癌症、冠心病、高血压病、糖尿病都可能由此而发生。因此稳定心态很重要。如何保持稳定的心态？要正确对待自己，对自己人生坐标的定位要准确，要到位，不要越位、错位，也不要自卑不到位；另外正确对待他人，正确对待社会。对人对社会永远有两种态度。一种人永远用乐观的、积极的态度看世界，天天都是春风桃李花开日；一种人用悲观的、消极的态度看世界，这世界很可怕。现在改革开放，很多利益在调整，不稳定、不平衡的事太多了，你怎么来看？如果你悲观看世界，天天都在生气，从早到晚，每一件事都能活活把你气死，值得生气的事太多。相反呢？要是乐观看世界，说实在话，我们现在这个时代，是共和国成立以来最好的时代，国家经济、政治、军事、外交、人民生活从没有这么好过。如果你想要高兴的话，就要从早到晚乐观看世界。所以一个哲学家讲："生活像镜子，你笑它也笑，你哭它也哭。"你遵循健康规律，一生平安；你违背健康规律，肯定碰得头破血流，你就是国王、皇帝，一样死得比百姓快。

　　健康面前人人平等，不以财富地位而有所变化。有一位大款病人，亿万富翁，是一个公司董事长，38岁，广泛心肌梗塞，救活了，室壁瘤，心室壁不能使劲。正常心室壁厚10毫米，他的才两毫米左右，跟牛皮纸一样。因此这个心脏很危险，不能咳嗽，不能使劲，一咳嗽一使劲心脏就破，所以他不能咳嗽，大便不能使劲，拄着拐棍很小心。有一天医生问他："你有什么问题百思不解呢？"他说："为什么上天对我这么不公平？人家38岁不得病，80岁都没得病，怎么我38岁就得了这么要命的病，怎么这样倒霉？"医生说："据我所知，上天是最公平的。自然规律是一样的，人世间很多事不公平，但老天爷是公平的。你为什么得病？很简单，健康六大基石，合理膳食、适量运动、戒烟限酒、关系融洽、心理平衡、自我保健，你违背了这些规律。"他的血抽出来立即凝固，血液太黏稠了。另外，抽出的血放了8小时，上面厚厚一层油，他有很重的高脂血症。他体重188斤，腰围三尺三寸半。医生对他说："第一，合理膳食，而你这个大款天天大吃大喝，山珍海味、生猛海鲜，你膳食不合理，所以188斤。第二，适量运动，你出门就坐奥迪，有时坐奔驰、起码坐桑塔纳，是二层楼都得坐电梯，不运动。第三，戒烟限酒，你一天两包烟，顿顿都喝酒，悠情随意烟酒无度。第四，关系融洽，你和谁关系融洽，天天想着如何搞定他人，如何攒钱。第五，心理平衡，你哪里有心理平衡？你身边多少女秘书，你平衡得了她们吗？好，你今天拉着小秘的手，心里就颤抖，心动就过速；你明天拉着情人的手，血压往上走。你打手机、玩微信，白天呼你、晚上叫你，挣了钱你就激动，赔了钱你就着急，你天天没有心理平衡，更就谈不上自我保健了。健康六大基石你条条对着干，你不得心肌梗塞，谁得心肌梗塞？这正好说明老天公平，健康面前人人平等，谁违背谁倒霉，谁顺应谁健康，这就叫好人一生平安。"

请大家常读下列宽心谣，有利于心理平衡、健康。

日出东海落西山，愁也一天，喜也一天；认真过好每一天，有也过年，无也过年。

遇事不钻牛角尖，人也舒坦，心也舒坦；自古万事难得圆，好也随缘，赖也随缘。

子女上进只能劝，成也自然，败也自然；儿孙之福不在爷，有也由天，无也由天。

生老病死本自然，你也难免，我也难免；只要良心可对天，早也升天，晚也升天。

和谐性事不可缺，男也心欢，女也心欢；常与知己聊聊天，你也心宽，他也心宽。

父母儿女互慰勉，贫也相安，富也相安；心宽体健走人间，不是神仙，胜似神仙。

家庭是块责任田，肥也是田，瘦也是田；辛勤耕耘不偷懒，丰也喜欢，欠也喜欢。

万贯家产难进棺，贫也成烟，富也成烟；找个喜欢的事干，挣多也炫，挣少也炫。

琴棋书画多喜欢，性也得练，情也得练；忙里偷闲勤锻炼，忙也乐观，闲也乐观。

夫妻本是前世缘，和也是缘，吵也是缘；人非圣贤哪得全，睁一只眼，闭一只眼。

六、健康第六大基石——自我保健

健康是人全面发展的基础，关系到千家万户的幸福。有啥别有病，不怕挣得少，就怕走得早。健康是节约，健康是和谐。健康不是一切，但没有健康便没有一切。健康最重要的就是做好自我预防和自我保健。

顺应规律，才能无病无痛、无疾而终。在自然界，花开就有花谢，日出就有日落，月圆就有月缺。人类也一样，生老病死是自然的循环，但死的方式却有两种。一是自然凋亡，无病无痛，无疾而终。平安百岁，快乐轻松。生如春花绚烂，走如秋叶静美；二是病理死亡，中年得病，花钱受罪，肉体痛苦，精神折磨，身心煎熬，人财两空。区别在于是顺应了生命规律，还是违背了生命规律。规律就是铁，谁碰谁出血，健康面前人人平等，国王皇帝都不例外。谁违背了健康规律，谁将撞得头破血流。相反，谁顺应了健康规律，谁就一生平安。

预防总效果远远超过医疗，可以让总死亡率减半。早在 2 000 多年前，祖国医学就有"圣人不治已病治未病"和"上医治未病，中医治欲病，下医治已病"的论点。现代医学研究表明，一元钱的预防投入可以节省 8.59 元的医疗费用，还可相应节省 100 元至 1 000 元的重症抢救费。前卫生部部长陈竺院士曾在一篇文章中引用世界卫生组织的报告指出：健康生活方式可以使心血管病、脑卒中和糖尿病的发病率减少 80%，使癌症发病率减少 40%。而来自心血管病的流行病学研究指出：九大因素——糖尿病、高血压、高血脂、肥胖、吸烟、精神压力、不爱吃蔬菜水果、不运动、酗酒可以解释 90% 的急性心肌梗塞，而如果控制了这九大因素，则每 6 位急性心肌梗塞患者可以减少 5 位发病。因此，心脑血管病预防的潜力和空间是十分巨大的。

2008 年，美国设在亚特兰大的全国疾病预防控制中心发表了大规模队列人群长期跟踪研究结果：对 8 万名 35～59 岁中年妇女，在 1980～2004 年跟踪研究证明，健康生活方式可使中年妇女死亡率下降 55%。其总体效果远远超过昂贵的医疗措施。结果十分令人振奋，显示了预防的巨大效益。因此，面对我国中年人大量患病情况的唯一出路不是增加医院病床，而是加强健康促进、健康教育，从源头上遏制慢性病的发生。正如预防洪涝灾害应加强上游植树造林、山清水秀，而不是花巨资抓下游的抗洪、救灾、重建家园一样。

1992 年，前世界卫生组织总干事中岛宏博士指出：全世界每年有 1 200 万人死于心血管病，相当于每分钟有 23 人死亡，若能采取预防措施，则可以减少 600 万人的死亡，一半人可免于死亡。他一针见血地指出："许多人不是死于疾病，而是死于愚昧。"因而我们在此再次忠告：无知和愚昧才是人类健康的真正杀手。

本书提出了健康六大基石和三座桥梁：六大基石是合理膳食，适量运动，戒烟限酒，关系融洽，心理平衡和自我保健。三座桥梁是：科学论据和政府决策之间的桥梁，知识和行为改变之间的桥梁，专家和社会公众之间的桥梁。只有这样，健康的科学知识才能像"旧时王谢堂前燕，飞入寻常百姓家"那样深入人心。

做到以下九少九多，基本上就可以健康长寿。

一是少肉多豆。我们身边有不少"肉食动物"，汉堡、烤肉、烤鸭、红烧肉，顿顿无肉不欢。按"膳食平衡宝塔"的建议，一个人每天最好只摄入瘦肉 75 克，即一副扑克牌大小的一块。

1）体力劳动者、男性可以多吃红肉；

2）脑力劳动者、女性及身体机能退化的老人，应多吃白肉；

3）患有肥胖、心脏病、高血压等疾病的人，更应少吃肉，多吃豆制品。豆子被称为"地里长出来的肉"，特别是用大豆做的各种豆制品，比如水豆腐、豆腐丝、豆腐干、豆腐皮之类，都是提供蛋白质的好食品。

二是少食多嚼。想管住自己的嘴，不妨尝试以下几招：在感到有点儿饿时开始吃饭，而且每餐在固定时间吃；每次少盛一点，或使用浅盘和透明餐具；吃饭至少保证 20 分钟，因为从吃饭开始，经过 20 分钟后，大脑才会接收到吃饱的信号。一般来说，每口食物咀嚼 15～20 次，有助消化，避免发胖，还能缓解紧张、焦虑的情绪。不妨用小汤匙代替筷子，或者轮流使用勺子和筷子吃饭，即使想快也快不起来，保证每口食物都能充分咀嚼。

三是少盐多醋。盐不仅会偷走你身体里的钙，还会带走正常的血压。自家做饭时，除了少放盐，也要尽量控制酱油、番茄酱、辣椒酱、咖喱等调味品的摄入量。更要小心看不见的盐，比如餐馆中红烧菜、炖菜等菜品及薯片、罐头和快餐方便食品中都含较多的盐。醋则称得上是厨房里的保健调味品了，炒菜时不妨放一点，用米醋腌泡菜可以降血脂，用陈醋配着面食吃能助消化，做鱼和骨头汤的时候放点醋，还有助于其中钙质的吸收。

四是少衣多浴。一提到少穿，自会让人想到"春捂秋冻"。其实，秋冻不是让人挨冻，而是指缓缓添衣。适当的凉爽刺激，有助于促进身体代谢，提高对低温的适应力。当户外早晚气温降低到10℃左右时，就应该结束"秋冻"了。洗个热水澡既能解乏，又助睡眠，最重要的是在洗澡时做点"小动作"，比如用手掌在腹部按顺时针方向按摩，并淋浴腹部，可以防便秘，在水流中搓脸能加速血液流动，能缓解疲劳。早晨起来最适合淋浴，可以唤醒身心，而睡前1至2个小时，最好在浴盆里泡个澡。水温应在40～50℃，比体温略高。

五是少药多练。不管平时多大方，吃药时最该"抠门点"，遇到伤风感冒这样的小病，最好扛一扛，别随便吃药。老年人还应遵守"岁加量减"的原则，60岁以上的老年人，其用药量相当于成人用药量的3/4，不可自行增加，并且同时最多只能服4种药。如果没有养成锻炼的习惯，吃药也等于白吃。最新研究显示，只要每天坚持锻炼15分钟，平均可延寿3年，比如快走、慢跑、骑自行车等，都称得上最好的"药物"。

六是少车多步。一项研究显示，有车一族越来越多，大约25%的人已经丢掉了走路的习惯。研究发现，整天开车到处走的人比喜欢走路的人，生病的时间长2倍。现代人以工作忙为借口逃避运动，其实，每天进行30分钟的有氧运动（如快走），免疫系统的工作效率更高。

' 七是少虑多笑。太看重位子，总想着票子，倒腾着房子，放不下架子，撕不开面子，眷顾着孩子……焦虑挂在每个人的脸上。为什么不尝试换种表情呢？4岁的孩子每隔4分钟就会笑一次，成人也应每小时都笑一笑。笑不仅能增进肺活量，还能帮你减肥，给心脏松绑。开怀大笑15分钟能够消耗40卡热量。如果每天都如此，一年可以减轻至少1.8公斤的体重。任何人都会有情绪失控的时候，不妨准备一个"心情急救箱"，比如看场电影、跑几圈、到某个地方吃点心、和孩子们在一起、购物排队时与别人分享笑容，让笑容如阳光般照亮生活，同时也"温暖"心脏。

八是少言多行。健康计划不能只是口上说说，动辄以"没时间"、"坚持不下去"等当作借口。与其整日抱怨体重降不下来、啤酒肚渐渐隆起，不如利用这些时间行动起来吧！不然的话，你永远只能看着别人的好身材、好气色干瞪眼。从今天起，每天努力改掉一个坏习惯，就当给自己储存一份健康保险。

九是少欲多施。平时不妨多给予别人帮助，如借给陌生人纸、笔，给街头乞讨者食物或钱，参与募捐活动，等等。小小的善行能让你感到自己生存的社会价值，给你带来情感满足，烦恼自然就烟消云散。另外，好吃的东西不要自己独享，分点给别人，不但与他人分享美味，一方面也控制了自己的热量摄入；别犯懒让同事帮你带饭捎东西，离开座位，自己跑一趟，看看可以为别人顺手做些什么。这样一来，不仅能活动筋骨，防止肥肉上身，还赚了个好人缘。

长生不老难，通过养生延年益寿未必困难。"美国在线"网站最新载文，根据国外诸多研究机构的成果，总结出了长寿的黄金法则。北京老年医学研究所原所长高芳堃教授对此进行了解读。

每周午睡至少 3 次。一项发表在《内科医学档案》上的大型研究表明，午睡可以降低人们死于冠心病的概率。每周至少在中午休息 3 次、每次小睡 20～30 分钟的人，比完全不午睡的人死于冠心病的概率低 37%。

每天运动至少 15 分钟。研究表明，每天锻炼 15 分钟可以让人多活 3 年，而每天有更大运动量、平均投入 30 分钟的人相对零锻炼的人可增寿 4 年。老年人要选择温和、缓慢的运动，如慢步走、五禽戏、舞剑等。时间可选在上午九、十点钟，吃过早饭在家中休息半小时，再去公园等绿化较好的地方锻炼。

老人每天睡眠不少于 6 小时。多项研究表明，7 小时是睡眠的最佳时间，每晚睡眠少于 6.5 小时的人很可能会减寿。夜复一夜，睡眠时间不足 6 小时者，大脑老化会提前 4～7 年。不同年龄的人所需睡眠时间是不同的，老年人一般不要少于 6 小时即可。

喝咖啡。研究发现，每天喝 4 杯咖啡，能使 2 型糖尿病风险降低 50%，子宫内膜癌风险降低 25%，抑郁风险降低 20%。但需要注意的是，每天喝 4 杯咖啡，可能会给一些人带来睡眠和神经障碍。喝咖啡应因人而异，不宜过多，尤其是晚上。喝咖啡时最好加些牛奶，可以避免咖啡造成的骨钙流失。

每天喝茶。研究人员通过对 4 万余名日本男性和女性的调查发现，每天喝 5 杯或更多绿茶的人，死于心脏病和中风的风险最低。其他一些关于红茶的研究也显示了类似的结果。不过，无论选哪种茶都最好直接饮用，或只加入蜂蜜、柠檬。试验证明，红茶加入牛奶可能会减弱茶对心血管的保护作用。

早餐吃点蓝莓。蓝莓里除含有维生素和膳食纤维外，还富含微量元素锰。锰对强健骨骼、促进新陈代谢都有很大好处。此外，蓝莓还富含花青素等天然抗氧化剂，可预防癌症。美国辛辛那提大学精神病学家发现，每天喝杯蓝莓汁的老年人，在记忆力和精神方面都表现得比同龄人要好。

晚餐来份鱼。美国俄亥俄州立大学的一项研究发现，增加欧米伽－3脂肪酸的摄入量，可以降低患上慢性疾病的风险，如冠心病、2型糖尿病、关节炎和认知障碍症等。多吃没有被污染的深海鱼，或服用鱼油类保健品。选购鱼油时要注意看清其成分、功能、有无权威机构的认可和审批，不要盲目听信广告和别人推荐。

每天一斤奶。在分析了1.3万人体内维生素D水平与健康的关系后，约翰·霍普金斯大学研究者发现，维生素D水平最低的人相较于其他人，死于任何病的概率都增加了26%。鱼类和牛奶是补充维生素D的两大主要来源。每天最好喝一斤奶，可以分早晚各饮一半；多在阳光下进行户外运动也有利于体内维生素D的合成。

多站着看书看电视。澳大利亚研究者发现，人们每多坐1小时就会减寿21.8分钟。久坐不动会降低人的体能，还可能导致肌肉萎缩。因此，当你看书、看报，特别是看电视时，不妨让自己离开座椅，多站一会儿。

加入一个兴趣小组。美国心理学家卡林·费洛拉在她《朋友的影响力》一书中称，有固定朋友群的人，会比没有朋友的人健康生活概率高出50%，孤独带来的风险甚至高于肥胖和久不运动。美国杨百翰大学的研究者也发现，孤独者的死亡风险等同于每天抽15根烟的人。

学一门外语。加拿大科学家通过CT扫描对比发现，学习一种以上语言，可以帮助认知障碍者增强认知灵敏度。这种优势一般得益于童年时期的外语学习，但研究表明，日后再学一种新语言也可以延缓认知障碍。

少开车。一方面，统计表明，人在车祸中丧命的风险是1/84；另一方面，美国肺脏协会研究表明，道路上减少3300万辆汽车与提高汽油标准的环保效果一样。发表在《流行病学》杂志上的研究显示，如果空气污染减少了，人的预期寿命就会上升。

给自己制订一个高目标。美国斯坦福大学一项历时80年的"长寿计划"发现，坚持向高目标努力的人，虽然承受较大的压力和责任，但比那些工作压力较小、对生活期望较低、投入时间和精力较少的人更长寿。

第一医学是急救医学，第二医学是预防医学，第三医学是康复医学，第四医学是自我保健医学，现在是该重视第二、第三医学，尤其是第四医学的时候。正是：自我保健做好了，自己少受罪，亲人少受累，国家节约医药费，有利全社会。

参考文献

[1] 胡文祥，王建营. 协同组合化学 [M]. 北京：科学出版社，2003.

[2] 胡文祥. 研究生课程《理论有机化学》教学改革初探 [J]. 首都师范大学学报自然科学版，2007（28）：25 – 26.

[3] 哥德尔不完备性定理——从数学危机到哲学危机 [EB/OL]. http：//wenku. baidu. com/link? url = sAJim9W922fcvLX4o9 – bc441_KB9uTzj7MWkYns2dT_6PmbDpv OsMEM_eoLoMZK2kiFX2QXInIU5rHHzkjiqJy9TrpKJNVlaizONwFPxDde.

[4] 胡文祥，李博，等. 比较化学——构筑量子化学通向分子药学的桥梁 [M]. 北京：化学工业出版社，2013.

[5] 刘国湘，胡文祥. 关于元素周期表上限研究进展 [J]. 科学（Scientific American 中文版），1995（8）：55 – 57，67，39.

[6] 胡文祥. 社会学与力学的比较学研究 [J]. 科学（Scientific American 中文版），1995（7）：55 – 59.

[7] 西格蒙德·弗洛伊德. 梦的解析 [M]. 孙名之，等，译. 北京：国际文化出版公司，2007.

[8] 胡文祥，荆海强. 太阳生物学 [J]. 科学（Scientific American 中文版），1995（3）：65 – 68.

[9] 胡文祥，胡文圣. 太阳活动与世界动荡的关系 [J]. 科学（Scientific American 中文版），1994（6）：57.

[10] 胡文祥，胡文圣. 太阳活动对地球人类的影响 [N]. 科技日报，1994 – 11 – 13.

[11] 胡文祥，孔伟. 心理战与反心理战 [M]. 北京：解放军出版社，2003.

[12] 胡文祥. 反恐技术方略 [M]. 北京：化学工业出版社，2013.

[13] 艾·塞·马汉. 海军战略论 [M]. 北京：商务印书馆，2003.

[14] Christopher J. F.. "Sir Halford Mackinder, Geopolitics and Policymaking in the 21st Century" [R]. Parameters, Summer 2000.

[15] 胡文祥. 苯环取代定位次序诗 [J]. 教学研究，1995（1）：56.

[16] [美] 罗伯特·唐斯. 影响世界历史的 16 本书 [M]. 缨军，编译. 上海：上海文化出版社，1986.

［17］胡文祥. 广义组合化学 ［J］. 化学通报，1999 （10）：34 – 38.

［18］Weinberg S. A. . Unified physics by 2050 ［J］. Scientific American，1999 （6）：36 – 43.

［19］洪绍光. 四十岁登上健康快车 ［M］. 北京：文化艺术出版社，2011.

［20］洪绍光. 健康讲座. http：//www. douban. com/group/topic/18796758/.

后　记

读完本书之后，每个人都有可能会有些感触，虽然仁者见仁，智者见智，但可能会有个共同的感觉，就是：科学发展无止境，人类思维无极限。19世纪，俄罗斯"航天之父"康斯坦丁·齐奥尔科夫斯基在给《航空评论》杂志的信中写下这样一句名言："地球是人类的摇篮，但是人类不能永远躺在摇篮里，而会不断探索新的天体和空间，开始他将小心翼翼地穿出大气层，然后便去征服太阳系，之后便是整个宇宙。"德国航天先驱奥伯特曾在致齐奥尔科夫斯基的信中说："您已经点燃了火炬，我们绝不会让它熄灭。让我们尽最大的努力，以实现人类最伟大的梦想。"

回顾宇宙过去的历史，波澜壮阔；展望宇宙发展的未来，惊心动魄……就太阳而言，它已经走过了灿烂辉煌的50亿年，现正值中壮年时期，再过50亿年，它将放尽最后一丝光辉、苍凉熄灭。在此之前，必须聚全人类的智慧、能源和力量（倒逼人类进入后共产主义时代），离开我们美丽的地球家园，飞向太空，飞向遥远的类地行星，带着人类的DNA，在那里繁衍生息，重复着地球昨天的故事……

大家也许还记得美国最伟大的总统之一肯尼迪在就职演说上说过的一句著名的话："我的美国同胞们，请不要问国家能为你做点什么，而是要问你能为国家贡献点什么……"。

我们正处在一个伟大的时代，就像"原子弹之父"美国科学家罗伯特·奥本海默回忆20世纪20年代时的感慨："那是一个群雄并起的时代，那是一个需要在实验室耐心工作的时代……人们急切地往来通信，匆忙召开各种会议，辩论、批评，用数学方法提出令人叫绝的即兴想法……，那是一个开天辟地的时代"。今天的时代有点类似，在这个伟大的变革时代里，充满了无限的机会和挑战，旧的秩序可以被打破，人类的想象力和创造力都可以充分地发挥出来。

在这个伟大的时代里，我们国家的经济、文化和科技都要大繁荣、大发展，2021年建党100周年前后，我们将建成中国载人空间站和全面建成小康社会；2030年前后，我们将载人登月；2049年建国100周年前后，我们将载人登上火星并成功建设成为中等发达国家……中华民族伟大复兴的梦想正在向我们走来，而且是扑面而来。

我们要满怀一种崇高理想，发扬两弹一星精神：热爱祖国、无私奉献、自力更生、艰苦奋斗、大力协同、勇于登攀；发扬载人航天精神：特别能吃苦、特别能战斗、特别能攻关、特别能奉献，要发扬那么一种热情，那么一种干劲，那么一种拼命精神，流血流汗不流泪，掉皮掉肉不掉队。响应习近平总书记的号召"空谈误国，实干兴邦"。困难面前有我们，我们面前无困难。我们年轻的一代要接过老一辈的火炬，为了960万平方公里陆地和300多万平方公里海域响起自由幸福的钟声，为了祖国的繁荣和发展，为了人民的健康与安宁，为了建设中华民族更加美好的明天，努力奋斗——让万物更新，让青春重现，让希望满怀，让激情燃烧，让梦想成真！让我们共同携起手来，为早日实现中国梦，在党中央、国务院和中央军委的坚强领导下，沿着全面建成小康社会和中等发达国家的康庄大道，奋勇向前！

《千桥飞梦》编写组
2014年8月

湖北省咸宁市咸安区高桥（刘汉勇摄）

湖北省咸宁市咸安区官埠桥（吴涛摄）

湖北省咸宁市咸安区刘家桥（周家添摄）

湖北省咸宁市咸安区六孔桥（陈传舟摄）

湖北省咸宁市咸安区汀泗桥（鲁一凡摄）

湖北省咸宁市咸安区龙潭桥（胡保国摄）

武汉天兴洲大桥

北京颐和园十七孔桥

上海黄浦江大桥

香港青马大桥

美国波士顿哈佛桥

意大利威尼斯大桥

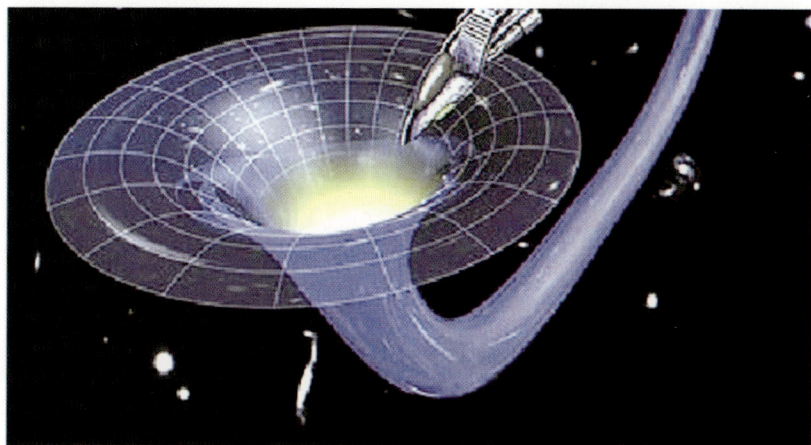

爱因斯坦相对论推测虫洞（爱因斯坦－罗森桥）或可让人穿越时空

科学家发现未来有可能从"虚空"中建立虫洞实现时空旅行

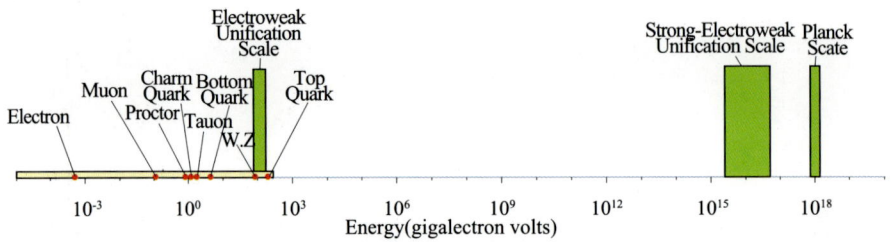

The energy diagram: labels — Electron, Muon, Proctor, Charm Quark, Bottom Quark, Tauon, W, Z, Electroweak Unification Scale, Top Quark, Strong-Electroweak Unification Scale, Planck Scate

Energy(gigalectron volts): 10^{-3}, 10^{0}, 10^{3}, 10^{6}, 10^{9}, 10^{12}, 10^{15}, 10^{18}

大统一论的能量图

The energy diagram of the grand unified theory

层次问题可以衡量我们的无知程度。实验（黄色条带）已经探索了最高为 200GeV 左右的能量，并揭示了大小不同的各种粒子质量（红色圆）以及相互作用能量尺度（绿色），标准模型已对这些做了描述。问题在于另外两种能量尺度（即强相互作用 - 弱相互作用在 10^{16} GeV 附近统一的能量尺度及量子引力特有的普朗克尺度，在 10^{18} GeV 左右）存在巨大的空白。

THE HIERARCHY PROBLEM is a measure of our ignorance. Experiments (yellow band) have probed up to an energy of about 200 GeV and have revealed an assortment of particle masses (red) and interaction energy scales (green) that are remarkably well described by the Standard Model. The puzzle is the vast gap to two further energy scales, that of strong - electroweak unification near 10^{16} GeV and the Planck scale, characteristic of quantum gravity, around 10^{18} GeV.

有关部门发行的胡文祥荣获杰出青年科学家奖纪念邮票